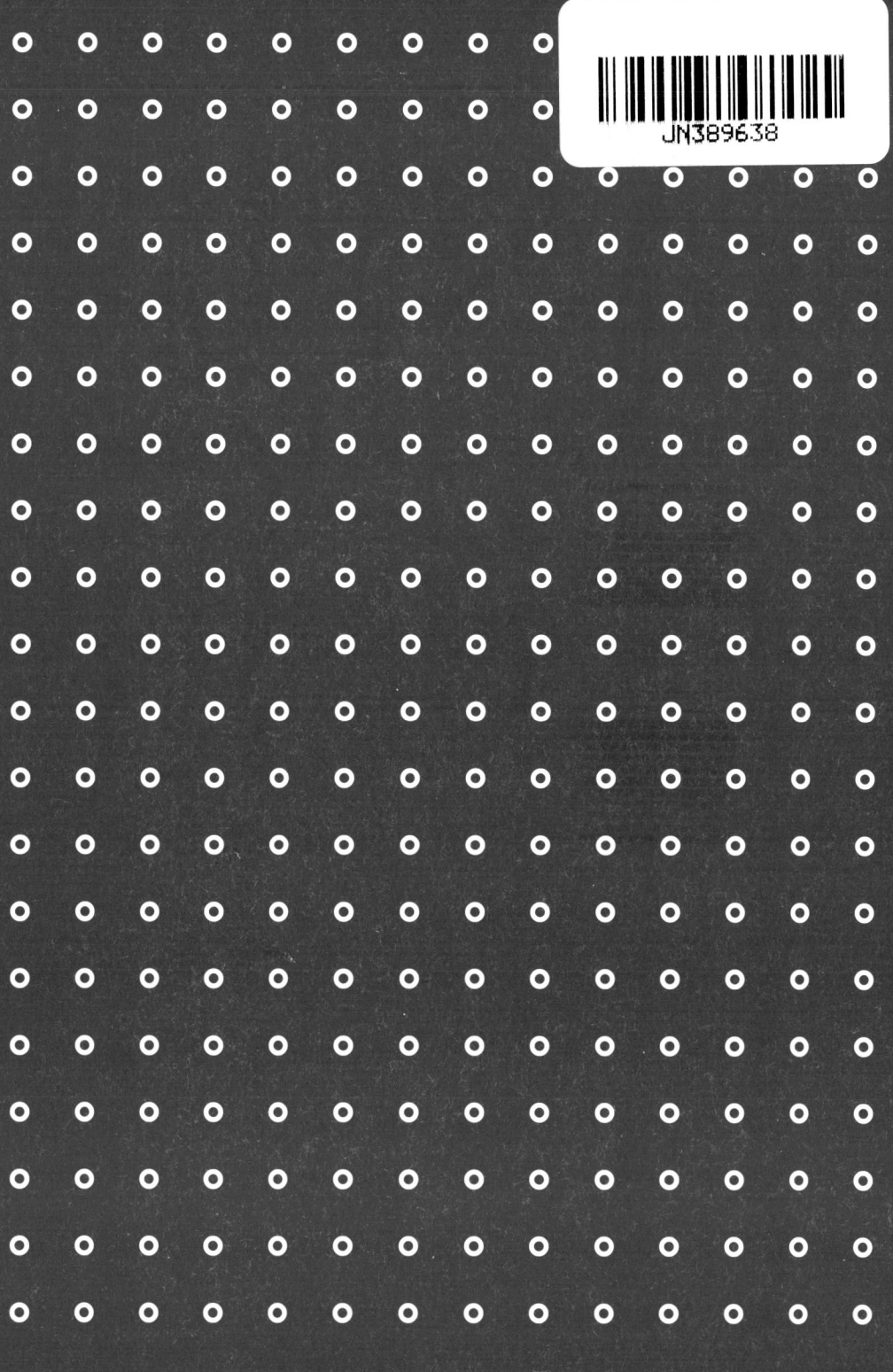

THE GEOMETRY OF PASTA
파스타의 기하학

완벽한 형태 + 완벽한 소스 =
파스타의 기하학
THE GEOMETRY OF PASTA

카즈 힐드브란드 · 제이콥 케네디 지음 | 차유진 옮김

MIMESIS

이 책을 우리들의 어머니,
하이디 베커와 주디 힐드브란드에게 바칩니다.

파스타의 기하학
THE GEOMETRY OF PASTA

옮긴이 차유진 2002년 영국의 탕트 마리Tante Marie 요리 학교를 수석으로 졸업하고 디플로마를 취득했다. 〈손녀딸의 테스트 키친〉을 열고 요리 강좌, 푸드 칼럼, 케이터링, 카페 메뉴 컨설팅, 화보 촬영 등 다양한 방면에서 작업을 했다. 2007년 2년간 운영하던 작업실을 닫고 남미에 반년 정도 다녀온 뒤 현재까지 요리 관련 글쓰기에 몰두하고 있다. 저서로는 『푸드 러버를 위한 손녀딸의 테스트 키친』, 『청춘 남미』, 『손녀딸의 부엌에서 글쓰기』를 펴냈고, 번역서로 『프렌치 테이블』과 『알랭 파사르의 주방』 등이 있다.

지은이 카즈 힐드브란드·제이콥 케네디 **옮긴이** 차유진 **발행인** 홍예빈·홍유진 **발행처** 미메시스
주소 경기도 파주시 문발로 253 파주출판도시 **전화** 031-955-4000 **팩스** 031-955-4004
홈페이지 www.openbooks.co.kr **이메일** webmaster@openbooks.co.kr
Copyright (C) 미메시스, 2011, Printed in Korea.
ISBN 978-89-90641-59-5 03590
발행일 2011년 8월 20일 초판 1쇄 2022년 6월 1일 초판 8쇄

이 도서의 국립중앙도서관 출판예정도서목록(CIP)은 서지정보유통지원시스템 홈페이지 (http://seoji.nl.go.kr)와 국가자료공동목록시스템(http://www.nl.go.kr/kolisnet)에서 이용하실 수 있습니다.(CIP제어번호: CIP2011003155)

THE GEOMETRY OF PASTA
by CAZ HILDEBRAND & JACOB KENEDY (Boxtree, 2010)

Text copyright © Jacob Kenedy
Design copyright © Caz Hildebrand
Illustration copyright © Now Ware Limited
All rights reserved.
Korean translation copyright © Mimesis Co., 2011.
Korean translation rights arranged with Macmillan Publishers Ltd.
through EYA (Eric Yang Agency).

이 책은 실로 꿰매어 제본하는 정통적인 사철 방식으로 만들어졌습니다.
사철 방식으로 제본된 책은 오랫동안 보관해도 손상되지 않습니다.

차례

들어가며 6
중요 사항들 8
파스타의 기초 10
파스타 A-Z 16
감사의 말 286
파스타 소스 찾아보기 288

파스타 A-Z

아뇰로티 AGNOLOTTI 16   아뇰로티 달 플린 AGNOLOTTI DAL PLIN 20
알파베토 ALFABETO 24   아넬레티 ANELLETTI 26   비골리 BIGOLI 28
부카티니 BUCATINI 34   부샤티 BUSIATI 40   캄파넬리/지일리 CAMPANELLE/GIGLI 42   카네데를리 CANEDERLI 44   카네스트리니, 카네스트리 CANESTRINI, CANESTRI 48   카넬로니 CANNELLONI 50
카펠리 단젤로 CAPELLI D'ANGELO 54   카펠레티 CAPPELLETTI 58
카라멜레 CARAMELLE 62   카사레체 CASARECCE 66   카바타피 CAVATAPPI 68   카바텔리 CAVATELLI 70   키페리 리가티 CHIFFERI RIGATI 74   콘킬리에 리가테 CONCHIGLIE RIGATE 76   코르제티 CORZETTI 80   쿠스쿠수 CUSCUSSÙ 84   디스키 볼란티 DISCHI VOLANTI 86   디탈리, 디탈리니 DITALI, DITALINI 88   파르팔레 FARFALLE 92
파촐레티 FAZZOLETTI 96   페투치네 FETTUCCINE 100   프레골라 FREGOLA 102   푸질리 FUSILLI 104   푸질리 부카티 룽기 에 코르티 FUSILLI BUCATI LUNGHI E CORTI 108   가르가넬리 GARGANELLI 110   제멜리 GEMELLI 114   뇨키 GNOCCHI 116   조개 모양 뇨키 GNOCCHI(SHELLS) 122
누디, 말파티 GNUDI, MALFATTI 124   고미티 GOMITI 130   그라미녜 GRAMIGNE 134   라자녜 LASAGNE 136   라자녜 리체 LASAGNE RICCE 142
링귀네, 바베테, 트레네테 LINGUINE, BAVETTE, TRENETTE 146   루마케 LUMACHE 150   마케론치니 MACCHERONCINI 152   마케로니 알라 키타라 MACCHERONI ALLA CHITARRA 156   마케로니 인페라티 MACCHERONI INFERRATI 160   말로레두스 MALLOREDDUS 164   말탈리야티 MALTAGLIATI 166   마니코티 MANICOTTI 168   오레키에테 ORECCHIETTE 170   오르초/리소 ORZO/RISO 174   파케리 PACCHERI 176
판소티 PANSOTTI 180   파파르델레 PAPPARDELLE 184   파사텔리 PASSATELLI 188   파스타 미스타 PASTA MISTA 190   펜네 PENNE 194
피치 PICI 198   피초케리 PIZZOCCHERI 202   콰드레티, 콰드레티니 QUADRETTI, QUADRETTINI 204   라디아토리 RADIATORI 206
라비올리 RAVIOLI 208   레지네테, 마팔디네 REGINETTE, MAFALDINE 214
리가토니 RIGATONI 218   루오테, 로텔리네 RUOTE, ROTELLINE 222
세다니니 SEDANINI 224   스파카텔레 SPACCATELLE 228   스파게티 SPAGHETTI 230   스파게티니 SPAGHETTINI 236   스텔리네, 스텔레테 STELLINE, STELLETTE 240   스트로차프레티 STROZZAPRETI 244
탈리아텔레 TAGLIATELLE 248   탈리올리니, 타자린 TAGLIOLINI, TAJARIN 254   토르키오 TORCHIO 258   토르텔리/카펠라치 TORTELLI/CAPPELLACCI 260   토르텔리니 TORTELLINI 262
토르텔로니 TORTELLONI 266   토르틸료니 TORTIGLIONI 270
트로피에 TROFIE 274   베르미첼리니 VERMICELLINI 278
지티/칸델레 ZITI/CANDELE 282

들어가며

이 책은 내 아이디어가 아니었다. 하지만 내가 착상한 것이었다면 스스로 엄청나게 뿌듯해 했을 것이라 확신한다. 이 책은 그래픽 디자이너인 카즈가 나와 처음으로 만나 이 책에 대해 의논하기 전부터 적어도 5년이 넘는 기간 동안 생각하고 키워온 프로젝트였다. 고로 모든 영광을 그녀에게 돌린다.

여기에 실린 파스타들의 선정, 집필과 레시피는 내 몫이었지만 그 공로 또한 나만의 것이라고 말할 수는 없다. 이탈리아에서 수세기 동안 내려온 파스타 개발, 제조업과 농업, 빈곤과 정치적인 문제들이 무수히 많은 맛과 모양으로 파스타 안에 녹아들어가 있다. 물론 발로 만든 것이 아닌가 싶을 정도로 모양이 엉망인 파스타가 몇 개 정도 있기는 하지만 그런 파스타들조차 어울리는 소스 레시피들이 존재한다. 이탈리아 사람들의 주식으로 자리 잡기까지 파스타 요리법들은 엄마에서 딸로, 이웃에서 이웃으로, 마을에서 마을로 전해지며 미묘하게 변화해 왔다. 어찌나 다양하게 변해 왔는지, 파스타의 소우주가 우리의 자연계를 그대로 반영하는 것처럼 느껴질 정도이다. 파스타는 지금도 계속 진화하고 있다.

파스타는 이탈리아 지역에 따라 많이 다르다. 가난한 남쪽 지방의 파스타는 세몰리나와 물을 넣어 반죽을 만들고 손으로 빚어 피가 두꺼운, 소박한 시골풍이다. 이탈리아 중남부 지역은 남부와 비슷한 세몰리나 반죽이기는 하지만 기계에 반죽을 넣어 압착해서 빼내어 길고 가는 국수 모양을 비롯한 상당히 복잡하고 작은 모양의 파스타들로 만든 다음, 건조와 포장을 거쳐 상품화시킨 파스타들을 사용한다. 가장 부유한 중북부와 북부 지방에서는 달걀노른자와 곱게 정제된 밀가루를 이용해 금빛의 샛노랗고 비단같이 부드러운 리본 파스타를 만드는데, 속을 넣어 예쁘게 빚은 파스타들은 그야말로 보석처럼 아름답다. 더 북쪽으로 올라가 동유럽과 독일과 맞닿아 있는 추운 지방에서는 빵가루, 밤 가루, 메밀과 호밀 같은 다른 곡물들이 흰 밀가루를 대신하고 있다. 반죽의 종류, 모양을 만드는 기술, 맛과 내려온 전통들은 사람들의 입맛에 맞는, 특정 파스타와 어울리는 소스의 교집합을 만드는 데 중요한 역할을 한다.

파스타의 다양성은 그야말로 무궁무진하다. 같은 파스타가 지역에 따라 다른 소스와 버무려진다. 오일 베이스의 소스는 면을 코팅하고, 가벼운 느낌의 소스는 면을 한 번 휘감은 듯한 느낌을 준다. 오랜 시간 걸려 만든 되직하고

★ 모든 주는 별도의 표시가 없는 한 옮긴이주.

진한 소스는 맛이 놀랄 만큼 풍부하고 인상적이며, 가벼운 소스는 가벼운 특징대로 모두 맛있게 즐길 수 있나. 마을마다 같은 소스라도 들어가는 재료가 다르고, 들어가는 재료는 같더라도 집집마다 비율과 쓰임새가 다르다. 그리고 요리하는 사람 스스로 터득한 방법이 최고이며, 가장 좋은 방법이라고 생각한다. 여기 실린 레시피들은 되도록 전통적인 방법을 따르려고 노력했지만, 정확한 계량 및 조리 방법들은 개인적으로 작업해 본 것들을 토대로 한 것이다. 끊임없이 발전하고 있는 파스타의 맛과 파스타의 기하학에 비하면 내가 기울인 노력은 수없이 많은 파스타 레시피들의 극히 일부분에 지나지 않는, 자화자찬하기에는 아주 미미한 정도의 수준임을 밝혀두고 싶다.

제이콥 케네디

이 책의 아이디어는 왜 이탈리아인들은 알맞은 파스타 모양에 어울리는 소스를 찾는 데 그렇게도 집착할까, 라고 생각한 데에서 시작되었다. 이탈리아인들이 늘 강조하듯, 파스타와 소스의 조합은 완성된 파스타가 그런저런 보통 요리가 되느냐, 아니면 경지에 다다른 완벽한 요리가 되느냐를 결정짓는 중요한 요소이다.

파스타와 소스의 조합에 대해 계속 고민하는 내게 펠레그리노 아르투시 Pellegrino Artusi*가 1891년에 펴낸, 이탈리아 최초로 집에서 요리하는 사람들을 위해 요리의 기초를 가르쳤던 책인 『부엌의 과학과 잘 먹는 법』이 많은 도움이 되었다. 나는 거기에 실린 레시피와 재미있는 글에도 빠져들었지만 속을 채운 파스타 만드는 법이 그래픽 스타일로 간결하게 그려져 있는 것이 인상적이었다. 그리고 비슷한 시기에 우연히 배관 설계도를 볼 기회가 있었는데 심플한 흑백의 기하학적인 모양으로 파스타의 모양을 그리면 파스타 모양의 차이점을 설명하기 쉽고, 특정 소스에 어울리는 파스타 모양이 갖고 있는 각각의 개성을 표현하는 데도 안성맞춤이겠구나 하는 생각이 들었다. 이 기본 콘셉트를 가지고 제이콥을 만났고, 그는 그만의 맛있고 정확한 레시피를 제공해 주었다. 그렇게 해서 내 디자인과 그의 레시피를 합해 파스타의 기하학에 관한 안내서를 내놓게 되었다. 파스타는 간편하면서도 최고로 맛있는 음식이다. 이 책을 보고 이탈리아 사람처럼 파스타를 즐겨보자.

카즈 힐드브란드

★ 248쪽 주 참조.

중요 사항들

소금

소금은 맛있는 파스타를 만드는 데 꼭 필요한 재료이다. 대부분의 셰프들은 음식을 소태로 만들지 않는 선에서 최대한 소금 간을 넉넉히 해 맛을 내는데, 내 생각에는 이 점이 레스토랑 요리와 가정 요리의 가장 큰 차이점이 아닐까 한다. 이 책에 적은 레시피에서는 만드는 사람의 기호에 따라 간을 적절히 조절할 수 있도록 했다 (단 파스타를 삶는 데 필요한 소금의 양을 임의로 줄이면 파스타의 맛을 떨어뜨릴 수 있으니 그대로 지켜주기를 바란다). 무엇보다 밑에 적어 놓은 사항들이 본인이 넣을 소금의 양을 정하는 데 결정적인 도움이 될 것 같다.

— 당신의 입맛(에 맛있게 느껴질 정도의 소금 간만 딱 하기).

— 건강하게 살면서 모든 음식을 즐기면서 살 수 있을 정도, 음식 말고도 다른 것들도 즐길 수 있도록 건강을 유지할 수 있을 만큼. 실제로 소금을 적게 넣는 것이 건강하고 오랫동안 살 수 있는 방법이니까.

짧고 굵게 살기로 결심한 나로서는 실은 양념을 왕창 넣어 맛있게 먹는 것이 인생을 즐기는 것이란 생각에, 일찍 죽지 뭐…… 하며 소금 간을 하곤 한다. 이렇게 짜게 먹다 후회하는 일이 생기더라도 기꺼이 받아들이리라.

지방

지방도 소금과 마찬가지로 파스타를 맛있게 만들어주는 아주 중요한 존재이다. 입맛에 맞추어 조절하도록 적어 놓은 소금의 양과 달리 필요한 지방의 양은 정확히 적어 놓았다. 훌륭한 이탈리아 레스토랑에서 사용하는 레시피들이니 여러분도 좋아하실 듯하다. 적어도 내가 보기에는 아주 적절한 배합이지만 동의 못 하시는 분들도 있을 수 있다. 조금은 건강한 버전으로, 좀 더 가정적인 소박한 맛을 내고 싶은 분들은 버터와 기름, 크림의 양을 반 정도로 줄여 만들면 된다. 지방의 양을 어떻게 조절할 것인가 고민이신 분들은 위에서 소금의 양을 결정할 때 고려했던 사항들을 지방에도 똑같이 적용해 보시길.

파스타의 양

특별한 경우에 예외가 있긴 하겠지만 이 책의 모든 파스타 레시피들은 가벼운 식사 혹은 메인 코스로 낼 경우 2인분, 첫 번째 코스로 낼 경우 4인분을 기준으로 하고 있다 (기본적으로 건조된 파스타의 경우 100g이 메인 코스 1인분이고, 생 파스타와 속을 넣은 파스타들도 그 정도를 1인분으로 잡는다). 너무 무지막지하게 많은 양만 아니라면 몇 배씩 늘여서 한 번에 조리해도 괜찮은 레시피들이다. 레시피의 양을 늘이거나 줄일 때에는 반드시 파스타가 잘 조리될 수 있는 크기가 넉넉한 팬과 그 팬에 맞는 화력이 필수적이다.

파스타 제대로 삶기

파스타를 잘 삶으려면 일단 끓는 물속에서 파스타가 자유롭게 움직이며 익을 수 있을 만큼 넉넉한 크기의 솥, 아울러 삶은 다음 소스와 함께 볶기에 좁지 않은 넉넉한 사이즈의 팬이 필요하다. 요즈음 파스타는 알덴테al dente — 이에 살짝 달라붙는 느낌이거나 끊어보았을 때 중간에 심이 약간 남아 있는 정도 — 로 삶지만 예전에는 오늘날 영국 학교에서 급식으로 주는 파스타처럼 거의 곤죽이 되도록 삶았다.

여러분의 입맛에 살짝 지나치게 〈알덴테〉라고 느껴질 때 반드시 면을 건져내야 한다. 면을 체에 건져내서 완성품을 접시에 담는 얼마 안 되는 시간 동안 면은 계속해서 익기 때문이다. 이 책에 나오는 거의 모든 레시피들이 면을 건져 소스에 넣고 몇 분 더 익혀야 하기 때문에 자칫하다간 불어버릴 수도 있으니 주의를 기울여야 한다. 15~20초 간격을 두고 파스타를 계속 잘라 먹어 보아야 하며, 1~2분 정도 더 익어야 알덴테로 익을 것 같은 상태가 가장 적당하다.

파스타를 요리하는 데 굳이 특별한 조리 도구가 필요한 것은 아니다. 그저 냄비와 팬, 면을 걸러낼 체로 충분하다. 굳이 파스타를 요리할 도구에 투자하고 싶다면 체가 들어 있는 이중 파스타 냄비를 사면 좋다. 파스타 소스를 만드는 데 필요한 면을 삶은 물을 버리지 않으면서 빨리 면을 건질 수 있고, 모양이 크거나 무게가 나가는 파스타들이 삶는 동안 가라앉아 냄비 바닥에 들러붙는 것을 방지할 수 있다.

파스타의 기초: 파스타 만들기

세몰리나 파스타 SEMOLINA PASTA

가장 간단히 만들 수 있는 파스타로, 세몰리나 밀가루와 물만 있으면 된다.

리가토니rigatoni, 스파게티spaghetti 같은 것들을 직접 뽑아 만드는 것은 솔직히 시간 낭비다. 얇은 두께의 면을 고르게 뽑아내기 위해 반죽을 살짝 건조시키는 것이 필수 공정 과정이므로 포장된 완제품을 사는 것이 낫다. 이들 파스타는 비싼 기구를 구입해 집에 들여 놓지 않는 이상 직접 만들어 먹기 힘든 파스타이다.

오레키에테orecchiette, 트로피에trofie, 카바텔리cavatelli처럼 모양이 전혀 일정하지 않은, 손으로 만드는 소위 〈시골풍〉의 파스타들은 두께가 제각각이다. 그렇기 때문에 만들어서 건조시킬 때까지 시간이 꽤 소요된다. 게다가 두께가 일정하지 않기 때문에 파스타의 안쪽이 익을 때쯤에는 겉 부분이 지나치게 삶아지게 된다. 이들 파스타 역시 집에서 만들려면 힘과 시간이 꽤 많이 들어가지만 공들여 만들어서 먹어 볼 가치가 있다.

밀가루만 제대로 찾아낸다면 반죽은 뚝딱 만들어 낼 수 있다. 세몰리나semolina — 세몰라 디 그라노 두로semola di grano duro라는 이름의 세몰리나 밀가루 또는 너무 곱게 분쇄하지 않은, 중간 크기 입자로 갈은 강력 소맥분 — 를 사용하거나 혹은 세몰라 디 그라노 두로 리마치나타Semola di grano duro rimacinata, 간단히 세몰라 리마치나타로 알려진 것(동일한 세몰라이지만 한 번 더 분쇄해서 더 고운 질감을 지닌 것)을 사용하면 된다.

영국의 슈퍼마켓에서 팔고 있는 영국산 세몰리나는 이탈리아산 세몰리나의 대용물로 사용할 만하지만 파스타 전용 또는 발효빵 전용으로 만들어진 것은 아니다. 그러므로 반죽을 만들 때 수분을 약간 적게 사용해야 한다. 완성된 파스타를 먹어보면 씹는 맛이 좀 덜하긴 하겠지만, 모르고 먹었을 경우 차이점이 거의 느껴지지 않을 정도이다.

세몰라 디 그라노 두로는 가루 무게의 절반에 해당하는 물을 넣고 반죽해 모양을 잡기 전 몇 분간 휴지를 시켜야 한다(예: 세몰리나 50g : 물 50ml = 1인분 생 파스타). 반죽은 손으로 모양을 만들 수 있을 정도로 부드러우면서도 만드는 과정에서 서로 들러붙을 정도로 질지 않아야 한다. 반죽의 상태를 테스트하는 좋은 방법은 마른 나무 도마에 반죽을 얹고 손바닥으로 주욱 밀어본다. 도마에 반죽이 들러붙지 않으면서 손바닥으로 느껴지는 질감이 살짝 거칠고 밀은 부분의 결이 뜯어져 있다면 알맞은 상태다.

에그 파스타 EGG PASTA

집에서 만드는 수제 파스타라면 대부분 이 에그 파스타를 말한다. 아래 3개의 에그 파스타 레시피는 각각 쓰임새가 다르기는 하지만 융통성 있게 바꾸어가며 사용할 수 있다.

파스타 반죽 밀기

에그 파스타는 모양을 만들거나 자르기 전에 얇고 납작하게 밀어야 한다. 요즘 파스타를 미는 것은 대부분 기계를 이용하는데 이는 가장 확실하면서 쉬운 방법이다 (가정용 파스타 머신은 저렴하기까지 하다). 제일 두꺼운 단계로 다이얼을 맞추고, 반죽을 한 번 밀어서 빼낸 다음, 반죽을 90도로 방향으로 돌려서 다시 기계에 넣고 밀기를 몇 번 반복한다. 파스타 반죽의 글루텐이 사방으로 골고루 늘어나게 하기 위한 준비 과정이다. 다들 알고 있겠지만 옛날에는 큰 나무 테이블 위에서 길이가 몇 십 센티미터 정도 되는 밀대를 이용해서 직접 밀었다. 먼저 파스타 반죽을 큰 원 모양으로 민 다음, 최대한 넓고 얇은 두께가 나올 때까지 밀대에 반죽을 두루마리처럼 둘둘 말아가며 민다. 돌돌 말린 반죽을 다시 넓게 펴고, 밀대로 밀면서 바짝 당겨 감는 동작을 원하는 두께가 될 때까지 반복한다. 기계로 민 파스타와 달리 약간 부드럽고 촉촉한 반죽을 사용하기 때문에 (실제로 그런 반죽이어야 손으로 미는 것이 가능하다) 면발이 훨씬 탄력 있고 맛 좋은 파스타가 완성된다. 안 좋은 점은 이런 맛있는 파스타를 만들어 내려면 연습에 또 연습이 필요하다는 것. 선택은 뭐, 여러분의 몫이다.

결과

기계로 밀든 밀대로 밀든 두께가 고르고 부드러운 파스타 시트 sheet를 완성할 수 있을 것이다. 파스타가 수분이 많아 서로 들러붙을 것 같은 경우를 제외하고는 파스타 표면에 밀가루가 있어서는 안 된다. 이런 반죽이어야 속을 채운 파스타들을 만들 때 달걀이나 물을 접착제로 사용하지 않고도 쉽게 붙일 수 있다. 칼로 자르는 파스타의 경우에는 밀어 놓은 파스타 시트가 살짝 가죽 같은 느낌이 날 정도까지 말린 다음 잘라야 한다. 충분히 말리지 않으면 자르는 동안 칼에 다 붙어버린다.

정확한 계량에 관하여

딜걀은 워낙 크기가 천차만별이고, 밀가루의 물기와 글루텐 힘량, 지역과 기후, 그날그날의 날씨에 따라 달라지므로 반죽의 농도를 잘 결정해야 한다. 기계에 넣어 밀어 낼 것인지, 밀대로 직접 밀어 만들 것인지에 따라 달라진다. 하지만 상황마다 어떻게 계량을 하라고 딱 부러지게 말하기에는 참 애매하다. 반죽을 계속 만들다 보면 여러분이 언제 밀가루를 조금 더 넣어 줄 것인지, 달걀을 더할 것인지 감을 잡을 수 있게 될 것이다. 변하지 않는 진리 한 가지. 여러분의 팔뚝 근육을 많이 사용하면 할수록 파스타 반죽은 탄력이 넘치게 될 것이다.

반죽에 들어가는 재료에 관해

나는 앞으로 파스타 반죽 재료로 달걀과 밀가루만 언급할 것이다. 다른 색이나 맛을 더할 수도 있지만, 그냥 뭘 넣을까를 고민하다가 정신이 산만해지기 싫어 그냥 무시하고 단순하게 만들었다. 그러므로 여러분이 선택하는 달걀과 밀가루는 정말 중요한 재료이다. 굳이 언급하는 것이 좀 바보스럽기도 하지만 달걀노른자 색은 진할수록 좋다. 흐리멍덩한 색의 파스타는 보기에도 심심한 것은 물론이고, 맛도 좀 맹맹하게 느껴진다. 나는 어떤 모이(나는 순수한 옥수수와 카로틴의 혼합물이라고 믿는다)를 먹고 자라는지 오직 하느님만 아실 이탈리안 씨암탉의 달걀을 사용하는데, 이게 내 파스타를 정말 아주 예쁜 노란 미나리아재비 색으로 만들어 준다.

제일 좋은 밀가루는 〈00〉 박력분〈00〉 farina di grano tenero이지만, 중력분도 괜찮다. 전체 밀가루 양의 1/3 정도를 세몰리나와 섞어 반죽을 만들면 부드러우면서도 씹는 맛도 생기고, 다른 재료들로 염색할 경우에도 색이 잘 먹는다.

달걀의 크기

이 책의 레시피에 들어가는 달걀은 모두 큰 사이즈이다. 슈퍼마켓에서 파는 큰 달걀과 중간 크기의 달걀은 양에서 약 10% 정도 차이가 난다. 그러니 적은 양을 사용할 때는 중간 크기와 큰 것을 서로 대체해도 별 차이가 없지만, 큰 달걀 9개는 중간 크기 달걀 10개로 환산해서 사용하도록 하자.

심플 에그 파스타

어느 레시피에나 잘 어울리지만 특히 움브리아와 에밀리아로마냐 지역 소스들과 잘 어울린다.

100g의 밀가루에 달걀 1개의 비율로 만든다. 잘 반죽한 다음, 글루텐이 안정되도록 밀기 전에 휴지를 시킨다. 달걀 2개에 200g의 밀가루로 만들면 3인이 메인코스로 먹기 알맞은 양이다(밑에 적은 레시피들의 양도 동일하게 적용하면 된다).

진한 에그 파스타

진한 노란색이 근사한 파스타이다. 색만큼 맛도 농후하다. 납작하게 밀어 자르기도 하고, 모양을 만들어 속을 채울 수도 있다. 여러모로 응용 가능한 파스타이다.

밀가루 200g에 달걀 1개와 달걀노른자 3개를 넣어 만든다.

노른자로만 만든 파스타

아주아주 진하며, 달걀 값이 그리 비싸지 않은 요즈음도 보기 드문 파스타이다. 반죽에 탄력이 거의 없어 속을 채우는 파스타용으로 사용하기에는 적합하지 않다. 피에몬테 지역의 명물 파스타, 타자린(254쪽 참조)에 사용된다.

밀가루 200g에 8개의 달걀노른자를 넣어 만든다.

파스타 삶는 물

모든 파스타는 면이 푹 잠기고도 남을 만큼 넉넉히 잡아 끓인 물에 삶아낸다. 1리터당 12g의 소금을 넣을 것. 다른 것은 전혀 필요 없다.

파스타의 기초: 세 가지 토마토소스 만들기

토마토소스는 파스타 소스로는 물론이고 다른 요리의 조미료로도 유용하게 쓰인다. 소개할 세 가지 토마토소스는 들어가는 재료와 만드는 방법에서 별 차이가 없어 보이지만 막상 먹어 보면 그 맛이 확연하게 다르다.

가벼운 토마토소스는 스파게티니spaghettini 같은 가장 가는 파스타 형태들 혹은 카라멜레caramelle, 라비올리ravioli, 말파티malfatti 같은 슴슴한 속을 채워 넣은 파스타들과 가장 잘 어울린다. 촉촉하고 신선하며, 기름지지 않아 마치 신선한 토마토를 먹는 느낌이 들기 때문에 파스타에 넉넉히 넣어 줘야 제대로 맛을 느낄 수 있다. 나는 이 소스를 늘 냉장고에 상비해 두었다가 파스타 말고도 은은한 토마토 맛이 필요한 다른 요리에 사용한다.

진한 토마토소스는 오랫동안 졸여 농축된 토마토 맛이 나며, 기름지다. 스파게티나 피치pici 같은 긴 파스타나 펜네 리가테penne rigate, 토르틸료니tortiglioni, 리가토니rigatoni처럼 겉면에 홈이 파인 튜브형 파스타들을 버무리기에도 소량의 소스로 충분하다. 토마토의 산성 성분이 물기 없이 농축되어 있다 보니 수분이 많은 신선한 토마토소스보다 냉장고에서 보관할 수 있는 기간도 훨씬 길다.

중간 정도의 맛을 내는 토마토소스는 아마 여러분이 가장 흔히 먹어본 토마토소스일 것이다. 내 생각에 솔직히 있거나 말거나 상관없는 소스이다. 개인적으로는 앞에 언급한 뚜렷한 개성이 있는 두 소스를 편애하긴 하지만 이 토마토소스 또한 이런저런 파스타에 두루 사용할 수 있어 편리하다.

가볍고 신선한 토마토소스

꼭지를 딴 토마토를 큼직하게 자른 다음, 믹서에 넣어 간다. 프라이팬에 3테이블스푼의 올리브유와 마늘을 넣고 익힌다. 이때 마늘 색이 너무 타지 않도록 불을 약하게 한다. 고추와 갈아 놓은 토마토를 넣고 소금을 뿌린 다음, 아주 약한 불에서 끓인다. 가장자리에서 보글거리는 거품의 크기가 커지면 소스가 나름 농도를 갖추고 익었다는 뜻이지만 뻑뻑한 것과는 거리가 멀다. 푹 익은 토마토소스지만 먹어보면 신선한 토마토 맛이 난다. 후추와 1테이블스푼의 남은 올리브유를 넣어 마무리한다.

700ml의 토마토소스를 만들면 500g의 말린 파스타를 삶아 버무리기에 딱 알맞은 양이 나온다.

잘 익은 토마토 1kg

얇게 저민 마늘 3알

엑스트라 버진 올리브유 4테이블스푼*

엄지와 검지를 이용해 아주 살짝 집은 마른 고추 부숴 놓은 것 (옵션)

고운 천일염 1/2티스푼** (계량스푼을 사용한다)

★ 1테이블스푼 = 15mL.

★★ 1티스푼 = 5mL.

중간 정도의 진한 맛을 내는 토마토소스

팬에 기름을 넣고 마늘을 볶는데 이번에는 살짝 구운 색이 날 때까지 익힌다. 그다음, 고추, 생 토마토와 캔에 든 토마토를 모두 넣고, 소금을 넣은 뒤 후추를 갈아서 뿌린 다음 잘 섞어준다. 아주 약한 불에서 걸쭉해질 때까지 1시간 정도 졸인다. 이 소스는 아마 여러분이 가게에서 사먹을 수 있는 토마토소스와 비슷할 것이다. 솔직히 세 가지 토마토소스 중 좋아하는 순위를 매기자면 3등이지만 몇몇 파스타에는 유용하게 쓰인다.

600ml의 소스를 만들면 600g의 말린 파스타를 위한 양이 나온다.

얇게 저민 마늘 3알

엑스트라 버진 올리브유 6테이블스푼

엄지와 검지를 이용해 아주 살짝 집은 마른 고추 부숴 놓은 것 (옵션)

잘 익은 토마토 500g 굵게 다진 것

캔에 들은 홀 토마토 500g (가위를 이용해 다지거나 으깨 놓는다)

고운 천일염 1/2티스푼 (계량스푼을 사용한다)

진한 토마토소스

기름에 마늘을 갈색이 될 때까지 익힌다 (조금만 더 익히면 타 버릴 것 같아 무서워지기 시작할 때까지 구워라). 고추와 토마토, 소금을 넣고 끓기 시작하면 불을 아주 약하게 줄이고, 소스가 굉장히 진해지고 올리브유가 소스 표면에 올라올 때까지 졸인다. 너무 크지 않은 나무 주걱을 이용해서 소스의 농도를 측정해 볼 수 있는데 (진한 소스는 오랫동안 졸이는 동안 타 버리기 십상이다), 소스에 나무 주걱을 꽂았을 때 똑바로 세워지면 다 된 것이다.

500ml의 소스를 만들면 700g의 말린 파스타를 위한 양이 나온다.

얇게 저민 마늘 4알

엑스트라 버진 올리브유 5테이블스푼

엄지와 검지를 이용해 아주 살짝 집은 마른 고추 부숴 놓은 것 (옵션)

캔에 들은 홀 토마토 1kg (가위를 이용해 다지거나 으깨 놓는다)

고운 천일염 1/2티스푼(계량스푼을 사용한다)

AGNOLOTTI
아뇰로티

치수

길이: 50mm
너비: 25mm

동의어

agnellotti, agnulot,
angelotti, langaroli,
langheroli, piat d'angelot

이 파스타와 잘 어울리는 소스

맑은 육수, 토마토소스,
버터와 세이지, 스튜 국물.

아뇰로티는 본질적으로 라비올리(208쪽)이지만 네모난 파스타 두 장으로 만드는 대신 한 장을 반으로 접어 만든다. 파스타 시트를 둥글게 잘라서 만들면 반달 모양의 아뇰로티가, 직사각형으로 잘라 만들면 사각형의 아뇰로티가 만들어진다. 특히 피에몬테 지역에서 많이 만들어 먹는 파스타로서 몬페라토 출신의 안졸리노Angiolino, 일명 안젤로트Angelot 요리사가 만들었다고 해서 그의 이름을 붙였다(아직도 옛 철자법 그대로 안젤로트의 요리 piat d'angelot 또는 안젤로티angelotti로 쓰고 있는 것도 가끔 발견된다).

옛날엔 가톨릭 교회력에 따라 축일(평일)과 단식일(한때 1년에 150일 동안 고기를 먹지 않았다고 한다)에 넣는 속이 달랐다.

— 아뇰로티 디 마그로Agnolotti di magro(〈기름기를 제거한〉 혹은 단식일을 위한 아뇰로티)는 여러 가지 채소에 치즈와 달걀, 아울러 반죽을 어우러지게 하기 위한 빵가루 약간을 넣어 만든다. 이 배합은 판소티 디 프레보지온(182쪽) 또는 시금치와 리코타를 넣은 라비올리(210쪽)에 사용해도 좋다.

— 아뇰로티 디 그라소Agnolotti di grasso(〈기름기가 넘치는〉 혹은 축제일을 위한 아뇰로티)에는 삶은 송아지 가슴살이 들어가고, 이 고기 육수에 완성된 아뇰로티를 삶은 뒤 건져 먹으면 된다. 아니면 22쪽에 언급한 것처럼 냄비에 뭉근하게 조린 고기를 이용해서 아뇰로티를 만들고, 그 자작한 국물에 데친 아뇰로티를 먹기 직전에 버무려낼 수도 있다.

피에몬테 지역의 파스타 대부분이 그러하듯 마무리는 버터와 치즈로 한다. 피에몬테는 올리브가 잘 자라지 않는 지역이므로 버터와 치즈를 사용하는 것이 마치 부의 상징처럼 여겨지는 곳이다.

아뇰로티 만들기
MAKING AGNOLOTTI

16명의 메인코스가 될 만한 분량

진한 에그 파스타 (13쪽) 1.4kg

송아지 또는 양의 뇌 200g

엔다이브 250g

송아지 살코기 (등심 또는 안심) 2cm
주사위 모양으로 자른 것 200g

돼지고기 살코기 (등심이나 다리 살)
2cm 크기 주사위 모양으로 자른 것
200g

버터 100g

중간 크기 양파 1개 잘게 다진 것

마늘 1알 다진 것

로즈마리 3줄기, 줄기 빼고 잎만

세이지 잎 15~10장

프로슈토 100g

달걀 2개

파르메산 치즈 갈은 것 150g

생크림 80ml

이 아뇰로티 속은 아뇰리티 달 플린(22쪽)과 비슷하다. 먼저 냄비에 고기를 푹 익힐 필요가 없다는 점에서 플린보다는 덜 귀찮지만 여러 내장을 비롯한 모든 고기를 날 것으로 만지고 준비해야 한다는 점에서 도전 정신이 좀 더 필요하다. 둘 중 마음에 드는 어떤 것을 선택해도 둘 다 아주 맛있다.

약한 불 위에 올린 소금물 속에 뇌를 넣고 10~15분 정도 데친 다음, 다시 찬물에 담가 질겨 보이는 힘줄과 막을 모두 제거한다. 소금을 넉넉히 넣은 물에서 엔다이브*를 부드러워 질 때까지 (약 2분) 데친 다음, 건져내어 찬물에 담가 완전히 식힌다. 꼭 짜서 물기를 최대한 제거한다.

중불에 올린 팬에 버터를 녹인 다음, 돼지고기와 송아지 고기를 넣어 10분 정도 노릇노릇한 색이 날 때까지 구워준다. 불을 약간 줄인 다음 양파와 마늘, 로즈마리와 세이지를 넣어 10분 정도 더, 양파가 부드러워 질 때까지 볶는다. 다 볶아지면 불을 끄고 팬에 있는 채로 식힌다.

나머지 재료들과 볶은 고기를 모두 푸드 프로세서에 넣는다 (고기를 볶으면서 나온 버터 향의 육즙도 빼지 않고 전부 넣을 것). 모든 재료들이 곱게 펴 바를 수 있는 상태처럼 보일 때까지 갈아준다. 어림잡아 1kg이 조금 넘는 속이 완성될 텐데, 1.4kg의 파스타 속을 채우기에 또는 많은 아뇰로티를 만들기에 충분한 양이다. 양을 줄여서 만들 수도 있고, 남은 속은 얼려두었다가 다른 용도로 사용할 수도 있다 (아뇰로티 말고도 토르텔리니 262쪽, 라비올리 208쪽, 카넬로니 50쪽처럼 속이 들어가는 파스타에 사용하면 된다). 파스타 무게가 6이면 속 재료의 양을 5로 잡으면 맞다. 1인의 메인코스를 만드는 데 75g의 속, 파스타 반죽은 만드는 과정에서 조금 낭비되는 것까지 생각해서 150g 정도로 잡으면 된다. 만들어서 바로 먹지 않더라도 혹 시간이 넉넉하다면 이 귀여운 파스타를 많이 만들어서 냉동해 두자.

파스타 머신을 이용해서 1mm 두께로 반죽을 민다 (대부분의 기계에서 두 번째로 얇은 정도). 쿠키 커터를 이용해 5cm 지름의 원으로 자른 다음, 소를 중앙에 조금 얹고, 신속하게 반으로 접어 가장자리를 눌러 붙인다. 공기를 제거하면서 붙여줄 것.** 만약 반죽이 말랐거나 표면에 밀가루가 있는 경우 (반죽을 제대로 만들면 밀 때 덧밀가루는 전혀 필요가 없다), 물을 약간만 발라

---

* 치코리chicory라고도 불리는 샐러드 채소. 독특한 쓴맛이 있다. 가늘고 구불구불한 엔다이브도 있지만 이 레시피에서는 잎 부분이 연한 노란색을 띤 타원형의 벨지안 엔다이브 Belgian endive를 뜻한다.

** 만두 만들 듯이 하면 된다.

18

붙여준다. 요리하기 전까지 쟁반에 세몰리나를 약간만 뿌린 다음 아뇰로티를 얹어둔다

호두 소스 아뇰로티
AGNOLOTTI ALLE NOCI

4인분

옆의 레시피대로 만든 아뇰로티 550g
또는, 모든 재료의 양을 1/4로 줄여서 만들어도 된다

호두 소스
깐 호두 100g
빵 60g (빵의 크러스트를 잘라낸 다음 계량한다)
우유 4테이블스푼
오레가노 잎 1테이블스푼 또는
세이지 잎 5장
파르메산 치즈 간 것 80g
물 300ml
엑스트라 버진 올리브유 150ml
마지막에 뿌려 낼 파르메산
치즈 간 것 조금

이 소스와 잘 어울리는 파스타
agnolotti dal plin,
fazzoletti, fetuccine,
pansotti, pappardelle,
ravioli, tagliatelle,
tortellini, tortelloni

이 소스는 사실 코르제티(82쪽)를 위해 디자인된 것이나 다름없는 소스로, 그 레시피에서 마늘과 물을 조금 생략했다. 개인적으로는 마늘을 뺀 것을 더 좋아하지만, 만약 코르제티와 함께 먹기 위해 만들어 둔 소스가 남아 있다면 아뇰로티에 사용해도 아무 문제없다.

호두가 지나치게 색이 어둡고 먹어 봐서 씁쓸하다면 끓는 물에 15분 동안 담갔다가 쓴 껍질 부분을 이쑤시개 같은 것으로 벗겨낸다. 빵은 우유에 불렸다가 호두, 오레가노 또는 세이지, 파르메산 치즈와 함께 푸드 프로세서에 넣는다. 아주 곱게 갈거나, 약간 씹히는 맛이 있게 만들거나, 개인의 취향에 맞춰 갈면 된다. 거칠거나 곱거나 모두 나름의 장단점이 있는데 개인적인 취향으로는 곱게 갈아낸 쪽이 크림소스 같아서 더 좋다.

갈은 반죽에 올리브유와 300ml의 물을 조금씩 넣어가며 저어준다. 소금과 후추로 마무리한다.

파스타와 버무리기 전에 소스를 팬에 넣고 가열한다. 그럼 놀라운 일이 벌어지는데, 호두 껍질에서 나온 성분이 허브의 파릇한 색을 보라색으로 변하게 만든다. 알덴테로 삶아낸 파스타를 데운 소스 안에 넣고 골고루 잘 묻을 때까지 뒤적거려 준다. 마지막으로 파르메산 치즈를 뿌려 낸다.

AGNOLOTTI DAL PLIN
아뇰로티 달 플린

치수
길이: 41mm
너비: 23mm

이 파스타와 잘 어울리는 소스
맑은 육수, 호두 소스, 크림, 스튜 국물, 흰 송로버섯

아뇰로티 달 플린은 손으로 꼬집거나 모양을 내거나 주름을 잡아 만든 아뇰로티(16쪽 참조)이다. 플린plin은 피에몬테 방언으로 〈꼬집다pinch〉라는 뜻이다. 고기로 만든 속을 넣고 만들어 육수에 삶아 그 국물과 함께 먹는 것이 보통인데, 이 주름 잡힌 부분이 식감을 좋게 만들어 줄 뿐만 아니라 주름 잡힌 부분에 소스가 잘 묻게 된다. 볼로냐의 명물인 토르텔리니(262쪽)와 비슷하지만 속에 흰 송로버섯을 넣어 맛을 내고, 육수와 함께 내기 때문에 일상식보다는 축제 때 먹는다는 점이 약간 다르다. 작은 사이즈이다 보니 섬세한 솜씨를 필요로 하기 때문에 매일 먹는 파스타라기보다는 뭔가 함께 축하할 일이 있다든가 또는 주부가 긴긴 겨울밤 남아도는 시간을 때우기 위해 만들 경우 먹는 특식이다.

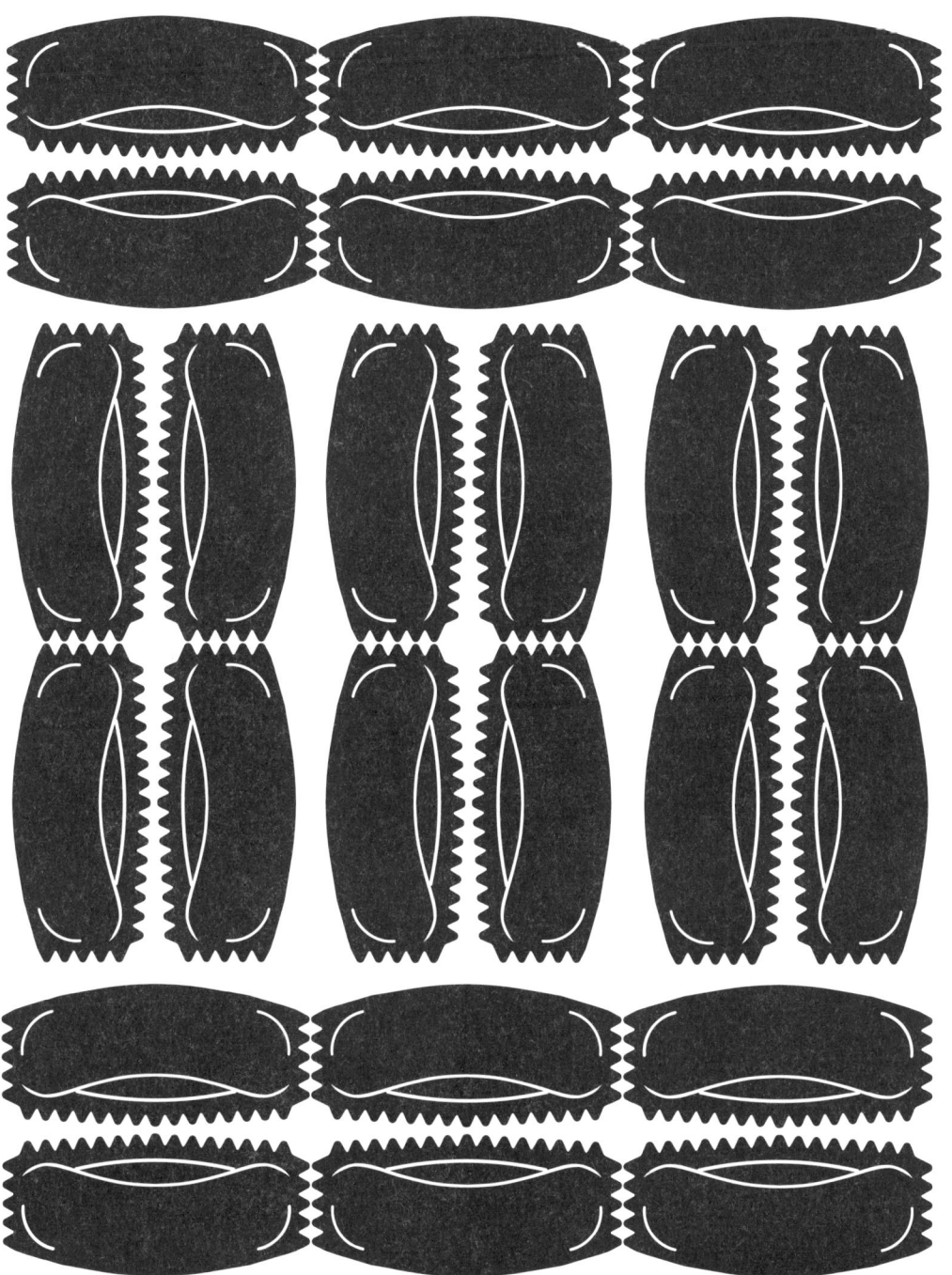

아뇰로티 달 플린 만들기
MAKING AGNOLOTTI DAL PI IN

4인분

양배추 또는 엔다이브 150g

버터 25g

남은 포크 스튜나 송아지 고기 스튜에서 고기만 발라낸 것* 400g

세이지 잎 4장

파르메산 치즈 갈은 것 80g

달걀 1개

넛멕 약간

* 고기 분량에서 100g 정도를 삶은 뇌로 대체하면 소가 훨씬 부드럽고 진하게 만들어진다. 남은 스튜 고기가 없어 이 소를 만들기 위해 고기를 요리하고 싶다면 500~600g의 고기를 버터를 두른 냄비에 넣어 노릇하게 구운 다음, 허브 약간과 화이트 와인을 넣어 뚜껑을 덮고 1~2시간 정도 푹 익혀서 사용한다. — 원주.

이 속은 아뇰로티 레시피(18쪽)를 심플하게 만든 것이다. 두 가지를 서로 바꾸어가며 사용할 수 있다.

300g의 진한 에그 파스타(200g 밀가루로 만든)를 채우려면 200g의 속이 필요하다 (남으면 냉동실에 얼리면 된다). 그렇게 만들어진 500g의 파스타는 4인용으로 충분하다.

속을 만든다. 야채를 소금물에서 부드러워질 때까지 삶는다. 물에서 건져내어 마른 천 위에서 한 김 식힌다. 잘게 썰어 손으로 꼭 짜서 물기를 최대한 제거한 다음, 버터를 두른 팬에 몇 분 정도 볶아 준다. 다시 식힌 다음, 다른 재료들과 모두 섞어 푸드 프로세서에서 곱게 갈아 준다 (속으로 채워 넣기 좋을 정도로 곱게 간다).

반죽을 1mm 좀 못되는 두께로 민다 (대부분의 파스타 머신의 가장 얇은 단계). 반죽을 5cm 너비의 긴 리본처럼 자른 다음, 중간에 헤이즐넛 크기(검지손톱 정도의 크기)의 소를 간격을 일정하게, 15mm 간격으로 늘어놓는다. 반죽이 너무 말랐을 경우에만 위에 덮을 반죽에 물이나 달걀 푼 것을 아주 약간만 칠해준 다음, 반죽을 너비 방향으로 당겨서 반으로 접는다 (접힌 면 말고 붙여야 할 면이 만드는 사람 얼굴 쪽으로 오도록 한다). 소 옆의 공간을 살짝만 눌러서 크기를 잡아준다. 대체로 속을 채우는 파스타를 만들 때는 꼭꼭 눌러 구역을 확실히 표시하고 공기도 빼지만 여기서는 좀 다르다. 수직 방향으로 꼬집어 모양을 내면서 공기를 제거한다. 일단 모양을 먼저 잡은 다음, 눌러서 남은 공기를 빼내는 것이다. 양쪽이 다 주름이 잡히고 공기도 빠져 납작해졌으면 하나 남은, 오픈되어 있는 긴 부분을 붙여 마무리한다. 롤러를 이용해 완성된 파스타를 하나씩 잘라낸다. 보통 3면을 모두 주름잡아 만드는 이들이 많다. 완성된 파스타를 먹을 만큼만 덜어 놓고 나머지는 냉동 보관한다.

세이지 버터 소스 아뇰로티 달 플린
AGNOLOTTI DAL PLIN CON BURRO E SALVIA

**전채로는 4인,
메인코스로는 2인 분량.**

아뇰로티 달 플린 250g

버터 100g

세이지 잎 16장

마지막에 뿌려 낼 파르메산 치즈 갈은 것

이 소스와 잘 어울리는 파스타

agnolotti, cappelletti, ravioli, tortelli, tortellini, tortelloni

〈버터와 세이지burro e salvia〉, 즉 세이지를 넣은 버터 소스는 속을 채워 만든 파스타용 소스들 중에서도 가장 간단하면서도 최고로 맛있는 레시피일 것이다. 세이지는 내가 가장 좋아하는 허브 중 하나인데, 뭐랄까 아주 친절하고 나이 지긋한 여성을 연상시킨다. 우아하고, 여성적이며, 복잡하고, 윤기 없는 살짝 거친 듯한 맛이 난다. 세이지는 특히 버터와 찰떡궁합을 자랑하는데 특히 버터가 살짝 갈색이 되도록 요리해주면 속에 별것 안 넣은 파스타일지라도 근사한 맛이 나도록 만들어 주는 멋진 포장지가 된다.

소금물에 아뇰로티 달 플린을 넣고 2~3분간 삶는다. 삶는 동안 소스를 재빨리 만든다. 팬에 버터를 녹이고 달궈지면 세이지를 넣어 버터가 헤이즐넛 색, 즉 갈색이 될 때까지 튀긴다. 그다음 파스타를 삶고 있는 물을 한 국자 (대략 100ml 정도) 떠 넣은 다음, 팬을 흔들어 잘 섞는다. 잘 흔들면 버터와 파스타 삶은 물이 어우러져 잘 섞이면서 소스도 약간 걸쭉해질 것이다. 파스타를 삶아 소스에 넣을 때쯤 너무 걸쭉하지 않고 좀 묽은 상태여야 하는데 (살짝 덜 익힌 파스타를 넣어 20초 정도 더 익힌다), 파스타가 중불 위에서 끓으면서 더 걸쭉해지기 때문이다. 소스가 파스타에 크림처럼 잘 코팅되면 완성된 것이다. 소금을 넣지 말고 맛을 본 다음 (파스타 삶는 물에 이미 소금이 들어가 있음을 명심하자), 파르메산 치즈 갈은 것을 취향에 따라 뿌려 낸다.

ALFABETO
알파베토

치수
길이: 4.5mm
너비: 3.5mm

이 파스타와 잘 어울리는 소스
acquacotta(토스카나 지역의 야채수프), 닭 육수, 버터.

〈알파벳 스파게티〉라는 이름으로 알려진 알파베토는 파스티나(pastina, 수프에 넣어 먹는 아주 작은 크기의 파스타)의 일종으로 알파벳 모양을 하고 있다. 어린이들의 관심을 끌기 위해 디자인된 것이 분명하며, 어른들에게는 아이들에게 글자를 가르쳐 줄 수 있는 교육 도구임과 동시에 어린 시절 놀이에 대한 향수를 불러일으키는 파스타이다.

알파베토를 넣은 맑은 야채수프
MINESTRA DI ALFABETO

**전채로는 4인, 메인코스로는
2인분을 만들 수 있는 양**

알파베토 파스타 80g

아스파라거스 작은 것 한 다발

주키니 호박 1개, 1cm 크기의 주사위
모양으로 자른 것

닭 육수 700ml, 체에 맑게 거른
것으로 (242쪽 참조, 야채 육수도 가능)

바질 잎 10장

마지막에 뿌릴 엑스트라 버진 올리브유
1테이블스푼

여기서는 아스파라거스와 주키니 호박만 사용했지만 거의 모든 야채를 넣어 만들 수 있다. 이 수프는 알파벳 모양의 파스타는 음식 같지 않다고 못마땅하게 생각할 법한 어른들도 맛있게 먹을 수 있다.

아스파라거스를 구부려 단단한 밑동을 잘라내고 부드러운 부분만 남긴 다음 1cm 길이로 자른다. 뾰족한 끝 부분은 길이가 좀 길더라도 중간을 자르지 말고 온전하게 남겨둔다.

육수를 불에 올려 끓이다가 간을 본 뒤 파스타를 넣는다. 완성되기 1분 전에 다듬어 놓은 호박과 아스파라거스를 넣는다. 완성되면 바질과 올리브유를 뿌려 한 번 저어 준 다음 바로 서빙한다.

이 수프와 잘 어울리는 파스타

canestrini, quadrettini, stelline

케첩에 버무린 알파베토
ALFABETO WITH KETCHUP

**어른 1인분,
아이들은 둘이 먹어도 될 분량**

알파베토 100g

토마토케첩 50g에 장식용으로 약간 더

버터 50g

알파베토를 삶는다. 그동안 버터의 반을 케첩에 넣고, 파스타 삶고 있는 물도 약간 넣어 데운다. 다 삶아진 알파베토의 물기를 잘 제거한 다음, 반 남은 버터를 넣고 섞어준다. 따듯하게 데워 놓은 접시에 소스를 넓게 깔고, 가운데에 파스타를 둥글고 수북하게 쌓는다. 윗부분은 약간의 케첩으로 장식한다. 땡땡이 무늬도 좋고, 케첩 병 짜는 솜씨가 능숙하다면 먹는 사람의 이니셜을 쓰는 것도 좋겠다.

ANELLETTI
아넬레티

치수
지름: 8mm
길이: 2.5mm
두께: 1.5mm

동의어
cerchionetti, taradduzzi
시칠리아 지역: anidduzzi, anelloni d'Africa, anelli

비슷한 모양
anelli, anellini

이 파스타와 잘 어울리는 소스
맑은 육수

아넬로니 다프리카anelloni d'Africa는 아직도 이탈리아 남부 지방에서 볼 수 있는 멋진 고리 모양의 파스타이다. 1930년대에 만들어졌는데 아마도 제1차 세계 대전 중 이탈리아 군인들이 아프리카에서 작전 수행을 하면서 본, 아프리카 여인들이 착용하고 다니는 거대한 귀고리에서 착안해서 만든 모양인 듯하다. 아넬레티는 그 귀고리의 동생뻘로, 〈작은 귀고리〉라는 뜻이다. 아넬레티는 이탈리아 전 지역에 널리 퍼져 있긴 하지만 역시 시칠리아 지역에서 많이 먹는, 같은 이름의 링 모양의 구운 파스타가 가장 유명하다. 구워서 차갑게 식혀 먹는 게 가장 맛있는 이 파스타는 전통적으로 8월 15일, 공휴일인 페라고스토(Ferragosto 성모승천 대축일)에 만들어서 해변에서 먹는 피크닉 음식이다. 레시피는 옆에 있다.

아넬레티는 이탈리아에서 수프에 넣는 파스타로 가장 많이 쓰이지만 이탈리아 외의 다른 유럽 지역에서는 깡통에 넣은 아넬레티를 살 수 있다. 캔으로 먹을 수 있는 파스타 중 가장 인기가 많다.

둥근 모양으로 오븐에 구운 아넬레티
ANELLETTI AL FORNO

피크닉에서 6~8명이 먹을 분량

아넬레티 300g

중간 크기 양파 1개, 작게 깍둑썰기

셀러리 한 줄기, 작게 깍둑썰기

마늘 1알 잘게 다져서

엑스트라 버진 올리브유 50g

버터 30g + 링 모양 틀에 바를 것 약간

다진 돼지고기 또는 송아지 고기 250g

마른 고추 부순 것 1/2티스푼

와인 200ml (돼지고기는 레드, 송아지 고기는 화이트)

토마토 으깨서 체에 거른 것(passata) 500ml

냉동 완두콩 또는 신선한 완두콩 데친 것 200ml

이탈리안 파슬리 다진 것 3테이블스푼

바질 다진 것 3테이블스푼

카치오카발로* 또는 프로볼로네** 치즈 100g 작게 깍둑썰기

페코리노*** 치즈 갈은 것 50g

달걀 1~2개 (옵션)

빵가루 40g

이 요리와 잘 어울리는 파스타
ditali

* cacioclavallo. 풀리아 지역이 원산지인 양젖으로 만든 치즈.

** provolone. 19세기부터 만들어져 온 소젖으로 만든 치즈로, 롬바르디아와 베네토 지역이 원산지이다. 이탈리아 전역에서 즐겨 먹는다.

*** pecorino. 양젖으로 만든 단단한 치즈로, 사르디니아, 토스카나, 시칠리아 등에서 만들어진다. 요리와 파스타를 만들 때 파르메산처럼 주로 마지막에 쓰인다.

아넬레티 알 포르노는 링 모양으로 구워낸 파스타로, 모양도 멋진 시칠리아의 전통 요리이다. 부활절 인기 메뉴이자 피크닉에 빠지지 않는 이 요리는 미지근하게 실온 상태로 먹는 것이 가장 맛있다. 그렇기 때문에 행사 때, 손님이 언제 도착할지 알 수 없는 저녁 식사를 위해 미리 구워 놓으면 아주 좋다. 채식주의자를 위해서는 고기를 빼고, 깍둑썰기 한 모차렐라 치즈 350g을 틀에 붓기 직전에 섞어주면 된다.

팬에 버터를 녹이고, 양파와 셀러리, 마늘을 넣은 다음 소금을 아주 약간만 뿌려서 부드러워 질 때까지 중불에서 10분 정도 볶는다. 고기와 고추를 더한 다음, 불을 세게 올려 25분 정도, 고기가 갈색으로 익을 때까지 볶는다. 처음 5분 정도는 다진 고기가 회색으로 익으면서 잘게 부서지도록 5분 정도 주걱으로 잘 저어주고, 나중에는 전체적으로 색이 골고루 나도록 가끔만 뒤적거려주면 된다. 와인을 붓고 반 정도로 졸인 다음, 토마토 파사타와 완두콩을 넣는다. 불을 아주 약하게 줄여 걸쭉해질 때까지 45분 정도 끓인다. 맛을 보고 소금 후추로 간한다.

아넬레티를 알덴테 상태로 삶아 물기를 잘 뺀 다음, 만들어둔 소스와 섞는다. 허브와 썰어둔 두 가지 치즈도 잘 섞는다. 만약 좀 더 탄탄한 질감을 원한다면 달걀을 1개 또는 2개 풀어 섞을 수 있다. 개인적으로는 치밀하고 단단한 조직보다는 부들부들 잘 부서지는 질감을 선호하기 때문에 전통적인 방법에 따라 달걀은 넣지 않는다. 24cm 또는 28cm의 링 모양 베이킹 틀에 전체적으로 버터를 바르고, 확실하게 하기 위해 버터를 바른 유산지도 바닥에 깔아준다. 그다음 빵가루를 꼼꼼하게 묻혀준다. 만들어 둔 파스타 반죽을 틀에 붓고 스푼으로 윗면을 잘 눌러준 다음, 위에 남은 치즈와 빵가루를 뿌린다. 예열한 오븐에 넣어 (컨벡션 오븐은 200도, 구식 가스 오븐은 220도) 노릇해질 때까지 45분 정도 구워준다. 다 구운 파스타는 접시에 옮겨 담기 전에 적어도 2시간 정도 틀 안에서 완전히 식힌다. 이 요리는 실온 상태로 미지근하게 먹어야 한다. 뜨거운 상태라면 퍼서 접시에 담는 동안 다 산산이 흩어져 버릴 것이다.

BIGOLI
비골리

치수

길이: 155mm
너비: 2.5mm

비슷한 모양의 파스타

fusarioli, passatelli, pici

이 파스타와 잘 어울리는 소스

토코, 페스토, 소시지 소스, 가리비와 타임, 가난한 자들의 송로버섯, 아라비아타, 푸타네스카

최근까지 베네토Veneto 지역에서는 거의 모든 가정에 비골리를 만들 수 있는 기계를 갖추고 있었다. 소량의 국수를 내릴 수 있는 투박한 손잡이의 압축기가 부엌 테이블에 고정되어 있거나, 말의 힘을 이용해 면을 뽑는 기계도 있었다. 통밀과 물, 약간의 오리 알이 들어간 단단한 반죽을 국수틀에 통과시키려면 꽤 힘이 필요했을 것이다. 그렇게 만들어진 비골리는 스파게티 정도의 굵기에 거친 표면을 가진, 베네토 지역 특유의 파스타이다. 비골리의 두께는 뜨개질용 나무 바늘 정도의 두께가 가장 적당하다고 하는데, 집에서 뜨개질하는 사람들이 점점 줄어드는 만큼 비골리를 집에서 만드는 일도 줄어들고 있다. 하지만 이탈리아 사람들의 반짇고리에서 푸사리오이fusarioi라는 이름의 파스타가 하나 더 튀어나왔으니, 〈실패〉를 뜻하는 푸소 다 필라레fuso da filare에서 유래된 이름이다.

비골리를 특별하게 만들어주는 특징 세 가지가 있다. 첫 번째로, 통밀가루를 사용한다. 통밀 반죽을 이용하는 파스타는 드문데, 소박한 맛과 더불어 시골스러운 질감을 줄 뿐만 아니라 몸에 좋을 것같이 느껴지기도 한다. 두 번째로, 피치(198쪽 참조)와는 다르게 말리지 않고 항상 신선한 것을 사용하는 편이다. 아마도 스파게티 과의 파스타 중에서는 유일하게, 갓 뽑았을 때 요리하는 것이 좋은 파스타이다. 마르기 전에 삶기 때문에 빨리 삶아지고, 알 덴테로 잘 익히면 힘없이 끊어지기는커녕 탄력도 있고 씹는 맛도 풍부하다. 마지막으로, 면의 투박한 질감이다. 국수틀로 누르는 과정에서 만들어진 오돌도돌한 표면은 파스타 소스가 미끄러지지 않고 잘 붙어 있게 해준다.

비골리 만들기
MAKING BIGOLI

통밀가루 350g (가능하다면 곱게 갈은 것으로)

세몰리나 50g (전통적인 방법은 아니지만 맛이 더 좋다. 전통 그대로의 맛을 먹어보고 싶다면 이 분량도 다 통밀가루로 채울 것)

큰 달걀 3개

물 50ml

이 레시피는 비골리 만드는 국수틀인 비골라리오bigolario 없이 제대로 만들기는 거의 불가능하다. 이 기계는 다리를 벌리고 걸터앉는 운동용 말같이 생겼는데, 반죽을 넣고 손잡이를 위에서 아래로 힘껏 누르도록 되어 있다. 심지어 이 파스타가 만들어진 베네토 지역에서도 이런 기계를 갖고 있는 곳이 아주 드물게 되어버렸으니 이 책을 읽는 독자들 중 이를 시도하는 분은 거의 없을 거라고 보는 편이 맞겠다.

자, 만들지 않고 비골리를 구하는 방법들이다.

1. 말린 비골리를 산다.

2. 말린 통밀 스파게티를 산다.

3. 생 스파게티를 산다.

4. 파스타 머신을 이용해 반죽을 1.5mm 두께로 민 다음, 칼 또는 파스타 머신의 탈리올리니 커터에 맞춰 자른다. 올바른 비골리 모양은 아니지만, 맛은 나쁘지 않다.

5. 내 아이디어는 아니지만 될 것 같은 아이디어. 고기 다지는 기계에서 칼날을 뺀 다음, 반죽을 통과시켜 국수를 만들어낸다.

하여간 위의 레시피는 비골리 전용 기계가 있거나 혹은 어찌되었든 밑에 있는 방법을 동원해서라도 비골리 면을 뽑아보고 싶은 분들을 위한 것이다.

재료를 모두 합해 15분 정도 정성껏 치댄 다음, 뽑기 전에 적어도 1시간 정도 숙성시킨다. 뽑기 전에 세몰리나를 넉넉히 뿌린 작업대에 놓고, 반죽에도 뿌려가며 민다. 만들어진 파스타는 신선할 때 사용할 것.

안초비 소스 비골리
BIGOLI IN SALSA

**전채로는 4인분,
메인코스로는 2인분**

앞의 레시피로 만든 비골리 양의 절반
(마른 비골리로는 200g)

소금에 절인 안초비나 정어리 통째로
140g, 살만 발라서 쓸 경우엔 80g

중간 크기 양파 1개(200g 정도)

엑스트라 버진 올리브유 4테이블스푼

화이트 와인 125ml

물 250ml

이탈리안 파슬리 다진 것 1과
1/2테이블스푼

이 소스와 잘 어울리는 파스타

bucatini, maccheroni alla chitarra,
pici, spaghetti

솔직히 말해 비골리에 제일 잘 어울리는 소스는 이것 딱 하나다. 만약 당신이 안초비를 좋아한다면 홀딱 반해 버릴 레시피이다.

〈가난한 자의 송로버섯〉 레시피(158쪽)처럼 생 파스타를 이용할 때는 소스가 너무 지나치지 않게 살짝 코팅하는 정도로만 만드는 것이 좋다. 비골리를 만들거나 구하지 못했을 때는 생 스파게티 면을 이용하는 것이 최고의 대안이란 점을 기억하자.

염장 생선을 사용할 때는 흐르는 물에 소금기를 씻어 내고, 반으로 갈라 뼈도 제거한다. 씻은 안초비 또는 정어리는 다져 놓는다. 너무 잘게 다질 필요는 없다.

양파는 반으로 잘라 결 반대 방향으로, 아주 얇게 슬라이스 해준다. 파스타가 충분히 들어갈 만한 넉넉한 크기의 프라이팬에 생선과 기름을 넣은 다음, 불을 켜고 중불에서 10분 정도 튀겨 준다. 생선이 잘 바스라질 수 있도록 주걱으로 풀어가며 볶아 주다가 양파를 넣고 색이 약간 노릇해질 때까지 볶는다. 와인과 물을 넣고 불을 아주 약하게 줄여 45분 정도 거의 국물이 안 보일 정도로 진하게 졸아들 때까지 끓인다.

면을 살짝 덜 익은 정도로 삶아 파스타 삶은 물 몇 테이블스푼과 파슬리 다진 것 1테이블스푼과 함께 생선이 익은 팬에 넣고 소스와 면이 잘 어우러지게 한다. 보기에는 물기가 너무 없어 보일지 모르나 먹어 보면 전혀 퍽퍽하지 않다 (만약 먹어봐서 지나치게 국물이 없는 느낌이 든다면 입맛에 따라 물을 약간 넣는다).

완성된 파스타를 접시에 담고 남은 파슬리 가루를 뿌려 낸다. 개인적으로는 너무 단정하게 요리를 장식하는 타입이 아닌데다가 진한 갈색 음식에 대한 아무 불만도 없지만 (대체로 먹음직한 갈색의 음식이 늘 맛도 좋은 법이다) 칙칙한 색들이 좀 맛없어 보이는 것도 사실이니, 조금 더 신경 써서 포크를 이용해서 새 둥지 모양으로 파스타를 감아 접시에 잘 담는 것도 좋겠다. 포크로 돌돌 말은 파스타를 접시 위에 조심스럽게 둥근 모양으로 올려 놓은 다음, 마지막으로 파슬리 다진 것을 뿌려서 내면 된다.

오리고기 소스 비골리
BIGOLI ALI'ANATRA

**전채로는 4인분,
메인코스로는 2인분**

앞의 레시피(30쪽)로 만든 비골리 양의 절반 (마른 비골리로는 200g)

오리 라구 소스

오리 1마리 (2~2.5kg)

양파 2개

당근 2개

셀러리 3줄기

마늘 4알

월계수 잎 4장

버터 50g

레드 와인 400ml

다진 토마토 캔 또는 신선한 토마토 갈은 것 250g

마지막에 뿌려 낼 그라나grana 치즈 갈은 것 약간

이 소스와 잘 어울리는 파스타

maccheroni alla chitarra, maltagliati, pappardelle, pici, spaccatelle

다시 한 번 생각해 보니 비골리와 어울리는 소스가 한 가지 더 있긴 하다. 오리를 삶아낸 육수에 파스타를 삶아내고, 그 고기를 이용해 소스를 만드는 방식인데, 아주 구식이긴 하지만 그래서 더욱 시도해 볼 만한 가치가 있다.

오리의 내장을 끄집어낸다. 모래주머니와 심장, 간을 잘게 다져둔다. 오리를 통째로 삶아서 다리 부분만 오리 미트 소스 만드는 데 이용할 것이다. 오리 가슴살도 같이 삶아서 삶은 감자와 겨자를 곁들여 비골리 다음 코스로 낼 수도 있고, 삶기 전에 가슴살을 발라내두었다가 나중에 더 멋진 요리를 만들어도 상관없다.

양파 하나와 당근 1개, 1과 1/2줄기의 셀러리, 마늘 2알과 월계수 잎 2장을 오리와 함께 큰 냄비에 넣는다. 오리가 잠길 정도로 물을 부어준 다음, 소금을 약간만 넣는다 (많이 넣지 말 것). 약한 불에서 1시간 반 정도 삶아 준 다음 건져내어 식힌다. 오리 육수는 체에 걸러 위에 뜬 기름과 찌꺼기를 제거한 다음, 깨끗한 냄비에 담아 놓는다.

만약 오리 가슴살도 함께 삶았다면 나중에 다른 용도로 사용할 수 있도록 발라내어 따로 둔다. 다리에서 살을 다 발라낸 다음, 날개와 몸(목을 빼놓지 말 것)을 굵직하게 다진다. 나는 소스가 더 농후한 맛을 낼 수 있도록 껍질도 다 사용하지만 싫다면 제거해도 무방하다.

남은 야채들을 모두 잘게 다지고 마늘도 다진다. 버터를 중불의 팬에 녹인 다음 (당신만 괜찮다면 육수 위에 떠오른 오리 기름을 사용해도 좋다), 야채와 월계수 잎, 다져 놓은 내장들을 넣고 부드러워질 때까지 10분 정도 익힌다.

와인을 더하고, 양이 반이 될 때까지 졸인 다음, 토마토와 다진 오리고기, 250ml의 오리고기 육수를 넣는다. 소스가 아주 진하게 졸아들 때까지, 45분 정도 약한 불에서 끓인다.

먹기 전에 따로 두었던 오리 육수를 다시 끓여 맛을 보고 소금 간을 한 다음, 비골리를 삶는다.

살짝 덜 익은 알덴테 상태가 되면 건져내어 미리 데워두었던 소스에 넣고 골고루 섞어준다. 먹기 전에 갈아 놓은 그라나 치즈를 뿌려 낸다.

BUCATINI
부카티니

치수
지름: 3mm
길이: 260mm
두께: 1mm

동의어
boccolotti(〈곱슬머리〉,
〈두루마리〉를 뜻하는 boccolo에서
파생), fidelini bucati,
perciatelli(프랑스어 〈뚫다〉를
뜻하는 percer에서 파생)
시칠리아 지역: agoni bucati,
spilloni bucati(〈구멍 뚫린 모자 핀〉)

이 파스타와 잘 어울리는 소스
마늘 소스, 아마트리치아나, 안초비
소스, 아라비아타, 프로슈토
크림소스, 그리시아, 노르마,
쇠꼬리 소스 sugo di coda, 카치오
에 페페, 돼지고기와 돼지 껍데기,
푸타네스카, 리코타와 토마토, 참치
뱃살과 토마토

이 파스타 이름의 어원은 buco(〈구멍〉) 또는 bucato(〈뚫은〉)에서 나온 것으로, 이 파스타에 난 구멍은 특별한 기능을 가지고 있다. 너비가 두꺼운 파스타들은 요리하는 데 시간이 오래 걸린다. 면 두께가 어느 정도를 넘어서는 파스타(28쪽의 비골리, 198쪽의 피치 참조할 것)들은 마른 것을 삶을 때 시간이 아주 오래 걸릴 뿐만 아니라 중심부가 알덴테로 익을 때쯤엔 겉 부분이 지나치게 삶아져 버린다. 그래서 이런 두꺼운 파스타들은 마른 것을 사용하기보다는 갓 뽑은 생면으로 요리하는 것이 일반적인데, 생면의 경우 면 가운데 부분은 아직 수분이 남아 있기에 시간을 적게 들이고도 제대로 삶을 수 있기 때문이다. 부카티니는 마케로니 인페라티(160쪽)를 첨단 방식으로 압축해서 추출해낸 것이라고도 볼 수 있는데, 이런 현대식 생산 유통 과정을 위해서는 파스타를 포장하기 전에 완전히 건조시켜야 한다. 파스타 가운데에 구멍을 뚫은 이 천재적인 방법은 파스타에게 부카티니라는 이름을 붙여 주었다. 삶는 동안 뜨거운 물이 계속 구멍 안을 통과하기 때문에 스파게티를 삶는 시간과 거의 비슷할 정도로 요리 시간도 단축시킬 수 있었다. 전자레인지가 출현하기 훨씬 이전에 음식의 안 부분과 바깥을 같이 익히는 방법을 발견한 것이다.

부카티니를 이용한 가장 유명한 요리는 로마의 부카티니 알 아마트리치아나이다. 옛 로마 파스타들 중 아마트리체Amatrice 지역에서는 〈토마토를 넣지 않은〉(in bianco, 220쪽 참조)로 만들었지만 로마 스타일의 아마트리치아나는 토마토를 넣어 붉다. 이 파스타 소스는 221쪽에 나오는 리가토니에도 사용된다. 내가 로마에 잠시 살았을 때 제일 좋아했던 비스트로인 트라토리아에서 리가토니에 아마트리치아나 소스를 얹은 것을 맛있게 먹곤 했던 기억이 있다. 특히 산 로렌조의 트라토리아 다 마르셀로Trattoria da Marcello가 참 맛있었다.

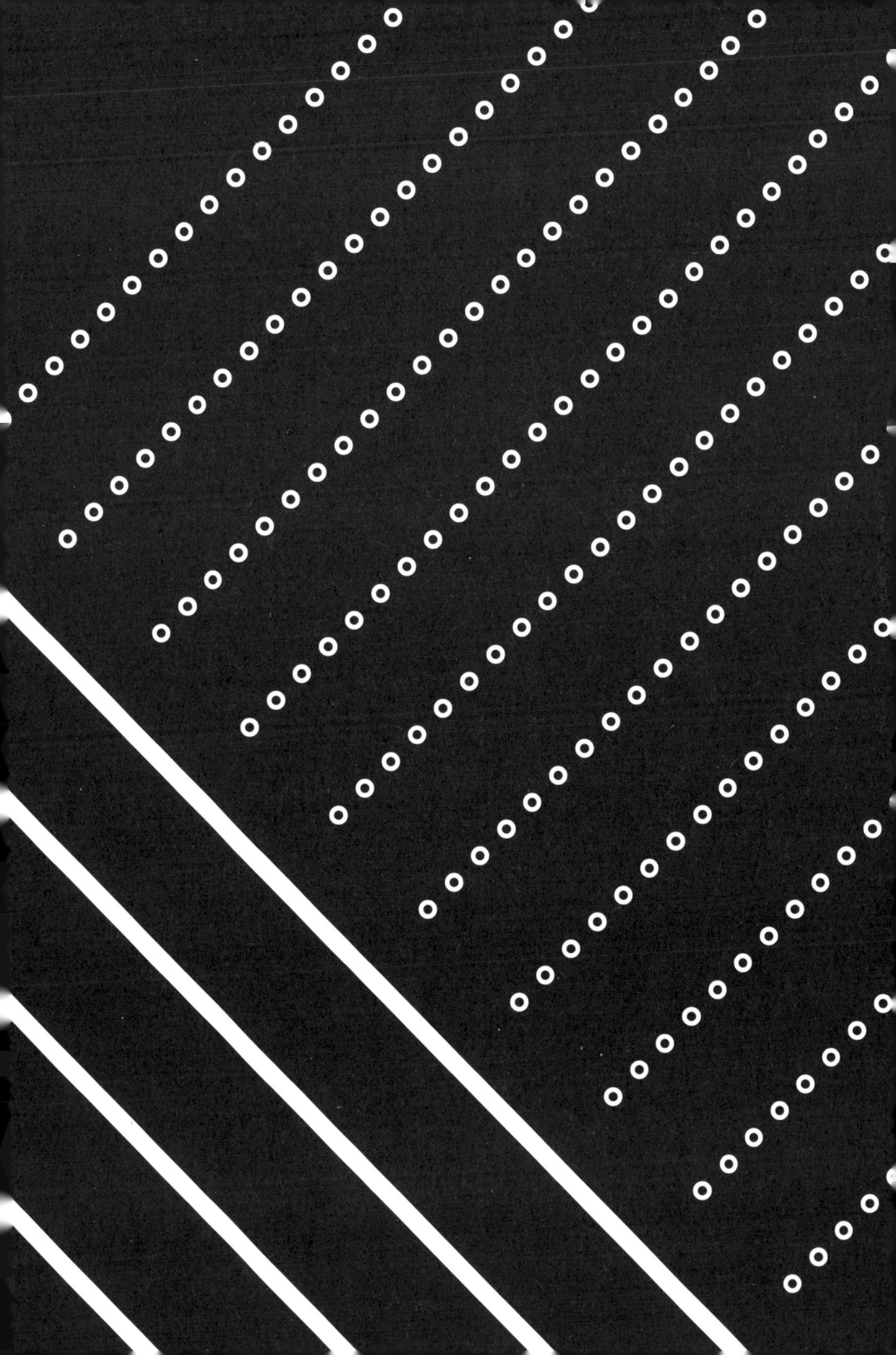

부카티니 카르보나라
BUCATINI CARBONARA

전채로는 4인분,
메인 코스로는 2명이 먹을 분량

부카티니 200g

구안치알레 3mm 두께로 길게 자른 다음, 2cm 길이로 자른 것 100g

올리브유 2티스푼

큰 크기의 달걀 2개

페코리노 로마노 치즈 (또는 파마잔, 아니면 두 개 다 섞어서) 간 것 80g에 마지막에 뿌릴 것 약간 더

통후추 간 것 많이

이 소스와 잘 어울리는 파스타

fettucine, maccheroni inferrati, tagliatelle, spaghetti

이 유명한 파스타를 제2차 세계대전 이전의 기록에서는 전혀 찾아볼 수 없다. 이 파스타의 기원에 대해 근거 없는 수많은 이야기들이 돌아다니는데 그중 가장 오래 살아남은 이야기는 이 파스타가 광부들을 위한 것이라는 설(카르보네carbone는 〈석탄〉)과, 카르보나리(이탈리아 통일에 중요한 영향을 미친 단체의 이름인 〈광부Carbonari〉)에서 따왔다는 설이다. 이름이 어디서 왔든 카르보나라는 파스타에서 로마와 같은 존재이며, 모든 길이 로마로 통하듯 파스타의 정신적인 고향 같은 존재가 되었다. 잘 만든 카르보나라는 부드럽고, 바라만 봐도 심장마비가 일어날 것처럼 기름지고 윤기가 잘잘 흘러야 한다. 사실 심장마비는 카르보나라를 자주 섭취하면 일어날 수 있는 일이기도 하다…….

구안치알레guanciale는 돼지 볼살을 판체타나 베이컨처럼 훈제한 것이다. 이것으로 카르보나라를 만들면 제대로 기름지고, 베이컨 풍미가 그득해진다. 구하기 쉽지 않은 재료이긴 하지만 찾아서 만들어 볼 만한 가치가 충분하다.

부카티니를 삶는다. 팬에 기름과 구안치알레를 넣고, 높은 온도에서 녹아 나오는 고기 기름이 거품을 내며 부글부글 끓고, 베이컨의 표면이 갈색이 되도록 튀긴다. 하지만 두껍게 썰었기 때문에 안쪽은 여전히 부드럽고, 씹었을 때 훈제향이 흠뻑 우러나온다. 다 튀겨진 팬은 불을 꺼둔다. 큰 볼bowl에 치즈 간 것과 달걀을 넣고 통후추도 넉넉하게 넣은 다음 힘차게 젓는다. 소스를 따뜻하게 만들기 위해 물이 끓고 있는 냄비 위에 얹어 중탕하듯 저어주는 것도 좋은 방법이다. 주의할 점은 뜨거운 물 위에 얹어서 젓는다 하더라도 익을 정도로 열을 가하면 안 된다. 달걀과 치즈에서 차가운 기운이 사라지게 하는 정도로 족하다. 파스타가 알덴테로 익으면 물기를 잘 뺀 다음, 베이컨을 볶은 팬에 넣고 면 전체에 기름이 코팅되도록 잘 섞어준다. 섞은 즉시 치즈와 달걀을 저어둔 볼에 넣고 1분 정도, 소스가 살짝 걸쭉해질 때까지 저어준다. 간을 본 다음, 위에 여분의 치즈 가루를 뿌려 낸다.

매운 토끼 고기 토마토소스 부카티니
BUCATINI AL CONIGLIO ALL'ISCHITANA

4인분

부카티니 300~400g

양식된 식용 토끼 한 마리

올리브유 150ml

마늘 껍질을 까서 칼등으로 한 번 두들겨 놓은 것 6알

마른 고추 1~2개

화이트 와인 250ml

잘 익은 토마토 굵게 자른 것 750g (8등분 정도로 자른다)

이탈리안 파슬리 다진 것 30g

마지막에 뿌릴 페코리노 로마노 Pecorino Romano 치즈 갈은 것 약간 (옵션)

이 소스와 잘 어울리는 파스타

maccheroni inferrati, reginette, spaghetti

진하고 풍부한 맛의 이 요리는 사시사철 언제 내놓아도 어울리는 아주 유용한 레시피이다. 이 요리는 아름다운 이스키아Ischia 섬에서 인기가 높은데, 파스타는 전채로, 고기는 메인코스로 나온다.

토끼는 관절 부분을 잘라 토막을 낸다 (먼저 다리와 어깨 부분을 척추에서 분리하고, 꼬리, 목, 갈빗대를 잘라내고, 몸통을 네 부분으로 나눈다. 뱃가죽 부분과 간, 신장 등 내장은 붙어 있는 채로 놓아둔다).

아주 넓은 크기의 팬에 기름을 두르고 달군다 (40cm 정도 토끼 고기를 넣어 지질 만한 넓이가 되어야 한다. 작은 팬에 할 경우 두 번에 나눠서 지져야 한다). 마늘과 고추를 넣어 튀기다가 노릇해질 때쯤 구멍 뚫린 국자로 건더기만 건져내어 따로 놓아둔다. 미리 소금과 후추를 뿌려 놓았던 토끼 고기를 팬에 넣고 고기 표면이 노릇노릇해질 때까지 지진다. 중간 정도의 불에서 지지면 넉넉잡고 15분 정도 걸릴 것이다. 건져두었던 마늘과 고추를 넣고 와인도 넣는다. 뚜껑을 덮지 않고, 너무 세지 않은 불에서 끓이면서 (끓는 거품이 너무 부글부글하지 않도록) 5분마다 고기를 뒤적거려 준다. 30분 뒤, 와인이 거의 다 졸아들면 토마토와 파슬리를 넣고 간을 본다. 같은 세기의 불에서 몇 분 더, 토끼를 뒤적거려가며 익히는데 여러분이 생각하는 정도의 농도보다 더 졸아들도록 익혀야 한다.

이 소스는 그야말로 토끼가 딱 타기 직전의 토끼에 토마토 퓨레를 발라 놓은 것처럼 보이고, 심지어 그 퓨레가 튀겨진 것 같이 보일 정도까지 졸여야 한다. 토마토를 더한 시점에서 적어도 40분은 졸여야 이런 상태를 얻을 수 있는데, 처음 만든 사람들은 이 상태가 되면 소스가 완전히 타버리지 않을까 걱정하게 된다. 바로 이때, 파스타를 넣어야 한다.

파스타를 버무릴 만한 소스가 전혀 없어 보이지만 여기에 물 200ml를 넣고, 바닥에 살짝 눌어붙은 양념들을 긁어주면 소스가 다시 만들어진다. 고기를 다른 데 건져 놓고 (그릇에 담아 미지근한 오븐에 넣어 따듯하게 보관했다가 메인 코스로 쓴다) 부카티니를 넣은 다음 (알덴테로 삶아 체에 밭혀 물기를 빼놓은 것), 소스와 잘 섞어가며 1분 정도 익혀 완성한다. 그대로 먹거나 취향에 따라 페코리노 치즈 갈은 것을 뿌려 먹는다.

시칠리아풍 정어리와 펜넬 소스 부카티니
PASTA CU LI SARDI

**전채로는 4인분,
메인으로는 2인이 먹을 분량**

부카티니 200g

신선한 정어리 300g 또는
살만 발라낸 것 150g

염장한 안초비 1마리,
또는 뼈를 제거한 필레 2장

껍질을 제거한 빵을 손으로
잘게 뜯은 것 25g

엑스트라 버진 올리브유 4테이블스푼

펜넬* 작은 것 1개 (펜넬에 되도록
잎이 많이 붙어 있는 것을 고르거나
구할 수 있다면 야생 펜넬 작은 다발도
좋다)

중간 크기 양파 1개 잘게 다진 것

잣 20g

건포도 20g

펜넬 꽃가루 2g (또는 펜넬 씨 부순 것)

사프란 줄기, 엄지와 검지로 한번 집은
것을 뜨거운 물 1테이블스푼에 담가서

이 소스와 잘 어울리는 파스타

maccheroni inferrati, penne,
rigatoni, sedanini, spaghetti

---

* fennel. 씨는 향신료로, 몸통은 채소로 쓰이는
식물. 시원한 감초향이 특징으로 향신료는
스튜나 소시지 등, 요리에 널리 쓰인다.
아니스 anise, 팔각(八角)과 같은 과이지만,
향이 훨씬 순하다.

** 대략 170~180도 정도의 온도.

이 요리는 온 시칠리아를 접시 위에 축약시켜 놓은 것이라고 할 수 있다. 시칠리아의 비옥한 토지를 연상시키는 잣, 아름다운 언덕 위의 야생화를 떠올리게 하는 펜넬과 사프란, 시칠리아 사람들이 사랑해 마지않는 기름진 정어리를 섞어 만든 요리이니 말이다.

정어리와 안초비를 깨끗이 다듬고 씻어 살(필레 fillet)만 남긴다.

정어리는 양손으로 잡아 흐르는 물 밑에 대고 엄지손가락을 이용해 비늘을 벗겨낸다. 왼손으로 정어리의 등지느러미 쪽을 꼭 쥐고 배 부분이 보이도록 한다. 오른손으로 정어리 뒷목, 등뼈 위의 살을 부순 다음, 머리를 정어리 배 쪽으로 잡아당긴다. 제대로 했다면 내장과 더불어 정어리의 등뼈도 같이 딸려 나와 손에는 두 장의 정어리 포만 남게 될 것이다.

안초비는 소금기를 모두 씻어내고, 흐르는 물 밑에서 엄지손가락으로 배 부분을 가른 다음, 안에 붙어 있는 등뼈를 모두 제거한다. 물기를 잘 닦아둔다.

뜯어 놓은 빵조각에 기름 2테이블스푼과 소금, 후추를 뿌린 다음, 중간 정도 열의 오븐에서** 노릇하고 바삭해질 때까지 굽는다. 그 다음 손으로 마저 부숴 빵가루처럼 만들 것.

펜넬을 2등분해서 소금물에 (초록색의 줄기 부분도) 10분 정도, 부드러워질 때까지 삶는다.

넓은 팬을 준비해서 중간보다 약한 불에 양파와 남은 기름을 넣고 투명하고 부드러워질 때까지 10분 정도 볶는다. 양파가 볶아지는 동안 펜넬을 건져내어 잘게 썬다 (펜넬을 삶은 물은 계속 끓일 것).

깨끗이 다듬은 정어리(지느러미도 모두 제거했는지 확인)와 안초비를 굵게 썬 다음, 소금을 약간 뿌려 양파를 볶은 팬에 넣고 1분 정도 볶은 뒤, 펜넬을 넣고 5~10분 정도 마저 익힌다. 마지막으로 사프란과 사프란을 우린 물을 넣은 다음, 간을 보고 소스를 마무리한다.

정어리가 익는 동안 펜넬을 삶았던 물에 부카티니를 삶는다. 알덴테로 익힌 다음, 먼저 파스타 삶은 물을 소스에 한 스푼 넣고, 파스타를 넣는다. 1분 정도 소스와 파스타가 잘 어우러지도록 익힌 다음, 먹기 직전에 구워 놓은 빵가루를 얹어 낸다.

BUSIATI
부샤티

치수

길이: 80mm
너비: 10mm

동의어

subioti, fusarioi, maccheroni bobbesi, busa, ciufolitti(아브루초 지역의 방언, 주폴로zuffolo에서 나온 말로 〈팬파이프〉란 뜻이다), gnocchi col ferro

이 파스타와 잘 어울리는 소스

마늘 소스, 줄기콩, 토코(tocco, 리구리아 지역의 미트 소스), 제노베제 페스토, 참치 뱃살과 토마토

부샤티는 두 가지 모양이 있다. 만드는 방법은 그리 다르지 않지만 모양은 확연히 틀리다. 하나는 마케로니 인페라티(160쪽)류에 포함되지만 집에서 만든 부카티니(34쪽) 혹은 좁은 피치(198쪽)같이 생겼고, 이 책에 그려진 부샤티는 마치 배배 꼬아 놓은 전화선같이 생겼다. 시칠리아 지방(특히 트라파니Trapani 지역)에서는 스파카텔레(228쪽), 쿠스쿠수(84쪽)와 더불어 3대 파스타로 꼽힌다. 이 파스타들은 모두 중동 지역에서 유럽으로 건너온 것인데 특히 시칠리아에서는 라틴족과 무어족이 아주 강하게 연결되어 있다. 이들 인종들의 결합은 쿠스쿠수는 물론이고 부샤티에서도 분명하게 드러나는데, 그 이름이 아랍어로 〈피리〉를 뜻하는 〈busa〉에서 유래된 것이기 때문이다.

꼬인 전화선 모양 부샤티 2인분을 만들기 위해서는 200g의 세몰리나(10쪽)로 만든 파스타 반죽이 필요하다. 라임 크기만큼의 반죽을 떼어 3~4mm 너비의 리본으로 길게 민 다음, 12~15cm 길이로 자른다. 한쪽 끝을 나무 꼬챙이나 가늘고 긴 못, 뜨개바늘처럼 생긴 긴 쇠막대 같은 걸로 고정시킨 다음 45도 각도로 위로 밀면서 구불구불하게 만다. 감고, 늘리면서 막대에 감기게 하는데 중간 중간 힘 조절을 해 반죽이 잘 늘어나도록 한다. 길게 늘어나면 뒤로 살짝 감아 느슨하게 만든 다음 막대를 빼낸다. 완성된 부샤티는 전화선처럼 구불구불하지만 살짝 납작한 모양이 된다. 이 파스타는 푸질리 부카티(108쪽)를 창조하는 데 영감을 주기도 한 정말 멋진 파스타이다.

아주 옛날 부샤티 레시피에는 물 대신 달걀흰자와 장미수가 들어갔다 (마에스트로 마르티노, 『요리 기술서Libro de Arte Coquinaria』, 1456년, 이 책에는 마케로니 시칠리아니maccheroni Siciliani로 기록되어 있다). 아마 옛날에 오랜 기간 동안 여행을 해야 했던 선원들이 말려 보관하기에 유용했기 때

문이 아니었을까. 어쨌든 이 파스타는 다음에 언급할 소스인 페스토 트라파네세와 기막히게 잘 어울린다.

아몬드로 만든 페스토 소스 부샤티
BUSIATI CON PESTO TRAPANESE

**전채로는 4명,
메인코스로는 2명이 먹을 분량**

앞에 적은 레시피로 만든 부샤티

뜨거운 물에 담가 껍질을 벗긴 아몬드 100g

마늘 2알 곱게 으깨서

바질 한 다발 (25g)

잘 익은 방울토마토 300g

엑스트라 버진 올리브유 100ml

마지막에 뿌려 낼 페코리노 로마노 치즈

이 소스와 잘 어울리는 파스타

casarecce, cavatappi, fusilli bucati/fatti a mano, gemelli, maccheroni inferrati, spaghetti, trenette

잘 알려진 제노바의 페스토 소스(276쪽) 이외에 〈페스토〉라는 이름이 붙은 소스들이 드물게 있는데 모두 먹어 볼 가치가 있다. 몇 안 되는 페스토 소스 중 하나를 소개한다.

아몬드와 마늘을 푸드 프로세서에 넣고 곱게 갈아 준다. 그 다음 바질 잎을 따서 넣고 조금 갈은 다음, 토마토를 넣는다. 곱게 갈린 듯하면서도 중간 중간 굵은 입자가 보이는 상태가 되면 기름을 넣고 손으로 잘 저어준다. 맛을 보고 소금, 후추로 간한다.

이 소스는 삶은 파스타 면 위에 얹어 내거나 면에 넣고 잘 비벼낼 수는 있지만 면과 소스를 같은 팬에 넣고 따로 익히지는 않는다. 페코리노 치즈를 뿌려도 맛있고, 뿌리지 않아도 훌륭하다.

CAMPANELLE/GIGLI
캄파넬리/지일리

치수
길이: 25mm
너비: 13mm

동의어
lilies(백합), campanelle(〈방울꽃〉 또는 〈나팔꽃〉)
나사 모양을 뒤집은 형상: amorosi, cornetti, jolly

이 파스타와 잘 어울리는 재료
아티초크, 잠두콩(엄지손가락 반 정도 크기의 푸르고 큰 콩)과 완두콩, 볼로네제 미트소스, 삶아서 곱게 갈은 잠두콩, 줄기콩, 그린 올리브와 토마토, 헝가리식 생선 수프, 양고기 소스, 렌틸 콩, 푸타네스카, 노르치나, 토마토소스, 트레비소,* 스페크 햄**과 폰티나 치즈

의심할 여지없이 꽃 모양의 파스타이다. 심지어 이름도 그렇다. 지일리는 〈백합〉, 캄파넬레는 〈종〉 또는 〈방울꽃〉이라는 뜻이니까. 이 파스타는 한 장의 파스타 시트를 이용해 가장자리에 주름을 잡고 꼬아서 얇은 나선형으로 만든 것이다. 설탕 공예 장인이 슈거 페이스트로 꽃 모양을 만드는 것과 비슷하다. 무언가 새로운 것을 원하는 소비자들을 만족시키기 위해 만들어진 것이지만 파스타 디자이너들은 모양도 예쁘게 만듦과 동시에, 복잡한 모양이 부서지지 않고 전체적으로 골고루 삶아지며 소스가 잘 묻는지도 염두에 두고 작업해야 한다. 그런 의미에서 캄파넬레는 모든 조건을 다 갖추고 아름답기까지 한 파스타의 좋은 예라고 할 수 있다. 모양이 환상적으로 아름다운 몇몇 파스타들이 있는데 대부분 세몰리나 반죽으로 만들어지며 (보통 규모가 큰 전문 공장에서 생산되는 경우가 대부분이다), 달걀이 더 들어간 진한 반죽은 기계보다는 장인들의 손을 거쳐 탄생되지만 반드시 완전 건조를 시킨 후 판매한다.

---

* Treviso. 둥글지 않고 엔다이브처럼 길쭉하게 생긴 것으로 이탈리아 트레비소 지역에서 많이 자란다. 라디키오보다 쓴맛이 덜하고 모양이 예쁘다. 라디키오는 180쪽 주 참조.

** speck. 오스트리아와 이탈리아에서 즐겨 먹는 염장 훈제 햄.

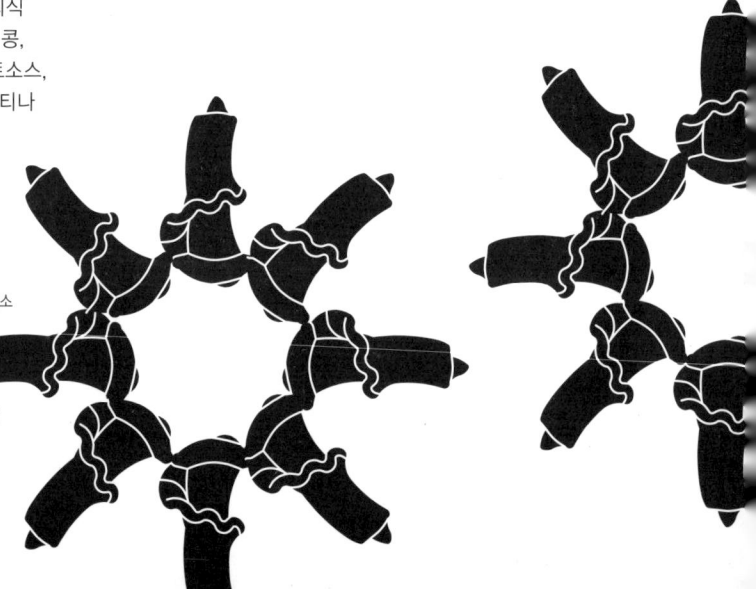

고등어와 토마토, 로즈마리 캄파넬레
CAMPANELLE CON SGOMBRO E ROSMARINO

**전채로는 4인,
메인코스로는 2인이 먹을 분량**

캄파넬레/지일리 200g

중간 크기의 고등어 (300g 정도)

엑스트라 버진 올리브유 5테이블스푼

마늘 1알 잘게 다진 것

로즈마리 잎 부분 잘게 다진 것
1테이블스푼

고추 부순 것 1/4티스푼

잘 익은 토마토 2개 1cm 정도의
크기로 잘라서

이탈리안 파슬리 다진 것 2테이블스푼

고등어의 포를 뜬다. 껍질은 그냥 남겨둘 것. 가시를 제거하는 과정이 번거롭지 않도록 일단 두 장으로 포를 뜬 다음, 잔가시가 있는 부분의 밑에 칼을 넣고 가시를 떠내듯 발라낸다. 길이로 4장 뜬 고등어를 대략 1.5cm 정도의 주사위 모양으로 자른다.

파스타를 삶는다. 팬에 기름을 두르고 살짝 기름 향이 날 때까지 가열한다 (아주 높은 온도에서 연기가 날 때까지 가열하라는 것은 아니다). 달궈진 기름에 마늘과 로즈마리, 고추를 넣고 몇 초 정도만, 기름 안에 향이 배이도록 튀겨 준다. 고등어와 토마토를 넣고 소금과 후추로 간을 한 다음 중불에서 3~4분 동안 정도, 고등어가 익고 토마토가 바스러질 때까지 끓인다. 알덴테로 잘 삶아 물기를 제거한 파스타를 소스에 넣고 1분 정도 잘 뒤적거리며 익힌다. 마지막으로 파슬리를 더하고, 소스가 너무 건조해 보일 경우에만, 파스타 삶은 물을 조금 넣는다.

이 소스와 잘 어울리는 파스타

canestri, torchio

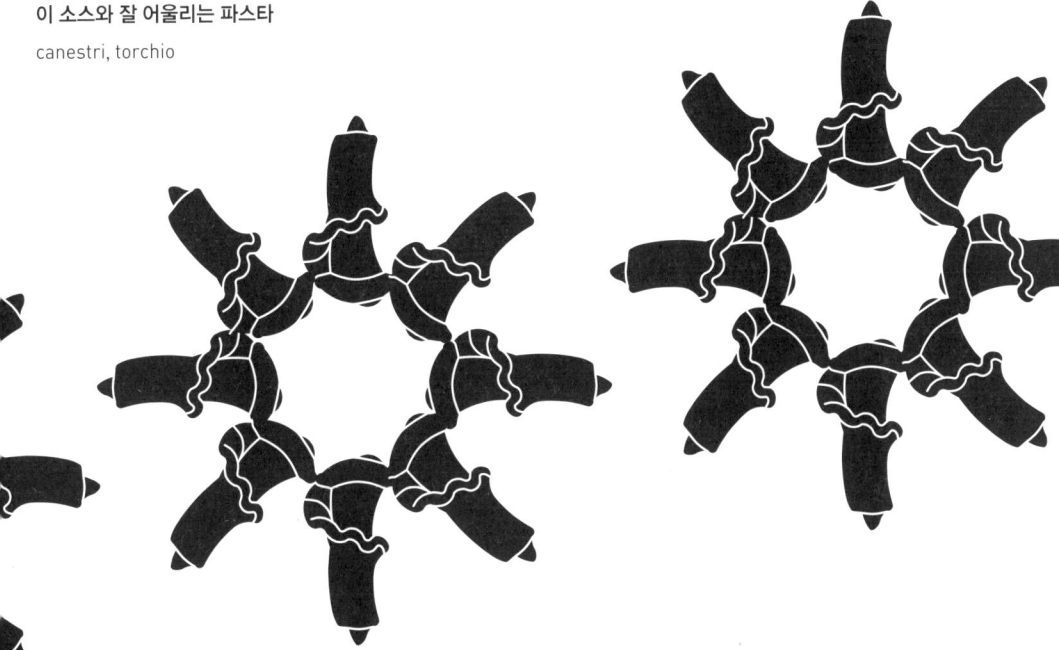

CANEDERLI
카네데를리

치수
지름: 42mm

동의어
gnocchi di pane, canedeli, knödel

카네데를리는 이탈리아의 알프스 지역, 특히 건축양식, 문화, 관습, 음식이 이탈리아보다 독일에 가까운 트렌티노 알토 아디제 지역에서 온 것이다. 이 파스타도 독일이 고향으로, 독일에서 부르는 이름인 크뇌델knödel과 유사하다. 가장 간단한 것은 간을 한 빵가루를 뭉쳐 둥글린 완자(덤플링dumpling)이지만 산에서 일하는 농부들이 쉽게 구할 수 있거나 상비해둔 재료들을 뒤섞어 다양하게 만든다. 야생 허브, 치즈, 절이거나 말려둔 햄, 가끔 갯장어를 넣기도 한다. 식사가 아닌 달콤한 디저트용으로 만들 때는 감자로 만든 반죽 안에 살구와 자두를 채워 넣는다.

식사용은 단단하고 큼직하게 만든다. 주로 고기 국물 속에 넣어 먹지만 양배추를 비롯한 다른 채소들, 민들레 잎이나 사워 크라우트 등과 함께 먹기도 하고, 치즈를 얹어 그라탱처럼 굽기도 한다. 스페자티노spezzatino(〈희귀한 스튜〉)라는 이름의 스튜에서는 빵이나 감자 같은 탄수화물의 역할을 한다.

고기 국물에 끓여낸 카네데를리
CANEDERLI IN BRODO

**전채로는 4인분,
메인코스로는 2명이 먹을 분량**

중간 크기 양파 반 개, 아주 잘게 다져서

버터 50g

신선한 식빵 껍질 부분을 잘라내고 흰
부분만 잘게 다진 것 150g

중력분 40g에 밀 때 사용할
덧밀가루 약간

큰 달걀 2개

우유 125ml

판체타 또는 베이컨 잘게 다진 것 40g
또는 이탈리안 소시지 껍질 벗기고
속살만 발라낸 것 70g (손으로 잘게
부순다)

파르메산 치즈 갈은 것
50g + 마지막에 뿌릴 것 약간 더

잘게 다진 파슬리 2테이블스푼

넛멕 갈은 것 약간

잘게 다진 차이브 약간 (옵션)

맛있게 뽑은 육수 (242쪽) 1리터

이 가벼운 질감의 덤플링은 육수에 넣고 끓여 수프처럼 먹어도 맛있지만, 따로 삶아내 버터와 허브(세이지, 로즈마리, 타임)와 파르메산 치즈를 넣고 그라탱으로 만들어 먹어도 좋다. 채식주의자들에게는 판체타를 빼고 만들어도 맛이 나쁘지는 않지만, 문제는 중요한 〈고기〉 국물을 어떻게 만드느냐는 것. 이럴 때는 말린 야생 버섯을 이용해 국물을 만들면 그럭저럭 맛이 난다.

양파를 버터에서 부드러워질 때까지 볶은 다음 식혀둔다. 육수를 제외한 모든 재료를 한데 섞어 부드럽고 약간 끈적거리는 반죽을 만든다 (부드럽지만 질감이 좀 거친 듯한 느낌의 반죽이 된다). 소금과 후추로 간을 한다.

반죽을 조금 떼어 밀가루를 살짝 묻혀 가며 모양을 잡은 다음, 끓는 물에 떨어뜨려 보아 흐트러지지 않고 뭉쳐지는지 확인한다. 만약 부서진다면 밀가루를 조금 넣어 다시 치댄 다음 한 번 더 테스트한다. 제대로 되었다 싶으면 손에 밀가루를 넉넉하게 묻히고 반죽을 골프공만 하게 떼어내어 굴린다. 다 만든 덤플링을 요리하기 전 적어도 1시간 정도는 냉장고에서 굳힌다. 육수를 끓인 다음 불을 약하게 줄이고, 덤플링을 넣어 익힌다. 국물과 함께 담아, 위에 파르메산 치즈를 뿌려 낸다.

카네데를리 그라탱
CANEDERLI GRATINATI

**전채로는 4인분,
메인코스로는 2명이 먹을 분량**

위의 레시피로 만든 카네데를리

신선한 빵가루 3테이블스푼

파르메산 치즈 갈은 것 3테이블스푼

버터 25g

세이지와 타임 잘게 다진 것 2티스푼

카네데를리를 육수에 삶아 건진 다음, 삶은 국물은 조금 남겨둔다. 버터를 바른 그라탱 용기에 카네데를리를 담고, 남은 버터를 잘게 떼어 위에 점점이 뿌린다. 그 위에 빵가루와 파르메산 치즈, 허브를 섞어 뿌린다. 미리 예열한 오븐에 넣어 (그릴 모드) 윗부분이 먹음직한 갈색이 될 때까지 구워준다. 다 구워지면 육수를 몇 숟갈 위에 뿌려 살짝 부드럽게 만들어 준 다음 바로 먹는다. 카네데를리를 삶은 육수는 두었다가 다른 요리에 써도 된다.

말린 과일을 넣어 만든 달콤한 카네데를리
CANEDERLI DOLCI

감자로 디저트를 만드는 것이 좀 이상해 보이더라도 아래 레시피로 한 번 만들어보길 권한다. 섬세하고 향기로운, 따뜻한 겨울철 별식을 찾는다면 이 레시피가 제격이다.

6인분

전분이 많은 감자(Marie piper 또는 King Edward)* 500g

달걀 1개

달걀노른자 1개

밀가루 200g + 넉넉한 양의 덧밀가루

속 채움 재료

(아래 재료 중 하나를 선택한다)
잘 익은 살구 6개 또는 작은 자두 12개, 마른 살구나 자두 12개, 대추야자 12개

또는

살구 씨 12개 또는 쌉쌀한 아몬드 (구하기 힘들면 보통 아몬드에 아몬드 농축액을 1티스푼 넣는다)

백설탕 100g

럼 3테이블스푼

시나몬 가루 1/2티스푼

레몬 작은 것 노란 껍질만 긁어낸 것

마지팬 100g

그라탱 접시와 마무리용 재료

버터 50g

빵가루 30g

백설탕 50g

1/2티스푼보다 조금 모자란 듯이 담은 시나몬 가루

★ 국내에서는 길고 넓적한 감자를 고른다. 봄 감자도 분이 많아서 좋다.

감자를 깨끗이 씻어 껍질을 벗기지 않은 채로 푹 삶는다. 다 삶은 감자를 건져 뜨거울 때 껍질을 벗긴 다음, 감자 으깨는 기구로 곱게 으깨거나 전용 체로 갈아준다. 손으로 만질 수 있을 만큼 식으면 달걀과 노른자, 밀가루를 넣고 뇨키 반죽과 같은 상태가 될 때까지만 치대준다. 뇨키 반죽(116쪽)과 비슷하지만, 약간 더 단단하다. 너무 많이 치대면 식감이 이상해지니 주의할 것.

과일 속을 만든다. 살구 씨를 사용한다면 절구에 넣고 빻아 고운 페이스트 상태로 만든다. 설탕과 럼, 시나몬 가루와 레몬 껍질, 마지팬도 넣어 잘 섞는다. 살구 또는 자두는 반으로 갈라 씨를 빼고, 그 안에 만들어 둔 속을 채운 다음, 다시 하나로 합친다. 마른 과일을 쓸 경우에는 나비처럼 펼친 다음, 속을 넣고 다시 잘 오므려주면 된다.

감자 반죽을 6등분해 공처럼 둥글게 만든다. 한쪽 손바닥에 반죽을 올려 놓고 둥글게 편 다음, 준비해둔 과일을 하나 얹어 감싸준다. 반죽의 두께가 고르게 입혀지도록 하고, 삶는 과정에서 물이 들어갈 만한 빈틈이 보여서도 안 된다. 밀가루를 넉넉하게 뿌린 접시 위에 굴린다. 이렇게 준비해도 덤플링이 삶는 과정에서 바닥에 붙어버리기 쉽기 때문에 사방 15cm 크기로 유산지를 잘라 반죽을 하나씩 느슨하게 감싼 다음, 소금물에 삶는다 (불은 약하게). 팬과 덤플링 사이에 유산지가 벗겨지지 않도록 주의하면서 45분간 약한 불에서 은근히 끓인다.

덤플링이 익는 동안 팬에 버터를 녹이고 빵가루가 노릇하고 바삭하게 될 때까지 볶는다. 덤플링이 다 익으면 (끓는 물 위로 반쯤 동동 뜨면 다 익은 것이다) 구멍 뚫린 국자로 조심스럽게 건져서 볶아 놓은 빵가루 위에 놓고 골고루 묻힌다. 시나몬과 설탕을 섞어 빵가루처럼 위에서 굴려주거나 위에 뿌려준다. 취향에 따라 바닐라, 아몬드 또는 시나몬 아이스크림을 곁들여 뜨거울 때 먹는다.

CANESTRINI, CANESTRI
카네스트리니, 카네스트리

치수
길이: 22.5mm
너비: 9.5mm

동의어
canestri, farfallini, galani, nastrini(〈리본〉), nodini(〈작은 리본〉), stricchetti, tripolini

**카네스트리니와
잘 어울리는 파스타 소스**
맑은 육수, 달걀을 풀어넣은 수프, 봄 야채를 넣은 수프

카네스트리와 잘 어울리는 소스
아티초크, 잠두콩과 완두콩, 브로콜리, 안초비와 크림, 렌틸 콩, 고등어와 토마토, 포르치니 버섯과 크림, 소시지와 크림

카네스트리니는 〈작은 바구니〉라는 뜻이다. 옛날에 장보기나 숲속 버섯 채집, 들판의 꽃을 꺾으러 나갈 때 들고 다녔던 고리버들 바구니처럼 생겼다고 해서 이런 이름이 붙었다. 중간 정도의 크기의 파스타로, 피오키 디 아베나(납작하게 누른 오트밀)라는 비슷한 모양의 파스타보다 조금 작다. 카네스트리니보다 약간 큰 카네스트리는 파르팔레와 파르팔레 톤데(92쪽)와 서로 대체해서 쓰인다. 사실 이 모양은 파르팔레farfalle(〈나비〉) 모양에서 파생된 것으로, 집에서 만들기도 어렵지 않을 뿐더러 어디서나 쉽게 구입할 수 있다. 큰 사이즈 카네스트리의 오목한 양쪽 면에는 생선이나 미트 소스가 괴어 있기 좋고, 작은 사이즈 카네스트리는 수프나 국물요리에 넣으면 씹는 질감이 남다르다. 세몰리나로만 만든 반죽, 달걀을 넣어 진하게 만든 반죽 모두 구할 수 있으니 개인의 입맛에 맞춰 선택하면 된다.

카네스트리니와 수란을 넣은 시골풍 야채수프
CANESTRINI IN ACQUACOTTA

전채 또는 가벼운 식사의 메인 2인분

카네스트리니 50g

말린 포르치니 버섯 5g

마늘 1알 얇게 저며서

중간 크기 양파 1개 잘게 다져서

셀러리 줄기 1~2대 어슷썰기로 얇게 썰어서

월계수 잎 1장

엑스트라 버진 올리브유 5테이블스푼

8등분으로 자른 방울토마토 5개

시금치 또는 어린 근대 잎 50g

달걀 2개

바질 10장

마지막에 뿌릴 파르메산 치즈 약간

이 소스와 잘 어울리는 파스타
alfabeto, cavatelli, orzo, quadretti, stelline

아쿠아코타는 빵을 넣어 만든 소박한 수프다. 비슷한 요리인 판코토 pancotto보다 묽고, 리볼리타 ribollita보다 콩이 덜 들어갔다는 점에서 다르다. 여기서 파스타는 빵 대신 전분의 역할을 한다. 파스타 이외의 다른 재료들은 얼마든지 응용해서 만들 수 있는데 봄에는 신선한 완두콩과 잠두콩, 아티초크, 여름에는 온갖 종류의 푸른색 채소, 가을에는 신선한 버섯들, 겨울에는 말려 놓은 콩들을 넣으면 된다.

포르치니 버섯을 100ml의 뜨거운 물에 넣고 불려서 건진 다음 잘게 썰어 다시 불린 물에 넣어 둔다. 올리브유 양의 반에 마늘과 양파, 셀러리와 월계수를 넣고 약간 부드러워질 때까지 5분 정도 볶는다. 불려둔 포르치니와 불렸던 물, 500ml의 물을 넣는다. 맛을 보고 간을 약간 한 다음, 아주 약불에서 5~10분 정도 야채가 완전히 익을 때까지 끓인다. 토마토와 파스타를 넣고 약한 불에서 파스타를 2~3분 정도 익힌 다음, 시금치를 넣고 달걀을 조심스럽게 국물 안에 떨어뜨려 수란이 되도록 한다. 파스타와 달걀이 다 익으면 (흰자가 감싸고 있는 노른자는 여전히 부드러운 상태) 손으로 뜯거나 잘게 체를 쳐놓은 바질 잎을 넣고 남은 올리브유를 뿌려준다. 넓은 수프 그릇에 담아 파르메산 치즈 가루를 살짝 뿌려 뜨거울 때 낸다.

CANNELLONI
카넬로니

치수
길이: 100mm
너비: 30mm

동의어
cannaciotti, canneroncini, canneroni
발텔리나 지역: manfriguli 또는 manfrigoli
나폴리 지역: cannerone 또는 cannarone
풀리아 지역: cannarune
시칠리아 지역: cannoli 또는 crusetti

카넬로니는 파스타 시트로, 속을 넣고 소시지처럼 돌돌 말아 오븐에 굽는다. 시중에서는 삶은 다음 그 안에 속을 채워 넣을 수 있는 튜브 모양의 말린 카넬로니를 구할 수 있지만 엄밀히 말하면 그 파스타는 마니코티(168쪽)라고 불러야 한다. 카넬로니의 어원은 칸나(canna, 〈사탕수수〉)로, 카넬로니(cannelloni, 〈큰 피리〉)와 카넬라(cannella, 시나몬, 〈작은 피리〉)의 어원이기도 하다. 양념이 된 속을 부드러운 반죽 속에 채우는 요리는 오래 전부터 유럽에 있었다. 지금까지 내려오는, 뭐든지 넣어 돌돌 말 수 있는 프랑스의 크레페는 물론이고 마케로니 리피에니macheroni ripieni에 관한 재료는 1770년대로 거슬러 올라간다. 하지만 카넬로니가 인쇄물을 통해 대중에게 소개된 것이 20세기 초반이었기 때문에 마치 그때 발명된 것처럼 여겨지곤 한다. 카넬로니는 제2차 세계대전 이후 전 세계적으로 인기를 얻게 되었다. 미리 만들어둘 수 있다는 점 (먹기 하루 전에 미리 만들어 오븐에 굽기만 하면 된다), 그리고 카넬로니가 담긴 흰 에나멜 그릇을 들고 있는 주부의 모습이 보여주듯, 직접 해 먹는 가정적인 요리의 상징처럼 되었다는 것이 두 가지 대표적인 이유이다. 모든 카넬로니 레시피는 모두 크레페로 대체할 수 있다. 크레페가 더 만들기 쉽거나 맛이 더 낫다고 생각한다면 취향대로 만드시길. 어떤 재료를 이용해서 만들든 카넬로니는 이탈리아는 물론이고 영국, 미국, 스페인(특히 카탈루냐 지역)에서도 인기 만점인 요리다.

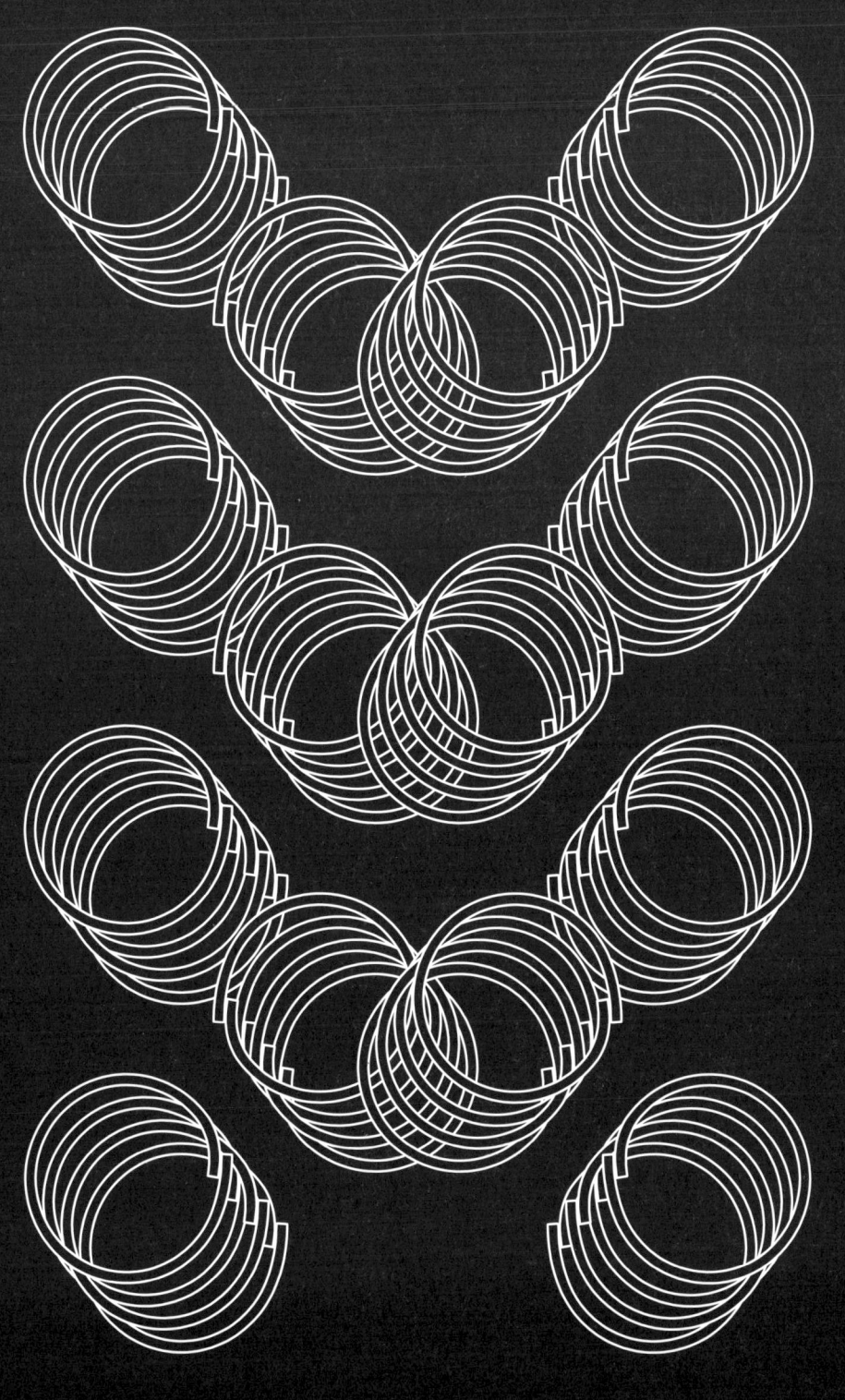

송아지 고기와 시금치 속을 채운 카넬로니
VEAL AND SPINACII CANNELLONI

5명이 메인코스로 먹을 분량

속 재료
마늘 2알
엑스트라 버진 올리브유 4테이블스푼
양파 작은 것 1개 다져서
셀러리 한 줄기 잘게 다져서
다진 송아지 고기 300g
로즈마리 잎 잘게 다진 것 1티스푼
세이지 혹은 오레가노 잎 잘게 다진 것
1테이블스푼
화이트 와인 250ml
시금치 250g
리코타 치즈 150g
파르메산 치즈 갈은 것 80g
달걀 1개
넛멕
직접 갈아 만든 빵가루
(만약 필요하다면)

베샤멜소스
버터 100g
월계수 잎 1장
밀가루 100g
우유 1리터
넛멕

카넬로니 완성하기
에그 파스타 (세몰리나 파스타 혹은
진한 에그 파스타, 13쪽) 300g

이 레시피는 참으로 미국적인 레시피다. 고기, 치즈, 야채, 이것저것 한꺼번에 안 들어간 것이 없다. 그에 비해 이탈리아 본토의 레시피는 참 단순한 편이다. 라비올리 레시피로 언급한 시금치와 리코타 치즈로 만든 속(210쪽)을 이용해서 만들어도 아주 맛있다. 물론 이 레시피도 아주 맛있다.

속을 만든다. 넓은 팬에 기름을 두르고, 한번 두들겨 살짝 부순 마늘을 넣는다. 기름에 향이 배어들고 노릇하게 색이 변할 때까지 튀겨준다. 마늘은 건져 놓고 양파와 셀러리를 넣은 다음, 소금을 조금 넉넉하게 뿌리고 5분에서 10분 정도 부드러워질 때까지 볶는다. 불을 세게 올리고, 고기를 넣어 골고루 흩어지도록 국자로 잘 저어가며 살짝 갈색이 되도록 5분 정도 익힌다. 허브를 넣은 다음, 와인을 넣고 와인이 보글거리면서 거의 다 졸아들 때까지 끓인다 (겉으로 보기에 수분이 거의 없어 보여야 한다). 불을 끄고 식힌다.

끓는 소금물에 다듬어 놓은 시금치를 넣고 살짝 데친 다음, 찬물에 담갔다가 건져낸 뒤 있는 힘을 다해 물기를 꼭 짠다. 칼로 다진 다음, 리코타 치즈와 파르메산 치즈, 달걀을 넣고 힘껏, 부드러운 페이스트 상태가 되도록 젓는다. 여기에 볶아 놓은 송아지 고기를 넣고, 소금 후추, 넛멕을 넉넉하게 넣어 간을 맞춘다. 반죽이 너무 질어 보일 경우에만 빵가루를 넣어준다. 만들기 전까지 냉장고에 넣어둔다.

베샤멜소스를 만든다. 중불에 냄비를 올리고 버터를 녹인 다음, 월계수 잎과 밀가루를 넣고, 멍울진 것이 없도록 잘 풀어준다. 우유를 조금씩 나누어 넣어가며 멍울지지 않고 아주 부드러운 소스가 되도록 주의한다. 소금과 후추, 넛멕을 넣고 소스가 끓기 시작하면 불에서 내린다.

오븐에 구울 준비를 한다. 파스타를 1mm 두께로 얇게 민 다음, 15cm 정사각형으로 자른다. 모두 15장을 준비한 다음, 끓는 소금물에 30초 정도 삶은 뒤 건져 찬물에 식혀 놓는다.

파스타 한 장을 펴고 사각형의 아랫부분에 반죽을 2cm 정도의 두께의 소시지 모양으로 얹고 (짤주머니를 이용해 길게 짜주어도 된다), 김밥 말듯이 돌돌 만다. 나머지 14장의 파스타도 똑같이 만든다. 카넬로니를 구울 그라탱

가벼운 토마토소스 (15쪽) 100ml
(옵션)

파르메산 치즈 갈은 것 80g

카넬로니와 잘 어울리는 속재료
송아지와 돼지고기(18쪽), 제노바 스타일의 닭과 고기, 리코타 치즈(60쪽), 리코타 치즈와 시금치(210쪽)

그릇에 베샤멜소스 양의 1/3을 펴 바르고 (카넬로니가 비좁지 않게 들어갈 만큼 넉넉한 그릇을 준비한다), 만들어 둔 카넬로니를 늘어놓는다. 위에 남은 베샤멜소스를 골고루 펴 바르고 토마토소스를 얹은 다음, 파르메산 치즈를 뿌린다. 예열해 놓은 오븐에 넣고 (컨벡션 오븐은 220도, 구식 가스 오븐은 240도) 윗부분이 노릇노릇해질 때까지 굽는다. 오븐에서 꺼내자마자 먹기에는 너무 뜨겁기 때문에 꺼내어 10분 정도 놓아두었다 먹는 것이 가장 좋다.

CAPELLI D'ANGELO
카펠리 단젤로

치수
길이: 260mm
지름: 1mm

동의어
capelvenere, ramicia
칼라브리아 지역: capiddi d'angilu, vrimiciddi

비슷한 모양
capellini(살짝 두껍다),
vermicelli(이것도 살짝 두껍다)

이 파스타와 잘 어울리는 소스와 요리
fideuà, frittata, 록센 푸딩(국수를 넣어 만든 이스라엘 디저트)

이 얇디얇은 파스타(〈천사의 머리카락〉 또는 〈작은 벌레〉라는 뜻)는 요리하기가 꽤 까다롭다. 너무 얇기 때문에 굉장히 빨리 삶아지는데, 그만큼 지나치게 삶기도 쉽고, 지탱할 만한 힘이 없기 때문에 너무 뻑뻑한 소스와 같이 버무려 냈다가는 몽땅 뭉그러져 죽처럼 되어버린다. 하지만 르네상스 시대에는 이런 섬세함 때문에 이 파스타에 뭇사람들의 찬탄이 쏟아졌다. 만들어내기가 불가능에 가까울 정도로 어려웠기에 아주 고도의 기술을 필요로 했다. 이 기술을 가진 특별한 수녀들이 산모를 위해 이 파스타를 제작했는데, 이 파스타가 젖을 나오게 한다고 믿었기 때문이다. 너무 바스라지기 쉽고, 다른 파스타처럼 걸어서 말리는 것이 불가능하기 때문에 늘 새둥지nidi 모양으로 뭉쳐 만든다.

레몬 버터 소스 카펠리 단젤로
CAPELLI D'ANGELO AL BURRO E LIMONE

**전채로는 4인분,
메인코스로는 2명이 먹을 분량**

카펠리 단젤로 200g

버터 75g

레몬 1개, 노란 껍질 부분만 긁어서

넛멕 갈은 것 약간

레몬즙 몇 방울 (껍질을 벗겨 둔 레몬을 사용하면 된다)

완성된 파스타에 뿌릴 파르메산 치즈 갈은 것 약간

바질 잎 몇 장 (옵션)

이 소스와 잘 어울리는 파스타

tagliatelle, tagliolini

너무 섬세하고 고운 맛의 파스타라서 거의 공기처럼 느껴질 정도이다. 지나치게 밍밍하다고 불평할 수도 있겠지만 이 파스타가 가진 섬세함을 모욕하진 마시라.

끓는 물에 파스타를 넣고, 100ml 물만 떠내어 프라이팬에 붓고 버터를 녹인다. 레몬 껍질과 넛멕, 소금과 후추를 아주 약간만 넣는다. 상태가 싱글 크림 같은 상태가 될 때까지 끓인 다음 (우유보다 약간 걸쭉한 상태. 너무 걸쭉해진 것 같으면 물을 약간 추가한다), 파스타를 넣는다 (물론 살짝 덜 삶아진 상태에서 건져 넣어야 한다). 소스에 넣어 잘 저어준 다음 레몬즙을 넣는다.

파르메산 치즈를 뿌려 낸다. 바질과 레몬즙은 취향에 따라 추가한다.

돌돌 말아 튀긴 카펠리 단젤로
PASTA FRITTA ALLA SIRACUSANA

**전채로는 4인분,
메인코스로는 2명이 먹을 분량**

카펠리 단젤로 160g

버터 25g

페코리노 또는 카치아카발로 치즈 갈은 것 50g

달걀 큰 것 2개

직접 갈아 만든 빵가루 2테이블스푼

올리브유 4테이블스푼

이 요리를 하기에 알맞은 파스타

spaghetti, spaghettini, tagliolini

파스타를 둥글게 말아 지진 이 요리는 흡사 갈색으로 먹음직하게 익은, 둥근 이탈리아 오믈렛인 프리타타처럼 생긴, 시라쿠스 지역의 전통 음식이다.

파스타를 알덴테로 삶은 다음 (스파게티나 스파게티니를 이용할 경우에는 200g이 필요하다) 버터에 넣어 골고루 비벼준다. 거기에 치즈와 달걀, 빵가루를 넣어 잘 섞는다. 넓은 팬을 중불에 올리고, 기름을 넣어 데운다. 포크를 이용해 비벼 놓은 파스타를 돌돌 말아 둥지 모양으로 만든다 (스파게티를 먹을 때 수저에 대고 포크로 둘둘 말듯이 하면 된다). 돌돌 말은 채로 기름이 달구어진 팬 위에 놓고 굽는다. 양면을 2~3분 정도 납작하게 눌러가며, 먹음직한 갈색이 될 때까지 지져준다. 뜨거울 때 먹는다.

파스타 수플레
PASTA SOUFFLÉ

4인분

버터 50g + 수플레 그릇에 바를
버터 25g
곱게 갈은 파르메산 치즈 150g
카펠리 단젤로 80g
중력분 3테이블스푼
넛멕 약간
월계수 잎 (옵션)
우유 200ml
달걀 4개, 노른자와 흰자 분리해서

이 요리를 하기에 알맞은 파스타
tagliolini, vermicellini

이 레시피는 우리 할머니가 알려주신 것으로, 1950년대에 로마에서 해 드셨던 것이라고 한다. 이 레시피를 같이 만들면서 함께 즐거운 시간을 보냈는데, 원래의 레시피는 몇 년 전 잃어버리고 말았다. 기억을 되살려 새로 만들어 본, 지나치게 두꺼운 베샤멜소스 층이 무너질 염려가 없는 레시피를 소개한다.

400ml 용량의 수플레 전용 둥근 컵 4개 또는 큰 것 1개가 필요하다. 그릇 안쪽에 버터를 넉넉하게 펴 바른 다음, 파르메산 치즈 가루를 넣고, 그릇을 돌려가며 버터를 바른 안쪽 면에 골고루 묻힌 다음 털어낸다. 남은 그릇들도 똑같이 만든다 (잘 털어내면 치즈의 양은 별로 줄지 않게 된다).

둥지 모양으로 말린 파스타를 손으로 부순 다음, 끓는 소금물에 넣고, 봉지에 적힌 요리 시간의 반 정도의 시간만 삶는다. 약간 지나칠 정도의 알덴테이겠지만, 건져서 찬물에 헹궈둔다.

냄비를 중불에 올리고, 버터를 녹인 다음 밀가루와 넛멕, 넉넉한 양의 후추를 더해 잘 젓는다 (월계수 향이 나는 소스가 좋으면 이때 같이 넣는다). 밀가루와 버터가 잘 익도록 1분 정도 열을 가한 다음 우유를 조금씩 넣어가며 주걱으로 계속 젓는다. 멍울이 지지 않게 잘 섞이도록 참을성을 가지고, 우유를 조금씩 부어 부드러운 소스를 만들고 완성되면 소금을 넣어 간을 한다.

삶아둔 파스타와 베샤멜소스, 달걀노른자와 치즈를 큰 볼에 넣고 섞는다. 달걀흰자에 소금을 아주 약간만 넣고 거품을 올린다 (단단하지만 너무 표면이 말라보이지 않도록 주의한다). 거품 낸 달걀흰자의 1/3만 덜어 파스타 반죽에 넣어 부드러워지도록 섞은 다음, 나머지 흰자도 마저 넣어 조심스럽게 섞는다. 남은 흰자가 보이지 않으면서 흰자의 공기가 너무 빠져나가지 않도록, 되도록 스테인리스 주걱으로, 칼로 베듯이 섞어야 한다. 반죽을 수플레 컵에 나눠 담은 다음 (부풀어 오르므로 그릇 높이보다 1cm 정도 덜 담아야 한다), 미리 예열해둔 오븐에 넣어 (컨벡션 오븐은 200도, 구식 가스 오븐은 220도) 높게 부풀고 단단하고 노릇하게 될 때까지 20분 정도 굽는다. 바로 먹을 것.

큰 그릇에 하나로 넣어 굽는 수플레는 조금 낮은 온도에서, 시간을 2배로 늘려 굽는다.

CAPPELLETTI
카펠레티

치수
길이: 42mm
너비: 30mm

동의어
cappelli, cappelli del prete(〈신부님의 모자〉 tricorn 세 귀퉁이가 뾰족한 모자)
토스카나 지방: nicci

비슷한 모양의 파스타
agnolotti, tortelli, tortelloni, turtei con la cua

이 파스타와 잘 어울리는 소스
아스파라거스와 크림, 맑은 육수, 버터와 세이지, 크림, 모렐 버섯

카펠레티(〈작은 모자〉)는 토르텔리(260쪽)나 토르텔로니(266쪽)와 비슷한 모양이지만 모양에서 약간 차이가 난다. 동그랗기보다는 양옆이 약간 늘어나서 위에서 내려다보면 눈동자처럼 생겼고, 알프스 지역의 군인들이나 추기경이 쓰는 모자와 비슷해 보이기도 하다. 원형이나 사각형의 파스타에 속을 넣고 끝을 모아 붙여 만든 파스타들 중 사각형으로 만든 것들이 모양이 좀 더 곱고 우아한데, 이 카펠레티를 보면 확실히 그렇다는 것을 알 수 있다. 에밀리아로마냐 지역과 모데나 지역에서는 리코타 치즈와 레몬 껍질, 넛멕으로 속을 채운 카펠레티를 넣은 치킨 수프가 크리스마스 점심 식사의 전채로 꼭 나온다. 아주 오래전부터 전해 내려온 요리들이 모두 그렇듯 이 요리도 채식주의자들을 위한, 엄격했던 옛 가톨릭 교회력을 지키기 위해 만들어진 금식용 기름기 없는 버전(카펠레티 디 마그로)이 있다.

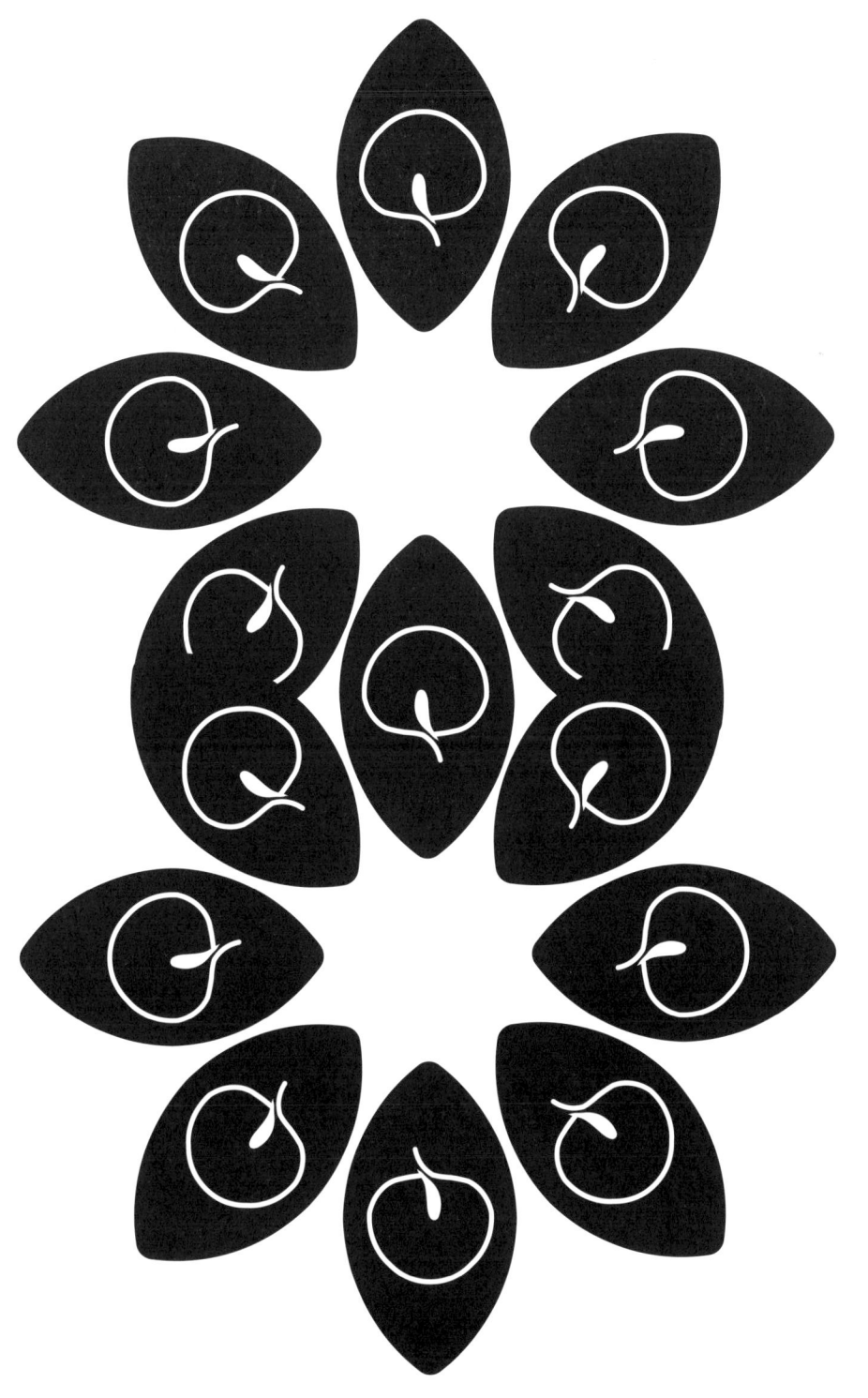

닭고기와 리코타 치즈로 속을 채운 카펠레티
CHICKEN AND RICOTTA CAPPELLETTI

6인분의 메인코스

진한 에그 파스타 반죽 (13쪽의 레시피를 밀가루 300g으로 만든 것)

닭고기 또는 수탉의 가슴살 140g, 2cm 크기로 깍둑썰기 해서

버터 50g

달걀 큰 것 1개

파르메산 치즈 갈은 것 70g

리코타 치즈 200g

작은 레몬 1개의 껍질 노란 부분만 긁어낸 것 (옵션)

넛멕

이 파스타와 잘 어울리는 속재료

리코타(267쪽), 리코타와 시금치(210쪽), 토르텔리니 속(264쪽)

카펠레티를 넣은 치킨 수프를 만들고 싶다면 작은 닭 한 마리, 또는 거세한 수탉 한 마리를 1시간에서 2시간 정도 푹 삶아 나온 국물을 이용해 보자. 삶은 닭에서 가슴살만 발라내어 치즈들과 함께 푸드 프로세서에 곱게 갈아 속을 만들어도 좋다. 단 버터는 미리 실온에 내놓아 부드럽게 해줄 것.

미리 알려둘 것은 이 파스타 속은 수분이 좀 많기 때문에 파스타로 만들어서 냉동시킬 경우 나중에 삶으면서 팽창되어 파스타 피가 찢어질 염려가 있다는 점이다. 6인분까지 만들 필요가 없다면 완성된 파스타로 만들지 말고 속을 따로 냉동 보관했다가 카펠레티를 비롯한 다른 종류의 속을 채우는 파스타인 토르텔로니(266쪽), 카넬로니(50쪽) 같은 파스타를 만들 때 쓰면 된다. 6인분 이하로 만들기가 번거롭지만 그래도 해보고 싶다면 100g의 닭 가슴살에 45g의 파르메산 치즈 가루, 130g의 리코타 치즈를 중간 크기의 달걀을 넣고 섞으면 4인분이 나오고, 이 양의 절반에 작은 크기의 달걀을 이용하면 2인분이 만들어진다.

프라이팬에 버터를 녹이고 닭 가슴살을 굽는다. 살짝 노릇노릇해지면서 다 익으면 식힌다. 팬에 있는 고기와 바닥에 있는 국물을 남김없이 푸드 프로세서에 넣고, 달걀과 파르메산 치즈를 넣고 곱게 갈아준다. 리코타 치즈를 넣어 주걱으로 저어준 다음, 소금과 후추, 레몬 껍질과 넛멕으로 간을 맞춘다.

파스타 머신을 이용할 때 두 번째로 얇은 두께인 1mm로 반죽을 밀어준다. 물론 능숙한 사람은 밀대를 이용해서 최대한 얇게 민다. 사방 6cm의 정사각형으로 반죽을 자른 다음, 가운에 속을 1티스푼 넣는다 (어림잡아 8g 정도). 파스타 반죽은 별도의 물이나 달걀 물을 바르지 않아도 서로 둘러붙을 만큼의 수분이 있어야 한다. 제대로 반죽을 만들었다면 수분이 있겠지만, 만약 반죽이 상당히 건조할 경우에는 분무기를 이용해 깨끗한 물을 뿌려준 다음 대각선 방향으로 접는다. 공기를 최대한 빼낸 다음, 가장자리를 눌러 붙인다.

삼각 봉투처럼 만들어진 카펠레티의 긴 쪽을 손으로 잡고 살짝 늘이면서 끝을 붙여준다. 딱 붙을 때까지 누른 채로 조금 기다릴 것. 어떻게든 해군들이 쓰는 모자와 비슷한 모양이 나오면 된다.*

★ 우리나라에서 개성만두 만드는 법과 똑같이 만들면 된다.

포르치니 크림소스 카펠레티
CAPPELLETTI CON PORCINI E PANNA

**전채로는 4인분,
메인코스로는 2명이 먹을 분량**

카펠레티 250~300g

단단하고 신선한 포르치니 버섯 200g

버터 50g

더블크림 120ml

마지막에 얹을 파르메산 치즈 갈은 것 조금

이 소스와 잘 어울리는 파스타

canestri, caramelle, farfalle, farfalle tonde, maltagliati, tortelli, tortelloni, tortellini

이 레시피에는 고급스럽고 비싼 재료들이 잔뜩 들어간다. 이 모자 모양의 파스타를 창작하는 데 영감을 준 귀하신 추기경을 위한 식탁에 올라가도 될 정도이다. 만약 여러분이 돈이 부족하거나 다이어트 중이라면 이 레시피를 아예 시도하지 말거나, 버섯과 버터, 크림의 양을 모두 절반으로 줄여 사용한다. 어쨌든 기름지고 고급스러운 원조 레시피를 소개한다.

작고 잘 드는 칼로 버섯 기둥 주변의 검은 껍질을 벗겨낸 다음, 물에 적셔 꼭 짠 깨끗한 행주를 이용해서 지저분한 부분을 잘 닦아준다. 버섯을 5mm 두께로 슬라이스 한다.

파스타와 소스 모두를 만드는 데 오랜 시간이 걸리지 않는다. 파스타를 끓는 물에 넣으면서 동시에 중불에서 가장자리에 거품을 내며 녹고 있는 버터에 버섯을 집어넣는다. 버섯을 중간에 몇 번 저어주면서, 노릇하고 부드럽게 될 때까지 2분 정도 익힌다. 크림을 넣고 약간 졸아들 때까지 끓인 다음 (실온 상태가 아닌 냉장고에서 차갑게 식은 상태의 크림 농도 정도로), 파스타를 건져 넣는다. 소스가 너무 뻑뻑하다 싶으면 파스타 삶은 물을 조금 더해 농도를 맞추고 버무려 파르메산 치즈 가루를 뿌려 낸다.

CARAMELLE
카라멜레

치수
길이: 80mm
너비: 21mm

비슷한 모양
turtei con la cua

이 파스타와 잘 어울리는 재료
마조람과 잣, 모렐 버섯, 포르치니 버섯과 크림, 토마토소스

번역서를 읽는 것은 껍질을 벗기지 않은 사탕을 빨아먹는 것과 같다.
— 옛날 속담

카라멜레(〈봉봉〉 또는 〈사탕〉)는 셀로판지에 싸서 양쪽을 비틀어 놓은 사탕처럼 생긴 속을 채운 파스타로, 사탕보다 더 맛있다. 카라멜레는 카넬로니를 작게 만들어 양쪽 끝만 비틀어 만든 것 같기도 하다. 먼저 만들어 놓아 삶을 수 있고, 비틀린 면에 소스도 잘 묻고, 사탕을 좋아했던 어린 시절을 떠올리게 해주기도 한다. 아마 이런 재미있는 모양 때문에 카라멜레는 파르마Parma와 피아첸자Piacenza 지역에서 축제일이나 온가족이 모이는 일요일 점심 때 즐겨 만들어 먹는 파스타가 되었을 것이다. 카라멜레는 모양이 중요하기 때문에 색이 예쁜 에그 파스타 반죽으로 만드는 것이 좋다. 어떤 종류의 속이라도 넣어 만들 수 있지만 슴슴하고 부드러운 맛의 속이 제일 잘 어울린다.

감자 카라멜레
POTATO CARAMELLE

4인분

중간 크기의 분 많은 감자 (Maris Piper 또는 King Edward)* 220~250g

버터 50g

아주 곱게 다진 로즈마리 1테이블스푼

파르메산 치즈 75g

달걀노른자 1개

에그 파스타 325g (13쪽에 있는 에그 파스타 또는 진한 에그 파스타 200g의 밀가루로 만든 것)

이 파스타와 잘 어울리는 속재료

닭고기와 리코타 치즈(60쪽),
송아지 고기와 시금치(52쪽),
시금치와 리코타 치즈(210쪽)

소박하기 그지없는 재료인 감자로 만들 수 있는 부드럽고 슴슴한 맛의 이 속은 라비올리 속(208쪽)으로도 아주 좋다. 맛이 풍부하고 기름진 소스와도 — 톡톡한 느낌의 파스타 면하고 잘 어울린다 — 간단하고 섬세한 맛의 버터 소스와도 잘 어울린다.

소금물에 감자를 껍질째로 넣어 삶은 다음, 껍질을 벗기고 뜨거울 때 곱게 으깨 놓는다.

버터에 로즈마리를 넣고 녹인다. 버터에서 거품이 부글부글 날 때까지 끓이지만 절대 태우지 말 것.

감자와 로즈마리 버터가 손으로 만질 수 있을 만큼 식으면 파르메산 치즈와 달걀노른자와 더불어 볼에 넣고 반죽한다. 소금과 후추로 간을 한 다음, 네모난 벽돌 모양으로 만들어 파스타를 만들기 전까지 냉장고에서 식힌다.

파스타를 두께 0.7mm, 너비 5cm로 최대한 길게 민다 (상당히 얇은 두께이다). 파스타 표면에 날 밀가루가 묻어 있지 않도록 주의하며 밀어야 한다.

냉장고에서 식혀두었던 감자 속을 가로세로 1cm, 높이 3cm의 육면체로 잘라, 밀어 놓은 파스타 반죽 위에 5cm 간격으로 늘어 놓는다. 파스타 반죽이 너무 건조해 보이면 분무기로 물을 살짝 뿌려주고, 조심스럽게 파스타를 전체적으로 말아준다 (마치 김밥을 말듯이). 속 주변의 파스타가 잘 덮였는지 확인한 다음, 속 사이사이, 절반 정도의 위치를 자른다. 손으로 살짝 눌러서 양쪽으로 공기가 빠져나가게 한 다음 (조금 평평하게 눌러도 상관없다), 사탕을 포장하듯 양쪽을 잡고 비튼다.

트레이에 세몰리나 가루를 약간 뿌린 다음, 완성된 카라멜레를 놓는다. 요리해서 먹기 전까지 겹치거나 부딪히지 않도록 좁게 놓아두지 말 것.

---

*47쪽 주 참조.

볼로네제 미트소스에 버무린 카라멜레
CARAMELLE AL RAGÙ BOLOGNESE

4인분

옆의 레시피 분량의 카라멜레

볼로네제 미트소스 (250쪽) 800ml

버터 40g

마지막에 뿌릴 파르메산 치즈 가루 약간

카라멜레를 삶는 동안 라구 소스에 파스타 삶는 물 한 국자를 넣고 데운다. 필요하다면 버터를 넣어 소스를 더 진하게 만든 다음, 다 삶아진 카라멜레에 넣고 팬을 움직여가며 조심스레 섞는다. 파르메산 치즈를 뿌려 낸다.

CASARECCE
카사레체

치수
길이: 37mm
너비: 4mm

이 파스타와 잘 어울리는 소스
오랫동안 푹 익힌 베이컨과 완두콩, 치킨과 자두, 줄기 브로콜리, 줄기 브로콜리와 소시지. 마늘 소스, 쇠꼬리 소스, 제노베제 페스토, 페스토 트라파네제, 로마네스코 브로콜리, 토끼와 아스파라거스, 주키니와 잣 샐러드, 소시지와 크림, 참치 뱃살과 토마토

카사레체는 〈홈메이드〉라는 이름이지만 역설적이게도 이 세몰리나 파스타는 압착추출식 방법을 이용한 전문 공정을 통해 생산되고 있다. 파스타를 납작하게 민 다음 (탈리아텔레나 파르파델레 넓이로), 잘라서 돌돌 말아 만들 수 있다는 점에서 이런 이름이 붙은 것이 확실하다. 손으로 만든 다른 세몰리나 파스타들(10쪽 및 오레키에테, 카바텔리, 트로피에 등 참조)과는 조금 다르게 사용하기 좋도록 잘 규격화되어 만들어졌고, 특히 신선하고 건더기가 큼직하게 들어가는 소스와 잘 어울린다.

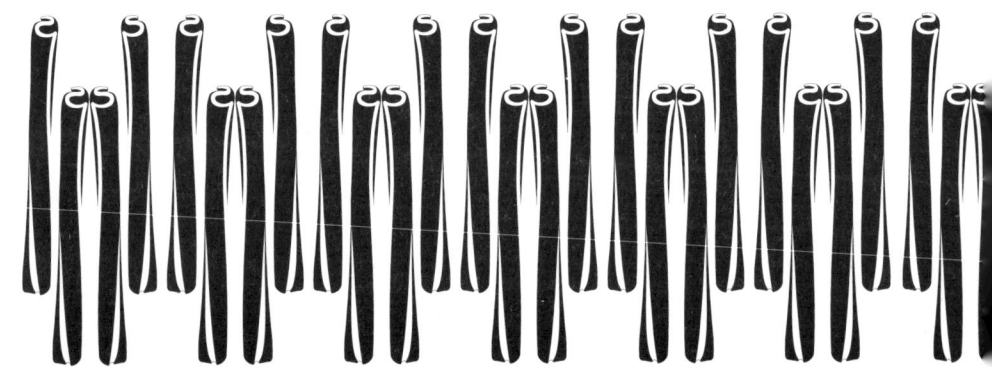

로켓, 양파, 토마토소스 카사레체
CASARECCE CON RUCOLA E CIPOLLA DI TROPEA

**전채로는 4인분,
메인코스로는 2명이 먹을 분량**

카사레체 200g

중간 크기 자주색 양파 1개
(150g 정도)

엑스트라 버진 올리브유 4테이블스푼

마늘 1알 얇게 저며서

방울토마토 200g 반으로 잘라서

로켓 잘게 썬 것 100g

마지막에 얹을 카치오카발로 치즈 갈은 것 약간 (또는 파르메산, 프로볼로네 피칸테, 리코타 살라타, 페코리노)

이 소스와 잘 어울리는 파스타

cavatelli, garganelli, passatelli, radiatori, spaccatelle, trofie

샐러드뿐 아니라 파스타 소스로도 로켓과 토마토의 궁합은 환상적이다. 이 두 재료를 같이 조리하는 방법은 여러 가지가 있는데, 로켓을 파스타와 섞은 다음, 진한 토마토소스에 넣거나(15쪽), 생 토마토소스에 잘게 다져 넣을 수도 있고(238쪽), 아래에 적은 것처럼 양파, 방울토마토(혹은 그냥 토마토)와 같이 볶아서 만들 수도 있다.

미리 만들 필요 없이, 파스타를 삶는 동안 이 소스를 만들 수 있다.

프라이팬을 불에 올려 아주 뜨겁게 달군다. 양파는 반으로 잘라 길이로 얇게 슬라이스 한다. 양파를 넣고, 그 다음 올리브유를 넣는다 (팬이 아주 뜨겁기 때문에 오일을 먼저 넣으면 탈 수 있으니 주의한다). 양파가 부드럽고 노릇노릇하게 익을 때까지 잘 젓는다. 양파가 다 익으면 마늘과 토마토를 넣고 소금, 후추를 뿌린 다음, 토마토가 따뜻해지고 일부는 익어서 풀어질 때까지 몇 분 더 익힌다. 하지만 전체적으로 전부 으깨지지 않도록 한다. 다져 놓은 로켓을 더하고, 1분 정도 더 익힌 다음, 삶아 건진 파스타와 삶은 물 약간을 넣고 잘 섞는다.

카치오카발로 치즈 갈은 것을 얹어 낸다.

CAVATAPPI
카바타피

카바타피는 그 이름에 걸맞게 와인 오프너의 나선형 부분, 또는 빙글빙글 꼬인 돼지 꼬리와 닮았다. 작은 튜브형 파스타에 어울리는 대부분의 소스가 카바타피와 잘 맞는데, 특히 마케론치니(152쪽)와 세다니니(224쪽)가 그렇다.

치수
길이: 30mm
지름: 5mm
두께: 1mm

동의어
cellentani (《빙빙 도는》)

**이 파스타와 잘 어울리는
요리법과 재료**
오븐에 굽기, 푹 삶은 베이컨과 완두콩, 치킨과 자두, 줄기콩, 마카로니 앤 치즈, 노르마, 아몬드로 만든 페스토 소스, 나폴리탄 라구 소스, 리코타 치즈와 토마토, 소시지와 크림

마카로니 샐러드
MACARONI SALAD

곁들임 요리 3~4인분

카바타피 200g

마요네즈 125ml (직접 만들 필요 없음)

당근 1/2개, 굵게 채 썰거나 강판에 갈아서

이 샐러드를 만들기 좋은 파스타

chifferi rigati, ditali, maccheroncini, sedanini

이 요리는 데리야키나 스윗 앤 사워 소스를 얹은 고기, 양상추 샐러드, 밥으로 이루어진 하와이안 스타일의 점심에 꼭 곁들여지는 반찬이다. 이 샐러드는 마카로니(정확히는 마케론치니)로 만들어야 하지만 내 입맛에는 마케론치니로 만든 것만큼 카바타피로 만든 것도 훌륭하다. 마카로니 샐러드는 양배추 샐러드인 코울슬로coleslaw와 비슷하지만, 몸에 좋은 야채는 거의 넣지 않고 그 자리를 탄수화물인 파스타로 채운 것이다. 하와이 출신 스모 선수들이 왜 많이 나오는지 좀 알 것 같기도······.

파스타를 다른 때보다 좀 더 삶는다 (그렇다고 불어 터지게 삶는 것은 아니다. 알덴테 상태보다는 좀 더 익어서, 씹었을 때 심이 느껴지지 않도록 한다). 삶은 파스타를 건져 흐르는 찬물에 대고 식힌 다음 물기를 잘 뺀다. 파스타에 마요네즈를 넣고 (이 레시피에 나온 양은 최소한의 양이니 마요네즈가 좋으신 분들은 듬뿍 넣으시길) 버무린 다음, 당근을 넣고 소금, 후추로 간을 맞춘다.

CAVATELLI
카바텔리

치수
길이: 20mm
너비: 7mm

동의어
통용어: gnocchetti, manatelle, orecchi di prete(〈신부님의 귀〉), strascinari, truoccoli
바실리카타 지역: capunti, cingule, minuich, rascatelli(〈손가락 세 마디 길이〉), zinnezinne
칼라브리아 지역: cavateddri, rascatielli
캄파니아와 풀리아 지역: cantaroggni, cavatieddi, cecatelli/cicatelli(〈손가락 한 마디 길이〉), cecatidde, mignuicchi, strascenate, tagghjunghele
마르케 지역: pincinelle
몰리세 지역: cavatielle 'ncatenate(〈연결된 손가락 두 마디 길이〉), cazzarille, ciufele
시칠리아 지역: cavasuneddi, cavatuneddi, gnucchitti, gnocculi

이 파스타와 잘 어울리는 소스
아쿠아코타, 병아리콩, 줄기 브로콜리, 줄기콩, 돼지고기와 돼지껍질로 만든 소스

만들기 아주 쉬운 이 작은 파스타는 생파스타로 요리해 먹으면 정말 맛있지만 말린 파스타로는 정말 별로다. 손가락 한 마디, 두 마디, 세 마디 너비 정도 되도록 만드는데, 원통형 파스타 종류들 중에서는 굉장히 짧은 편이다. 손가락을 이용해 쉼표같이 확 오그라드는, 거의 원통형에 가까운 카바텔리를 간단히 만들어낼 수 있다.

카바텔리는 풀리아Puglia 지역에서 주로 먹는 파스타지만 다른 이탈리아 남부 지역인 몰리세Molise, 바실리카타Basilicata, 칼라브리아Calabria에서도 찾아볼 수 있다. 이 지역은 야채가 풍부하고 고기가 귀한데, 카바텔리는 이 지역에서 생산되는 대부분의 야채와 궁합이 잘 맞는다. 감자와 곁들이거나, 줄기 브로콜리cime di rapa와 고추와 곁들이거나, 살짝 익힌 로켓과 곁들이거나, 야생 순무lassini와 곁들이거나, 카넬로니 콩과 곁들이거나, 단순히 치즈(리코타 살라타* 또는 카치오리코타**)만 넣어 버무리거나, 수프 안에 넣거나 다양하게 즐길 수 있다. 카바텔리를 만드는 데 도토리 가루나 밤 가루를 사용했을 정도로 가난한 시절도 있었지만 지금은 대부분 세몰리나만으로 만든다. 하지만 디 그라노 아르소di grano arso라는 가루가 쓰이기도 하는데, 밀을 숯불에 구운 다음 가루로 낸 것으로, 색이 검고, 숯 향이 진하게 난다. 이 밀가루로 만든 카바텔리는 풀리아 이외의 지역에서 맛보는 것이 불가능하니, 한번 방문해 보는 것도 좋겠다.

★ ricota salata. 양젖으로 만든 리코타 치즈를 압축 건조시킨 이탈리아의 독특한 치즈로, 리코타 치즈처럼 우유 맛이 풍부하면서도 짭짤하다. 단단해서 갈아서 사용할 수 있다는 점이 특이하다.

★★ cacioricotta. 바실리카타, 풀리아, 칼라브리아 지역에서 즐겨 먹는 리코타 치즈.

카바텔리 만들기
MAKING CAVATELLI

300g의 세몰리나로 만든 파스타 반죽(10쪽)으로 2인분의 카바텔리를 만들 수 있다. 200g의 세몰리나 가루를 100ml의 물로 반죽해서 만들고 잠시 휴지시킨 다음, 호두 크기로 반죽을 떼어내어 4~5mm 너비의 리본 모양으로, 약간 두껍게 민다. 마른 나무 도마나 대리석 판 위에서 작업한다. 다 밀은 파스타 반죽을 아래의 크기로 자른다.

손가락 한 마디 크기 카바텔리 — 2cm

손가락 두 마디 크기 카바텔리 — 3~3.5cm

손가락 세 마디 크기 카바텔리 — 4.5cm

반죽에 필요한손가락 마디만큼 얹은 다음 바닥을 살짝 누르면서 앞으로 끌어올리듯 휙 올려준다. 반죽이 손가락이 준 힘으로 살짝 늘어나면서 손가락을 감듯 오그라든 모양이 나와야 한다. 손에서 떼어내어 둔 다음, 잘라 놓은 반죽으로 똑같이 반복한다. 요리하기 전에 살짝 말린다 (파스타 겉면은 가죽처럼 마르더라도 안은 부드러워야 하므로 너무 지나치게 말리지 않도록 주의한다).

카넬리니 콩 소스 카바텔리
CAVATELLI AI FAGIOLI CANNELLINI

**전채로는 4인분,
메인코스로는 2명이 먹을 분량**

손가락 한 마디 길이의 카바텔리
200g (위의 레시피 분량)

엑스트라 버진 올리브유

마늘 2알 얇게 저민 것.

이 소스는 파스타와 콩을 넣고 나서 1~2분 정도면 완성되기 때문에 파스타 삶기를 먼저 시작한다. 4테이블스푼의 올리브유를 프라이팬에 넣고 달궈지면 마늘, 토마토, 고추를 동시에 넣는다. 센 불에서 1~2분 정도 볶으면서 팬을 앞뒤로 자주 흔들어준다. 콩과 썰어 놓은 로켓, 그리고 콩 삶은 물을 넣은 다음, 소금과 후추로 간을 한다.

방울토마토 175g 반으로 잘라서

마른 고추 부순 것 약간 (엄지와 검지로 크게 집어서)

카넬로니 콩 익힌 것 300g (물기를 빼고 잰 무게)

로켓 50g (파슬리 15g 또는 바질 10g으로 대체할 수 있다)

콩 삶은 물 80ml (통조림을 사용했다면 그냥 물을 이용한다)

이 소스와 잘 어울리는 파스타
chifferi rigati, strozzapreti

파스타를 건져내어 물기를 잘 뺀 다음, 끓고 있는 콩 소스에 넣고 1분 정도 더 익힌다. 마지막으로 올리브유를 조금 뿌려낸다.

줄기 브로콜리와 소시지 소스의 카바텔리
CAVATELLI CON SALSICCIA E BROCCOLETTI

**전채로는 4인분,
메인코스로는 2명이 먹을 분량**

손가락 2마디 크기의 카바텔리 레시피 분량, 또는 마른 것 200g (맛이 좀 떨어진다)

아주 어린 〈줄기 브로콜리〉 400g 또는 좀 더 자란 것 500g

마늘 2알 얇게 저민 것

이탈리안 소시지, 껍질 벗기고 안의 고기만 잘 부수어 놓은 것 200g

엑스트라 버진 올리브유 4테이블스푼

마른 고추 부순 것 1/4티스푼

위에 뿌려 낼 페코리노 치즈 갈은 것 약간 (옵션)

이 소스와 잘 어울리는 파스타
casarecce, fusilli a mano, gramigne, orecchiette, reginette, spaccatelle, strozzapreti

〈줄기 브로콜리cime di rapa〉를 다루는 법에 대해서는 오레키에테 (173쪽) 레시피에 아주 상세히 나와 있으므로 여기서는 생략하겠다. 이 레시피는 긴 카바텔리(2~3마디 길이로 만든 것)로 만들어야 제일 맛있다.

끓는 물에 파스타를 넣어 삶는다. 프라이팬에 소시지 고기와 마늘, 기름을 넣고 중불에서 노릇해질 때까지 소시지 고기를 주걱으로 잘 풀어가며 굽는다. 고추를 넣고 몇 초 뒤에 데쳐서 물기를 빼놓은 줄기 브로콜리를 넣는다. 센 불에 볶아 소금 후추를 뿌리고, 파스타 삶은 물을 조금만 넣어 다시 졸아들 때까지 끓인다. 파스타를 건져내어 삶은 물 약간과 함께 팬에 넣는다. 1분 정도 더 볶아준 다음 먹는다. 치즈는 뿌려도 좋고 안 뿌려도 좋다.

CHIFFERI RIGATI
키페리 리가티

치수
길이: 23mm
너비: 14mm
지름: 8mm

**이 파스타와 잘 어울리는
재료와 요리법**
콩을 넣은 파스타 수프, 푹 삶은 베이컨과 완두콩, 닭고기와 자두, 병아리콩, 병아리콩과 모시조개, 고르곤졸라 치즈, 헝가리식 생선 수프, 렌틸 콩, 마카로니 앤 치즈, 마카로니 샐러드, 홍합과 콩, 리코타 치즈와 잠두콩, 붉은 고추와 위스키

★ kipferl. 버터와 아몬드가루가 듬뿍 들어간 초승달 모양의 과자로 독일과 스위스에서도 즐겨 먹는다.

키페리(겉면이 매끈하다)와 키페리 리가티(일러스트에 그린 것처럼 겉면에 홈이 패여 있다)는 공장에서 만들어지는 파스타로, 오스트리아의 전통 과자인 킵펠★ 모양을 하고 있다. 제빵사들이 종종 생 파스타도 만들어 팔기 때문에 (요즈음도 이 두 가지를 다 파는 상점을 볼 수 있다) 킵펠을 변형해 만든 이탈리아의 반달 모양 과자인 메체루네mazzelune에서 영향을 받아 만들어진 것을 알 수 있다.

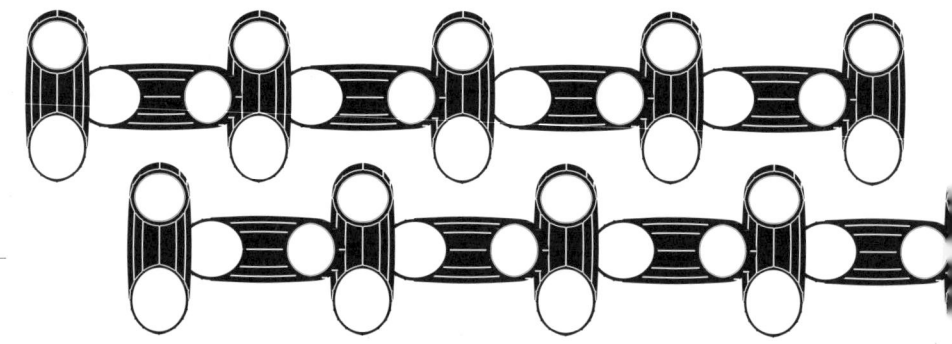

토마토와 그린 올리브 소스 키페리 리가티
CHIFFERI ALLE OLIVE VERDI

**전채로는 4인분,
메인코스로는 2명이 먹을 분량**

키페리 리가티 200g

씁쓸한 그린 올리브 200g
(씨는 모두 제거할 것)

엑스트라 버진 올리브유 5테이블스푼

마늘 2알 얇게 저며서

마른 고추 부순 것 1/2티스푼 (옵션)

신선한 토마토 굵게 썬 것 또는
방울토마토 반으로 나눈 것 250g

이탈리안 파슬리 다진 것 2테이블스푼

가벼운 토마토소스(15쪽) 또는
〈갈아서 체에 내린 토마토〉(passata)
100ml

이 소스와 잘 어울리는 파스타
campanelle/gigli, fusilli a mano,
fusilli, spaccatelle

이 레시피는 바리Bari 지방의 엄청나게 쓴 검은 올리브를 토마토와 마늘, 올리브유와 함께 푹 익힌 — 볶음과 스튜의 중간 단계 정도로 — 요리를 기초로 만든 것이다. 엄청나게 쓴 올리브의 맛은 기분 좋을 정도의 씁쓸함으로 바뀌는데, 바리 사람들은 부드럽고 촉촉한 질감의 이 요리를 빵과 함께 심플하게 먹는다. 제철도 짧고, 생산지인 지중해 연안 지역을 벗어나면 가공하지 않은 올리브를 구하는 것은 심히 어려운 일이므로 본고장 맛을 그대로 내긴 힘들지만 가공한 그린 올리브가 검은 올리브보다 더 씁쓸하기 때문에 이 레시피대로 만들면 비슷한 맛이 나온다.

올리브를 반으로 갈라 씨를 빼낸다. 좀 더 쉽게 하는 방법은 칼등으로 올리브를 눌러 쪼개고, 그 사이로 튀어나온 씨를 빼내는 것이다. 넉넉한 크기의 프라이팬에 마늘과 오일을 넣고, 중불에 올려 마늘에 색이 약간 날 때까지 익힌다. 그 다음 고추(사용할 경우)를 넣고 토마토를 넣는다. 정말 갓 딴 신선한 올리브라면 이 순간에 넣어야 하지만 저장 올리브는 그리 오랜 시간이 필요하지 않다. 5분 정도 계속 익히면 토마토 일부는 껍질 색이 변하고, 일부는 뭉그러지기 시작할 것이다. 이때 올리브를 넣고 4~5분 정도, 볶음 요리보다는 소스처럼 보일 때까지 졸인다. 불을 약하게 줄인 다음, 파슬리와 토마토소스를 넣고 걸쭉해질 때까지 다시 5분 정도 졸인다.

소스는 만들자마자 바로 먹는 것이 좋지만 미리 만들어 두었다가 파스타를 삶는 동안 데워서 써도 된다.

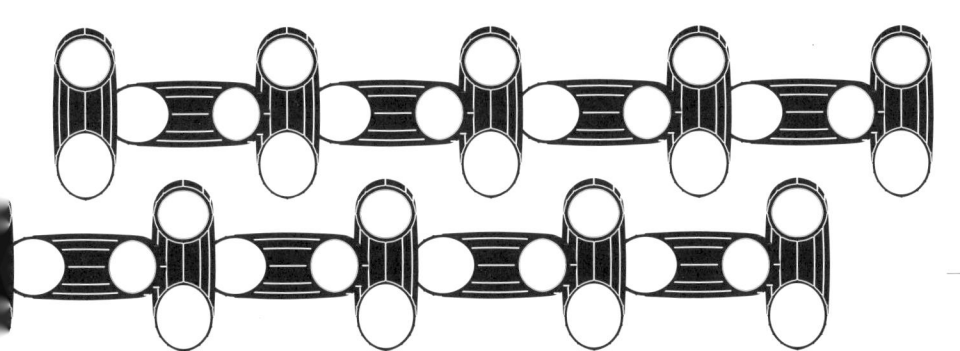

CONCHIGLIE RIGATE
콘킬리에 리가테

치수

길이: 31.5mm
너비: 23.5mm

동의어

arselle(모시조개의 일종),
abissini, coccioline(〈유리 조각〉),
conchigliette(〈작은 조개〉),
tofettine

**이 파스타와 잘 어울리는
재료와 요리법**

아라비아타, 푹 삶은 베이컨과
완두콩, 랑구스틴과 사프란,
푸타네스카, 리코타 치즈와 토마토,
토마토소스, 트레비소, 스페크와
폰티나 치즈, 참치 뱃살과 토마토

파스타 장인들(파스타이pastai)은 어떤 종류의 조개류도 사진과 거의 흡사하게 파스타로 만들어낼 수 있다. 어찌나 흡사하게 잘 만들어내는지, 난 이 책의 일러스트레이션을 볼 때마다 세밀한 조개 그림 동판화나 현미경으로 관찰한 옛날 책들을 보는 기분이다.

어떤 모양이든 조개껍질을 본떠 만든 파스타들은 콘킬리에라고 부를 수 있다. 초창기 콘킬리에로 불린 파스타는 멋진 주름이 잡혀 있거나 조개껍질 무늬가 제대로 살아 있지도 않았다. 주름 잡힌 표면, 부드럽고 우묵하게 파인 안쪽 면이 특징인 콘킬리에 리가테는 그 어떤 파스타보다 소스가 많이 묻는다. 가벼운 토마토소스(15쪽), 아라비아타(196쪽)와 같은 너무 진하지 않은 소스와, 뒤에 소개할 큼직하게 자른 채소가 들어간 소스들이 잘 어울린다. 야채가 파스타의 안쪽 우묵한 곳에 괴어들어가 먹기 편해지기 때문이다.

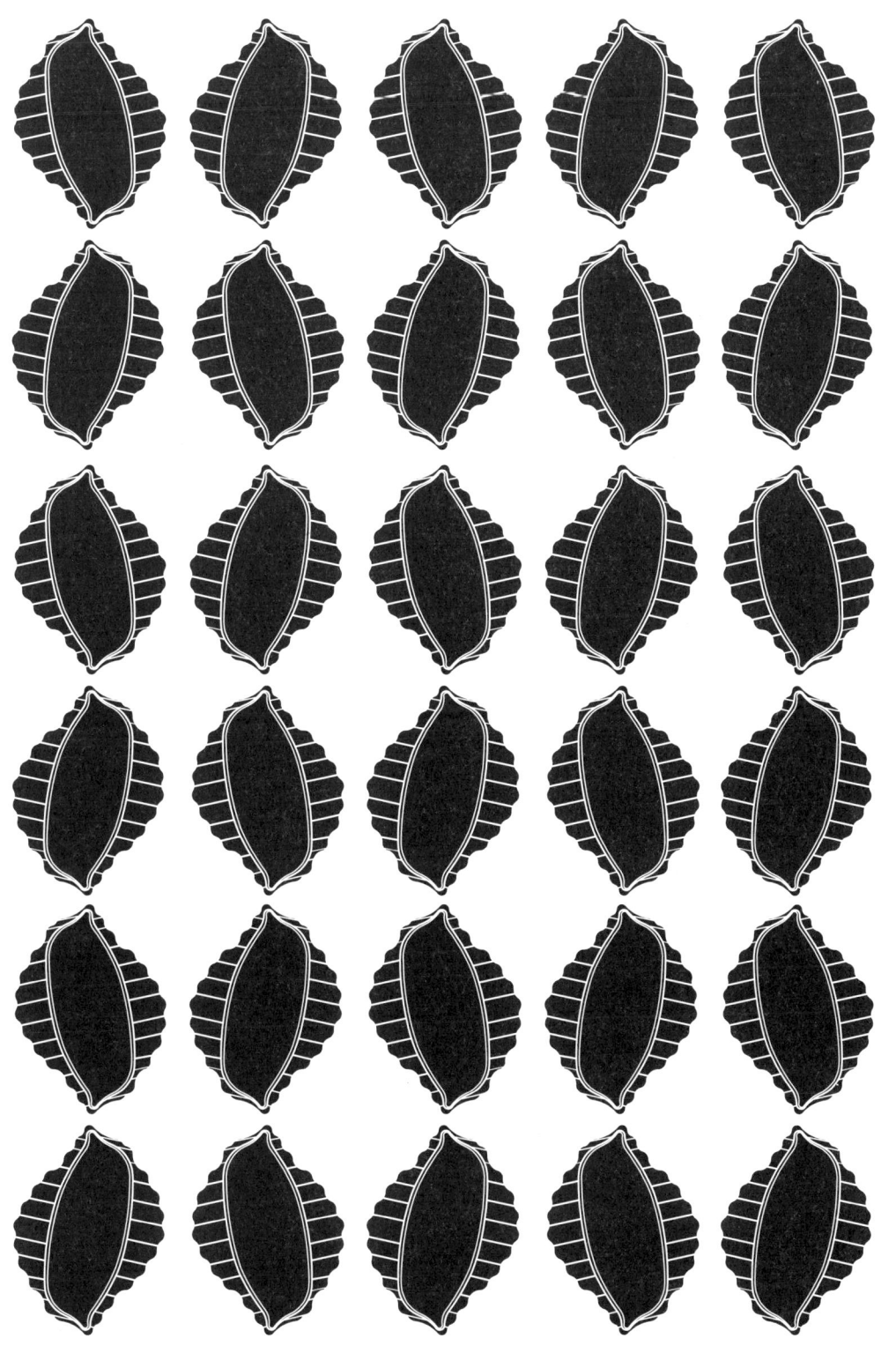

잠두콩과 리코타 치즈 콘킬리에 리가테
CONCHIGLIE RIGATE CON FAVE E RICOTTA

**전채로는 4인분,
메인코스로는 2명이 먹을 분량**

콘킬리에 리가테 200g

잠두콩 750g (깍지를 다 벗긴 것을 구할 수 있다면 220~270g만)

양젖으로 만든 리코타 치즈 200g

엑스트라 버진 올리브유 4테이블스푼

중간 크기 양파 1개 (200g 정도)

마지막에 뿌리기 위한, 가지고 있는 올리브유 중 가장 좋은 것 2테이블스푼 또는 페코리노 로마노 치즈 같은 것 약간

이 소스와 잘 어울리는 파스타
chifferi rigati, orecchiette

잠두콩을 껍질 채 끓는 물에 넣고 2분간 데친 다음 찬물에 넣어 식힌다. 깍지에서 콩을 분리한다.

리코타 치즈와 75ml의 물, 1테이블스푼의 올리브유를 넣고 믹서에 넣어 갈거나 으깨어 곱게 체에 내린다. 큼지막한 볼에 담아 둔다.

이제 그동안 쌓아온 요리 경험을 살려 조리 시간을 결정해 보자. 제철이 거의 끝나갈 무렵의 잠두콩은 크고 전분질이 많아서 요리하는 데 시간이 좀 걸리므로 파스타를 삶기 10분 전부터 소스 만들기를 시작해야 한다. 제철이 시작될 무렵의 잠두콩은 작고 부드럽고 단맛이 난다. 이 시기의 잠두콩을 사용할 경우에는, 소스를 만들면서 동시에 파스타를 삶기 시작하면 된다. 리코타 치즈 소스를 미리 만들어 놓았을 경우에는, 파스타를 삶고 있는 솥 위에 살짝 얹어 놓고, 유지방이 분리되지 않도록 저어주면서 데우면 된다.

남은 올리브유에 잘게 다진 양파를 넣고 중불 위에서 살짝 노랗게 변하면서 부드러워질 때까지 10분 정도 볶는다. 잠두콩을 넣고 콩이 살짝 잠길 만큼의 물을 부어 (어림잡아 80ml 정도) 소스를 만든다. 작고 부드러운 초봄의 콩을 사용할 경우에는 2~3분 정도, 늦여름에 나오는 큰 콩은 20~25분 정도 걸린다. 많이 졸아들면 중간 중간 물을 추가해준다. 단, 완성된 소스가 물기가 너무 흥건하지 않도록 주의한다.

파스타와 콩이 모두 익으면 파스타를 건져내어 소스가 들어 있는 팬에 넣는다. 콩이 전체적으로 어우러지면 리코타 치즈를 넣고 잘 섞어준다. 마지막에 올리브유나 간 페코리노 치즈를 얹어 낸다.

로마네스코 브로콜리를 넣은 콘킬리에 리가테
CONCHIGLIE RIGATE CON BROCCOLI ROMANESCO

전채로는 4인분, 메인코스로는 2명이 먹을 분량

콘킬리에 리가테 160g

로마네스코 브로콜리 1개 (400g 정도)

엑스트라 버진 올리브유 6테이블스푼

큼지막한 안초비 필레 1장 잘게 다진 것

마늘 1알 곱게 다져서

마른 고추 부순 것 약간 (매운 것을 좋아한다면 1/2티스푼)

이탈리안 파슬리 다진 것 4테이블스푼

마지막에 뿌릴 페코리노 로마노 치즈 또는 몇 티스푼의 아주 좋은 올리브유

이 소스와 잘 어울리는 파스타

casarecce, farfalle, farfalle tonde, linguine, orecchiette, penne, reginette, spaccatelle, spaghetti, spaghettini, tortiglioni, trofie

이 레시피는 브로콜리를 이용해서 만드는 수많은 파스타들 중 하나이다 (오레키에테에 쓰이는 줄기 브로콜리는 173쪽, 파르팔레에 쓰이는 브로콜리는 95쪽 참조). 브로콜리가 들어가는 소스가 만들어지고 파스타를 삶는 시간이 비슷하다는 점에서 상당히 이상적인 레시피라고 할 수 있겠다. 레시피는 심플할수록 좋다는 내 원칙에서 살짝 비껴난 레시피를 하나 소개한다. 소스를 만들기 전 브로콜리를 데쳐서 올리브유에 절여 놓을 것. 이 소스는 수백 가지로 응용 가능하다. 잣이나 건포도를 넣어도 좋고, 마지막에 양념해 구운 빵가루나 페코리노, 파르메산 치즈를 얹어도 좋고, 안초비를 넣어도 좋고 안 넣어도 좋고. 하여간 수없이 많다.

로마네스코 브로콜리의 꽃 모양을 살려서 한 덩이씩 자른다. 진하고 큰 잎은 모두 떼어버리고, 연한 색의 부드러운 잎은 남겨두는데, 이 잎들은 보기에 예쁜 만큼 맛도 좋다. 다 다듬어서 얻은 브로콜리의 양이 적어도 300g은 되게 한다. 소금을 넉넉히 넣은 물에 넣어 10~14분 정도, 먹어 보아 입에서 녹아버릴 정도로 (거의 뭉갤 수 있을 정도로) 푹 삶는다. 건져서 물기를 잘 털어내고, 접시에 넓게 펴 담고, 올리브유의 절반을 뿌린다 (3테이블스푼). 파스타를 삶기 전 적어도 10분 정도 올리브유가 스며들도록 놓아둔다.

파스타가 다 익기 5분 전, 안초비와 마늘, 고추, 남은 올리브유를 넣고 아주 약한 불에 올려 3~4분 동안 익힌다. 주걱으로 안초비를 뭉개 완전히 바스라지게 하면서 익힌다. 브로콜리를 넣고 불을 세게 올려 1~2분 정도 볶는다. 브로콜리의 색이 갈색이 되도록 하면 안 되니 수분이 너무 없어 보이면 물을 아주 살짝만 뿌려준다. 다져 놓은 파슬리의 3/4을 넣고, 삶아 건진 파스타와 삶은 물 약간을 넣는다. 1분 정도 더 볶은 다음, 남은 파슬리와 올리브유, 취향에 따라 갈은 치즈를 뿌려서 낸다.

CORZETTI
코르제티

치수
지름: 60mm
두께: 1.5mm

동의어
제노바 지역 방언: curzetti
피에몬테 지역: croset
에밀리아로마냐: crosetti
croxetti, torsellini

이 파스타와 잘 어울리는 재료
제노베제 페스토

코르제티는 리구리아 지방 고유의 큰 동전 모양 파스타로 물과 밀가루, 가끔 약간의 달걀과 기름을 넣어 만든다. 너무 두껍지 않게 밀어서 과실나무로 만든 한 쌍의 원형 틀을 이용해서 모양을 찍어낸다. 나무틀의 섬세한 문양들은 손으로 직접 조각한 것들인데, 대부분 가문의 휘장을 많이 새겼다. 파스타 이름은 14세기에 만들어질 때 제노바에서 통용되던 동전의 이름인 크로세트crosets에서 따왔다. 당시 이 파스타의 크기는 엄지손가락 길이 정도였다. 코르제티가 옛날 크로세트에서 유래되었다 하더라도 〈피에몬테 지역의 크로세트〉와는 혼동하지 말 것. 같은 지역에서 나온 파스타이긴 하지만 그것은 북부 지역의 오레키에테와 비슷한, 엄지손톱만 한 크기의 반죽을 손가락으로 눌러 모양을 낸 것이다.

코르제티는 가문의 휘장 같은 중요한 상징을 섬세하게 장식한 파스타이다. 멋진 파스타들의 디자인이 다 그러하듯 아름다운 디자인 속에 기능이 숨어 있다. 양각으로 찍힌 무늬가 호두 페스토 혹은 마조람과 잣 같은, 건더기가 작게 들어 있는 오일 소스를 묻히기에 아주 좋다.

호두 페스토 소스 코르제티
CORZETTI ALLE NOCI

**가벼운 전채로는 8인분,
메인코스로는 4인이 먹을 분량**

코르제티
400g의 00 밀가루*
달걀노른자 5개와 달걀 2개
화이트와인 125ml

호두 페스토
호두 100g
하루 정도 묵은 식빵, 껍질 제거하고 갈은 것 60g
우유 4테이블스푼
마늘 1알
신선한 오레가노 잎 딴 것 1티스푼 (꾹꾹 눌러 담지 않는다)
파르메산 치즈 갈은 것 80g
엑스트라 버진 올리브유 150ml
미지근한 물 100ml
마지막에 뿌려낼 파르메산 치즈 약간

이 소스와 잘 어울리는 파스타
fazzoletti, pansotti, tortelloni, trofie

코르제티 재료를 모두 섞어 반죽을 만든 다음, 휴지시켰다가 1.5mm 두께로 민다. 코르제티는 7cm 지름의 원형으로 만들어야 하는데, 나무 양각 틀을 이용해 모양을 찍어낸다. 코르제티 전용 틀이 없는 사람들은 원형으로 찍어낼 만한 다른 틀들을 찾아본다. 모양을 찍어내면서 나오는 자투리와 찌꺼기 파스타는 다시 뭉쳐 사용하지 않는다. 찍어낸 코르제티를 간격을 두고 늘어놓아 적어도 1시간 정도 말린 다음 사용한다. 또는 시판되고 있는 코르제티 400g을 사용한다.

호두를 팔팔 끓인 물(불은 끈다)에 15분 정도 담가 놓는다. 물을 따라 버리고, 검고 억센 껍질 부분을 이쑤시개 같은 것으로 모두 벗겨낼 것. 빵은 우유에 불리고, 마늘은 잘게 으깬다. 이렇게 준비한 모든 재료를 푸드 프로세서에 넣고 부드럽게 갈아준다. 맛을 보고 간을 맞춘다. 만약 지나치게 뻑뻑하다면 (숟가락으로 부드럽게 떠지는 농도이어야 한다) 물을 약간만 더한다. 소스를 다 완성하고, 파스타를 삶을 것.

다 삶아진 코르제티와 삶은 물 약간을 소스에 넣고 섞어준다. 소스가 두껍게 묻기보다는 표면에 골고루 발린다는 느낌으로 섞을 것. 그대로 내거나 위에 파르메산 치즈 갈은 것을 살짝 뿌려서 낸다.

★ 00 = Doppio zero = 박력분.

마조람과 잣 소스 코르제티
CORZETTI CON MAGGIORANA E PINOLI

**전채로는 4인분,
메인코스로는 2명이 먹을 분량**

앞의 레시피 분량의 코르제티

잣 100g

버터 120g

신선한 마조람 잎만 뜯은 것
4테이블스푼 (또는 신선한 오레가노)

마지막에 뿌릴 파르메산 치즈 또는
그라나 치즈 약간

이 소스와 잘 어울리는 파스타

caramelle, fazzoletti, pansotti,
ravioli Genovese

이 레시피의 버터를 올리브유로 대체해도 맛있다. 좋은 엑스트라 버진 올리브유 100ml를 버터 대신 사용하면 되는데 (리구리아 지방의 올리브유가 최고다), 그 경우 열을 가하지 않고 소스를 만든다. 잣을 굽지 않고 그냥 올리브유와 마조람과 섞어 드레싱처럼 파스타를 넣고 버무리면 된다.

옆에 나와 있는 레시피로 해당 분량의 코르제티를 만든다.

파스타를 삶는다. 버터를 녹인 다음, 잣을 넣고 보기 좋은 갈색이 되도록 튀긴다 (너무 진한 색이 나오면 안 되니 조심하자). 마조람을 넣고 잎이 소리를 내어 끓어오를 때 (1~2초 정도 걸린다), 파스타 삶은 물 150ml를 넣는다. 실제로 필요한 물의 양은 정확히 측정하기 힘들다. 몇 분 동안 팬을 흔들어 가며 끓이면 물이 증발하면서 소스로 쓰기에 적당한 농도로 맞추면 되기 때문이다. 너무 물기가 많아 보이면 불을 올려 더 팔팔 끓인다. 반대로 물기가 너무 없어 보이면 물을 좀 더하면 된다. 끓은 소스가 생크림 정도의 농도가 되고 파스타가 거의 다 삶아지면, 둘을 더해 잘 섞이도록 몇 초간만 섞는다. 파르메산 치즈를 얹어 낸다. 치즈를 갈아서 내기보다는 감자 깎는 칼로 대팻밥처럼 깎아내는 것을 추천한다. 코르제티에는 그게 더 예뻐 보이니까.

CUSCUSSÙ
쿠스쿠수

치수

지름: 1.5mm~3mm까지 다양함

동의어

사르디니아 지역: casca, cashca
토스카나 지역: cuscussu

쿠스쿠수는 북아프리카 지역이 원조인 음식이지만 시칠리아에서도 즐겨 먹는다. 그곳의 건축물과 음식을 보면 시칠리아가 예전에 아랍 민족들이 살던 지역이었음을 알 수 있다. 쿠스쿠수 레시피는 시칠리아를 제외한 이탈리아 다른 지역에서도 심심찮게 발견된다. 특히 사르디니아Sardinia에서는 사프란을 넣어 익힌 닭고기 요리와 함께, 그리고 토스카나 지역의 리보르노Livorno에서는 미트볼을 넣은 수프의 곁들임으로 쿠스쿠수가 나오는데, 로마가 이탈리아 전역을 지배하기 이전, 전체적으로 아랍의 지배를 받고 있었음을 보여주는 증거이다.

쿠스쿠수는 다른 파스타와는 만드는 법부터 완전히 틀리다. 세몰리나 가루를 펼쳐 놓고 (아주 고운 세몰리나인 세몰리나 리마치나타semola rimacinata가 아닌, 살짝 입자가 굵은 세몰리나를 사용한다), 위에 물을 살짝 뿌린 다음, 한 손으로 잘 섞는다. 그럼 작은 양이나마 물을 먹은 부분이 작은 알갱이로 뭉치게 되는데 이런 작은 알갱이들을 모아 말리기 전에 한 번 찐다. 고슬고슬한 식감이 될 수 있도록 주의 깊게 만들어야 하고, 보통 파스타가 만들어질 때 생성되는 글루텐이 전혀 느껴지지 않아야 한다 (밀가루를 치대어 반죽을 만들 때 결코로 찢어지는 느낌이 드는 것은 글루텐이 생성되었기 때문이다). 이 좁쌀처럼 생긴 파스타는 물에 넣은 스펀지 또는 쌀처럼 소스를 잘 흡수하는 것이 특징이다.

아몬드를 넣은 생선 스튜를 곁들인 쿠스쿠스
CUSCUSSÙ TRAPANESE

**전채로는 4인분,
메인코스로는 2명이 먹을 분량**

쿠스쿠스 200g

작은 생선 300g (노랑촉수, 쏨뱅이 같은 작은 생선. 내장과 지느러미를 모두 제거하고 무게를 잴 것)

중간 크기 양파 1/2, 또는 작은 크기 양파 1개

엑스트라 버진 올리브유 4테이블스푼 (좋아한다면 조금 더 넣어도 된다)

말린 고추 작은 것 1개

월계수 잎 1장

이탈리안 파슬리 20g

껍질 벗긴 아몬드 30g

마늘 1알

토마토 300g 잘게 다져서

생선 육수 400ml

이 레시피는 시칠리아에서 제일 유명한 것으로, 트라파니 지역에서 전해진 것이다.

이 요리를 위한 생선은 먹기 좀 성가시더라도 작으면 작을수록 좋다. 담배개비보다 생선크기가 길면 가차 없이 토막 낼 것.

프라이팬을 중불에 얹고, 3테이블스푼의 오일과 고추, 월계수 잎과 양파를 넣고 부드럽고 노릇하게 될 때까지 10분 정도 볶는다. 파슬리를 굵직하게 다지고, 마늘, 아몬드와 함께 절구에 넣어 페이스트 상태가 될 때까지 빻는다. 생선 육수를 끓인 다음, 쿠스쿠스 높이의 반 정도 위까지 부어주고, 올리브유 1테이블스푼과 소금을 넣는다. 랩으로 쿠스쿠스가 들은 볼을 덮은 다음, 생선 스튜가 다 만들어질 때까지 둔다.

토마토를 조금 전에 볶아둔 양파에 넣고 약한 불에서 몇 분 더 끓인다. 미리 소금, 후추로 간을 해둔 생선을 넣고, 토마토가 골고루 묻도록 몇 번 뒤적거려 준다. 불을 올려 끓기 시작하면 페이스트로 만들어 둔 아몬드를 넣고, 불을 줄여 생선이 딱 익을 때까지만 대략 1~2분 정도 더 끓인다. 맛을 보고 간을 맞춘다.

포크를 이용해 불은 쿠스쿠스를 알알이 분리한다. 접시에 쿠스쿠스를 깔고, 위에 생선 스튜를 얹은 다음, 필요할 경우 올리브유를 살짝 뿌려 낸다.

DISCHI VOLANTI
디스키 볼란티

치수
지름: 20mm
두께: 2mm

이 파스타와 잘 어울리는 재료
아티초크, 잠두콩와 완두콩, 베이컨과 완두콩, 햄과 완두콩과 크림, 헝가리식 생선 수프, 랑구스틴과 사프란, 렌틸 콩, 토끼 고기와 아스파라거스, 리코타 치즈와 토마토, 붉은 고추와 위스키 소스

〈비행접시〉(문자 그대로 〈나는 원판〉)라는 뜻의 디스키 볼란티는 1947년 케네스 아놀드가 미국에서 UFO를 발견했다는 뉴스가 나온 지 얼마 안 되어 만들어진 것이다. 언론은 이 의심스러운 물체에 전 세계의 사람들의 정신이 쏠리도록 그야말로 광적으로 보도해댔다. 비행접시가 있었는지, 거기에 화성인이 타고 있었는지 아닌지는 알 수 없지만 꽤 맛있는 〈비행접시〉라는 이름의 파스타는 확실히 존재한다.

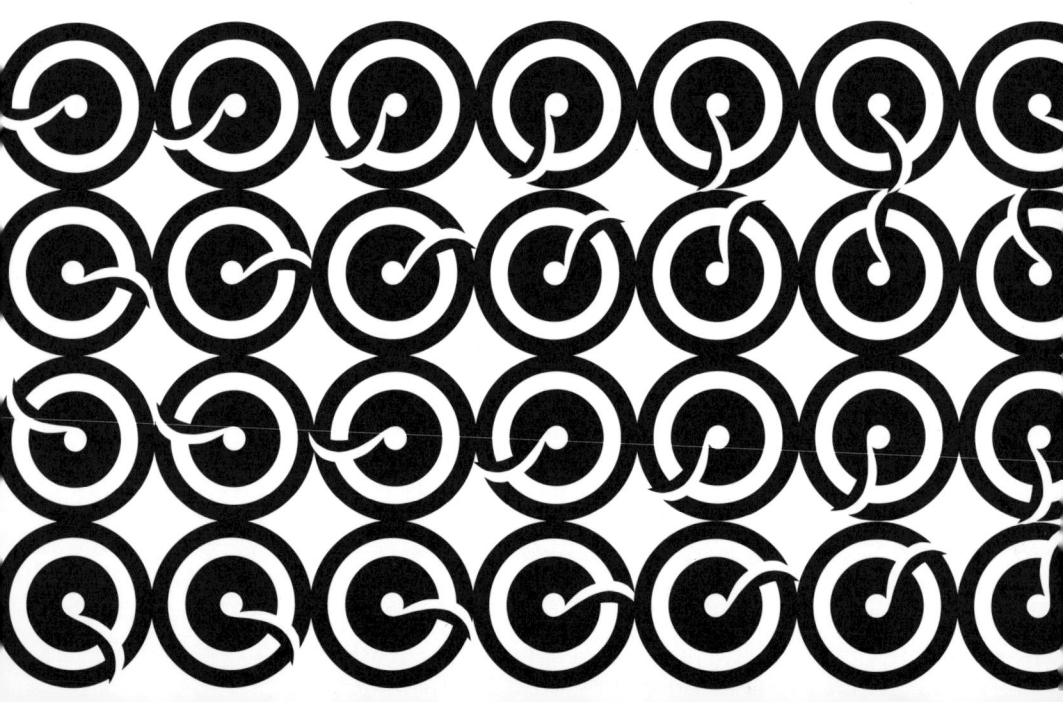

굴과 타라곤, 프로세코 소스 디스키 볼란티
DISCHI VOLANTI CON OSTRICHE E PROSECCO

**전채로는 4인분,
메인코스로는 2명이 먹을 분량**

디스키 볼란티 200g

작고 통통하며 신선한 굴 12개

바나나 셜롯 1개 (70g) 잘게 다진 것**

버터 25g

샴페인 또는 이탈리안 프로세코***
170ml

생크림 150ml

다진 타라곤 2티스푼

이 소스와 잘 어울리는 파스타
ruote, tagliatelle, tagliolini

이 레시피는 분명 이탈리아가 아닌 다른 나라에서 만들어진 것이다. 영국에서 콘스탄스 스프라이*와 함께 1950년대에 인기를 끌었던 것은 훈제 굴 통조림, 베샤멜 소스, 케이엔 페퍼였다. 유감스럽게도 원래의 레시피를 아무리 만들어 봐도 도저히 내 입맛에 맞지 않아 맛을 조금 담백하게 바꿔보았다. 물론 내 레시피도 언젠가 후세에는 불쾌하기 짝이 없는 레시피가 될지언정 지금 이 순간만큼은 맛좋은 레시피로 여겨졌으면 한다.

굴을 발라내고, 껍질 안에 괴어 있는 국물도 모두 버리지 않고 굴과 함께 모아둔다. 껍질은 모두 버릴 것.

파스타를 삶는다.

팬에 버터를 넣고 약한 불에서 2~3분 정도 셜롯을 볶는다. 너무 볶아 색이 어두워지면 안 되니 주의할 것. 볶은 셜롯에 프로세코 120m를 붓고, 거품이 약간 가라앉을 때 크림을 더해 끓인다. 약간 걸쭉해졌다 싶으면 준비해 둔 굴을 넣고 아주 약한 불에서 1분 정도, 굴이 익어서 살짝 통통해질 때까지 가열한다. 익은 굴은 구멍 뚫린 국자로 건져 4등분한다. 굴을 건져낸 소스는 계속 끓여 진하게 졸인다.

기적이 일어나거나 혹은 여러분이 아주 세밀하게 시간 안배를 해서 요리를 했다면 지금쯤 파스타가 알덴테 상태로 삶아졌을 것이다. 물에서 건져낸 면을 잘라 놓은 굴과 타라곤, 프로세코 약간과 함께 소스에 넣는다. 후추를 뿌리고, 맛을 보아 필요하면 소금을 넣는다. 요리할 때 사용했던 프로세코와 함께 내간다.

★ Constance Spry. 영국의 유명한 플로리스트.

★★ 바나나 셜롯이 없으면 일반 셜롯이나 양파를 사용하면 된다.

★★★ prosecco. 베네토 지역에서 많이 생산되는 아주 드라이한 화이트 스파클링 와인.

DITALI, DITALINI
디탈리, 디탈리니

치수
지름: 6mm
길이: 7mm
두께: 1mm

동의어
tubetti, tubettini, gnocchetti di ziti, ditaletti, coralli(〈산호〉. 여기서는 목걸이를 만들기 위해 둥글게 다듬은 산호를 말한다)
풀리아와 시칠리아 지역: denti di vecchia(〈늙은이의 이빨〉), denti di cavallo(〈말의 이빨〉), ganghi di vecchia, magghietti

비슷한 모양
ditali rigati, ditalini rigati, ditaloni, ditaloni rigati

이 파스타와 잘 어울리는 재료와 요리법
오븐에 구운 아넬레티, 닭고기와 자두, 렌틸 콩, 마카로니 샐러드

디탈리와 그의 작은 동생 디탈리니는 지름과 길이가 같은, 작은 튜브형 파스타이다. 이름은 〈골무〉를 뜻하는 디탈레ditale, 〈손가락〉을 뜻하는 디타dita에서 유래되었다. 이 파스타를 지칭하는 명칭들은 참으로 다양하지만 특히 〈늙은이의 이빨denti di vecchia〉과 〈말의 이빨denti di cavallo〉이라는 이름이 재미있다. 디탈리는 1800년대부터 꾸준히 만들어져 온 파스타이다. 작은 사이즈는 주로 맑은 육수 안에 넣고, 큰 사이즈는 주로 맑은 국물이 아닌 걸쭉한 국물에 넣어 먹었다. 겉면이 미끈한 리스치lisci, 걸쭉한 국물에 더 잘 어울리는, 홈이 파인 리가티rigati 둘 다 구입할 수 있다. 특히 칼라브레제, 파스타 카 트리마처럼 감자와 파스타를 함께 삶은 다음, 달걀과 페코리노 치즈, 파슬리를 넣고 저어 만든 소스에 버무리는 레시피에는 홈이 파여 있는 것이 더 잘 어울린다. 작은 구슬같이 예쁜 모양 때문에 디탈리와 디탈리니는 세다니니(224쪽)와 더불어 목걸이를 만들고 놀기에 가장 적합한 파스타로 손꼽힌다.

콩을 넣은 파스타 수프
PASTA E FAGIOLI

**전채로는 4인분,
메인코스로는 2명이 먹을 분량**

디탈리 리가티 100g

강낭콩 삶은 것 450g

콩 삶은 물 350ml (통조림을 사용할 경우에는 생수를 쓴다)

양파 작은 것 1/2개, 아주 잘게 다져서

마늘 1알 아주 잘게 다져서

신선한 로즈마리 잎만 따서 곱게 다진 것 1티스푼

마른 고추 부순 것 약간 (엄지와 검지로 집어서)

엑스트라 버진 올리브유 6테이블스푼

이 소스와 잘 어울리는 파스타

chifferi rigati, maltagliati, pappardelle (부숴서 사용)

준비한 콩 분량의 2/3를 콩 삶은 물과 (만약 직접 삶았다면) 함께 곱게 갈아 준다. 팬에 오일 1테이블스푼을 두르고, 양파와 마늘, 로즈마리와 고추, 엄지와 검지를 이용해 넉넉하게 집은 양의 소금을 넣은 다음, 전체적으로 부드러워지고 색이 약간 날 때까지 몇 분 동안 볶는다.

갈아 놓은 콩과 남은 콩을 섞어 끓인다. 그 안에 삶지 않은 파스타를 넣고 불을 약하게 줄인 다음, 잘 저으면서 알덴테가 되도록 익힌다. 익히다 보면 물을 조금씩 추가해야 하겠지만 완성품은 아주 걸쭉한 수프가 되어야 하니 물은 조심해서 첨가한다. 수프를 그릇에 담고 위에 남은 오일을 뿌려 낸다.

병아리콩과 모시조개를 넣은 디탈리
DITALI CON CECI E VONGOLE

**전채로는 4인분,
메인코스로는 2명이 먹을 분량**

디탈리 150g

삶은 병아리콩 300g

콩 삶은 물 350ml (통조림을 사용할 경우 생수를 쓴다)

엑스트라 버진 올리브유 7테이블스푼

신선한 모시조개 500g

마늘 2알 얇게 저며서

마른 고추 부순 것 약간 (엄지와 검지로 집어서)

작은 한 다발의 이탈리안 파슬리 다져서

붉은 고추 곱게 다진 것 1티스푼 (옵션)

이 소스와 잘 어울리는 파스타

chifferi rigati, farfalle, farfalle tonde, pasta mista, torchio

이 소스는 파스타가 다 삶아지기 10분 전쯤부터 시작해야 한다. 파스타는 살짝 덜 삶아진 정도로, 파스타 포장에 적혀 있는 조리 시간보다 1~2분 정도 덜 삶으면 된다. 딱 맞아떨어지도록 시간을 잘 조절해 보자.

병아리콩 분량의 3/4을 콩 삶은 물과 함께 곱게 갈아준다. 널찍한 팬을 불에 올린다 (모시조개를 겹치지 않고 여유 있게 늘어 놓을 수 있을 정도의 넉넉한 팬이 필요하다). 팬이 뜨겁게 달궈지면 6테이블스푼의 오일과 모시조개, 마늘을 한꺼번에 넣는다. 마늘이 노릇해질 때까지 볶다가 마른 고추와 파슬리 양의 절반을 넣고, 병아리콩 간 것과 갈지 않은 것을 모두 넣는다. 소스가 보글보글 끓도록 잠시 놓아둔다. 모시조개 껍질이 벌어지기 시작하면 팬에서 하나씩 끄집어낸 다음 따로 놓아둔다 (살만 발라내는 것이 아니라 껍질째로 들어낸다). 마지막 모시조개를 들어내면서 소스의 간을 본 다음, 필요할 경우 소스가 약간 묽은 생크림 같은 농도가 될 때까지 끓인다. 삶아서 물기를 제거한 파스타와 건져둔 익은 모시조개, 남은 파슬리를 모두 소스에 넣은 다음, 모두 잘 어우러지면서 소스의 농도가 진한 생크림 농도가 될 때까지 끓인다. 소스는 걸쭉해져도 수프 같은 느낌이 나야 한다.

완성된 파스타는 즉시 남은 올리브유를 위에 뿌려 낸다. 매운맛을 좋아하는 이들이라면 마른 고추 부순 것을 좀 더 얹어내도 좋다.

FARFALLE
파르팔레

치수
길이: 39mm
너비: 27.5mm

동의어
fiocchetti(《작은 조각》)
모데나 지역: stricchetti
풀리아와 아브루초 지역: nocchette
파르팔레의 축소형은 canestrini
참조. 큰 것은 farfalloni

이 파스타와 잘 어울리는 재료
아티초크, 잠두콩과 완두콩, 베이컨과 완두콩, 잠두콩, 병아리콩과 모시조개, 애호박과 새우, 햄과 완두콩과 크림, 푸타네스카, 로마네스코 브로콜리, 새우를 넣은 샐러드, 가리비와 타임

《나비》라는 뜻의 파르팔레는 이탈리아 외의 다른 나라에서는 가끔 《나비넥타이》 파스타로 불리기도 한다. 어쩌면 파스타 시트를 이용해서 가장 손쉽게 만들 수 있는 모양일 것이다. 가장자리를 핑킹가위로 자른 것 같은, 직사각형 파스타의 가운데를 모아 꾹 눌러 붙이면 나비 모양이 만들어진다.

변형된 모양으로는 《뚱뚱한 나비》라는 뜻의 파르팔레 톤데 farfalle tonde가 있는데, 직사각형이 아닌 원형이나 타원형의 파스타 시트를 이용해서 만든 것이다. 소스를 일반 파르팔레보다 듬뿍 묻힐 수는 있지만 네모난 파스타로 만드는 것보다 버리는 부분이 많아서 경제적이지는 못하다. 세몰리나만을 이용해서 만들 수도 있고, 밀가루와 달걀을 이용해서 만들 수도 있는데, 세몰리나 파르팔레의 경우, 채소를 이용한 소스가 어울리고, 달걀이 들어간 파르팔레는 버섯이나 고기, 크림을 이용한 소스가 제격이지만 어떤 파스타에 어떤 소스를 버무려 먹든 만드는 사람 마음이다.

대체로 파스타 장인이 달걀을 넣은 진한 반죽으로 만든 파르팔레는 가격이 높고, 가게에서 쉽게 구입할 수 있는 대량생산된 파르팔레는 가격이 저렴한 세몰리나로 만든 것들이다. 파르팔레는 코치오레테(《바다 달팽이》), 콘킬리에(《소라》, 76쪽), 루마케(《달팽이》, 150쪽), 코랄리(《산호》), 베르미첼리(《벌레》, 54쪽) 등 자연에서 영감을 얻어 만든 파스타 무리들 중 하나이다. 가운데 붙은 부분은 살짝 두꺼워서, 삶은 뒤에도 알덴테 느낌이 살아 있고 (가운데 두꺼운 부분은 아무래도 덜 익어서 씹는 맛이 있기 때문에), 소스도 적당한 양만 묻게 한다. 파르팔레는 채소가 들어간 가벼운 느낌의 소스를 이용해서 샐러드처럼 만들어 나비가 한껏 날아다니는 봄여름에 야외에서 먹기에 딱 좋다.

주키니 호박과 잣을 넣은 파르팔레 샐러드
INSALATA DI FARFALLE, ZUCCHINE E PINOLI

이 레시피를 포함한 모든 파르팔레용 레시피는 전채로는 4인분, 메인코스로는 2명이 먹을 분량이다

파르팔레 200g

잣 70g

잣을 볶을 기름 약간

작은 주키니 호박 3개 (대략 300g) 2~4mm 두께로 얇게 원형으로 썰어서

엑스트라 버진 올리브유 4테이블스푼

마늘 2알 얇게 저며서

레몬 1개 노란 껍질 부분만 긁은 것과 즙

바질과 이탈리안 파슬리 작은 다발 잎만 떼어내서 곱게 채 썬 것.

파르메산 치즈 갈은 것 약간 (옵션)

파르팔레를 취향에 따라 삶은 다음, 흐르는 찬물에 씻어 완전히 식혀둔다. 프라이팬을 센 불에서 아주아주 뜨겁게 달군 다음 호박과 1테이블스푼의 올리브유, 약간의 소금을 넣고 1~2분 정도 볶는다. 호박이 어느 정도 보기 좋게 노릇노릇해지고 반쯤 익어 보일 때, 마늘을 넣고 1분 정도 더 볶는다. 색은 나지만 아직 다 익지 않았을 때, 불을 끄고 팬에 남아 있는 잔열로 마저 익힌다. 호박은 부분적으로 갈색을 띠면서, 푹 익긴 했지만 물기도 없고 아삭함이 살아 있는 상태가 되어야 한다.

레몬 껍질과 즙, 남은 올리브유를 잘 섞고 소금, 후추로 간을 맞춘다. 작은 팬에 잣을 넣고 잣이 잠길 정도로 기름을 부은 다음 중불에서 옅은 갈색이 되도록 튀긴다. 볶은 애호박과 튀긴 잣이 실온 상태가 되도록 식으면 파스타와 허브, 드레싱을 넣고 같이 버무린다. 버무린 파르팔레 샐러드는 20분쯤 놓아두어 맛이 충분히 배도록 한 다음 먹는 것이 가장 맛있다. 그냥 먹어도 좋고 파르메산 치즈 갈은 것을 살짝 뿌려먹어도 좋다.

이 소스와 잘 어울리는 파스타

casarecce, fusilli, gemelli, sedanini

생 프로슈토와 크림소스 파르팔레
FARFALLE CON PROSCIUTTO CRUDO E PANNA

파르팔레 200g

생크림 80ml

프로슈토 1cm 길이로 슬라이스 한 것 50g

파르메산 치즈 50g + 마지막에 뿌릴 것 조금

달걀노른자 2개

이 레시피는 크림소스와 카르보나라의 중간쯤에 위치한 아주 맛있는 소스다. 만들기 쉽고, 빠르고, 지방이 많이 빠진 느낌이면서도 풍부한 맛이 그만이다. 프로슈토 대신 바삭하게 구운 판체타와, 구우면서 나온 기름을 이용하면 영미인들이 〈카르보나라〉라고 부르는 맛좋은 파스타가 된다. 물론 로마 사람들은 〈짝퉁〉이라고 일갈하겠지만.

파르팔레를 삶는다. 볼에 크림과 프로슈토, 파르메산 치즈와 달걀노른자를 넣고, 소금과 금방 갈아낸 후추를 넣는다. 알덴테로 삶은 파르팔레를 건져내 물기를 뺀 다음, 볼에 넣고 소스와 함께 잘 섞는다. 치즈를 추가로 뿌려서 먹는다.

이 소스와 잘 어울리는 파스타

bucatini, fettuccine, rigatoni, tortiglioni

연어와 아스파라거스를 넣은 크림소스 파르팔레
FARFALLE AL SALMONE, ASPARAGI E PANNA

파르팔레 200g
훈제 연어 150g
아스파라거스 1묶음 (작은 것)
생크림 120ml
버터 50g
넛멕 갈은 것 약간
타라곤, 딜 또는 바질 몇 잎 길게 채 썬 것

훈제 연어를 너비 5mm 정도로 길게 자르고, 아스파라거스는 3cm 길이로 자른다. 아스파라거스 끝부분의 질긴 부분은 모두 잘라낼 것.*

파르팔레가 적당하게 다 익기 2분쯤 전에 다듬어 놓은 아스파라거스를 넣는다. 작은 팬에 크림과 버터를 넣고 약한 불에서 끓인 다음, 넛멕과 후추를 넣어 간을 한다 (소금은 넣지 않는다). 크림이 너무 되 보일 경우에만 파스타 삶은 물을 한 국자 넣는다. 파르팔레가 알덴테로 익으면 건져내어 소스에 넣는다. 크림소스가 파스타에 골고루 묻도록 저어주며 더 익힌다. 다 되면 불을 끄고 훈제 연어와 허브를 넣은 다음 고루 섞어준다. 맛을 보고 간을 할 것.

이 소스와 잘 어울리는 파스타
fettuccine, gnocchi shells, tagliatelle

*아스파라거스는 양손으로 구부려보면 딱 부러지는 지점이 있다.

브로콜리와 안초비 크림소스의 파르팔레
FARFALLE CON BROCCOLI E ALICI

파르팔레 160g
브로콜리 1개, 한 송이씩 떼어 다듬어서 (대략 350g)
마늘 2알 얇게 저민 것
엑스트라 버진 올리브유 2테이블스푼
마른 고추 부순 것 1/4티스푼
소금에 절인 안초비 필레 30g
생크림 60ml
파르메산 치즈 갈은 것 50g + 마지막에 뿌려낼 것 약간 더

이 파스타는 레스토랑 모로 페임 Moro fame의 샘과 샘 클라크가 나를 위해 만들어준 첫 번째 파스타인데 정말 맛있다. 이 레시피는 우리가 좋아하면서도 지겨워하는, 매일 먹는 브로콜리를 이용해서 만들면 되는데, 아주 훌륭하다.

소금을 넉넉하게 넣은 물에 브로콜리와 파르팔레를 넣고 함께 삶는다. 널찍한 팬에 기름을 두르고, 마늘이 살짝 노릇해질 때까지 볶은 다음 불을 끄고 고추를 넣는다. 팬에서 지글거리는 소리가 잦아들면, 다진 다음 물을 한 스푼 넣어 잘 으깨 놓은 안초비를 넣는다. 나무 주걱을 이용해서 기름에 안초비 으깬 것이 완전히 스며들도록 한다. 파스타가 거의 다 삶아질 때쯤, 마늘과 안초비 볶은 팬에 크림을 넣고 다시 불을 켠다. 파스타를 건져서 (파스타는 알덴테보다 약간 덜 익고, 브로콜리는 부드러운 상태) 소스에 넣는다. 소스가 파스타를 걸쭉하게 코팅할 때까지 더 끓인 다음, 파르메산 치즈 가루와 넉넉한 양의 통후추를 갈아 넣는다. 소스가 너무 되직해 보이면, 1테이블스푼의 파스타 삶은 물을 넣는다.

이 소스와 잘 어울리는 파스타
canestri, fettuccine, gnocchi shells, reginette, trenette

FAZZOLETTI
파촐레티

치수
길이: 125mm
너비: 177mm
두께: 0.5mm

동의어
fazzoletti di seta(〈실크 손수건〉),
지역 사투리로는 mandilli di sea

이 파스타와 잘 어울리는 재료
아티초크, 잠두콩과 완두콩,
마조람과 잣, 타르투포 데이
포베리(〈가난한 이들의 송로버섯〉),
호두 페스토, 호두 소스

〈손수건〉이라는 뜻의, 투명하게 비칠 듯 얇은 파촐레티는 주로 이탈리아 중북부 지역에서 먹는다. 또한 자신의 개성을 살려 자유자재로 만들 수 있다는 이점 때문에 현대적인 요리를 추구하는 셰프들이 무척 좋아하는 파스타이기도 하다. 이 파스타는 특히 리구리아 지역에서 인기가 높은데 (다른 지역에서는 달걀을 사용하는 데 반해 이 지역에서는 밀가루를 화이트 와인으로 반죽해서 만든다), 파촐레티 디 세타 혹은 만딜리 디 세아(지역어로 〈실크 손수건〉이라는 뜻)로 불린다. 반죽이 굉장히 탄력이 있어서 두께도 아주아주 얇게 밀 수 있고, 질감도 아주 부드러워 정말 실크같이 보일 정도이다.

파촐레티는 파스타 제작을 예술의 경지로 끌어올린 르네상스 시대 식문화의 자부심이다. 손으로 작업해서 이토록 얇게 반죽을 미는 기술을 가진 이는 아주 드물었을 것이다. 요즈음에는 거의 손으로 만들지 않는 병아리콩 크기의 토르텔리니(262쪽)나 가늘디가는 금발머리채 같아서 현대에 와서는 절대 손으로 만들지 않는 카펠리 단젤로(54쪽)를 만드는 기술과 맞먹었을 듯하다. 그만큼 고운 파촐레티를 만드는 데는 르네상스의 완벽주의에 부합하는 장인 정신과 기술이 요구된다.

파촐레티는 삶는 데 1분 정도의 시간밖에 걸리지 않고, 파스타 표면에 소스를 많이 묻히기도 어렵다. 그래서 살짝 묻히기만 하는 전통적인 제노베제 페스토(276쪽)나 호두 소스(82쪽)가 잘 어울린다.

검은 송로버섯을 넣어 만든 파촐레티
TRUFFLED FAZZOLETTI

**전채로는 4인분,
메인코스로는 2명이 먹을 분량**

진한 에그 파스타 반죽 240g (13쪽)

검은 송로버섯 1개 (대략 40~50g)

버터 80g

마지막에 뿌릴 파르메산 치즈 갈은 것

송로버섯을 넣어 만들면 좋은 파스타
tagliatelle, pappardelle

파스타 반죽을 12cm 폭에 2mm의 두께로 길게 민다. 송로버섯*의 반을 아주 얇게 저민다. 송로버섯 깎는 도구가 있으면 좋겠지만 이 파스타를 만들겠다고 송로버섯 전용 칼을 사러 이리저리 돌아다닐 필요는 전혀 없다. 송로버섯보다 칼 값이 더 들 테니 변변치 않아 보여도 감자 껍질 깎는 칼이면 족하다.

밀어 놓은 파스타 반죽의 반 되는 크기에 저민 송로버섯을 골고루 늘어 놓는다. 겹치지 않도록 주의한다. 송로버섯이 없는 반죽을 들어 반으로 접어 송로버섯 위로 반죽이 덮이도록 한다. 반죽을 다시 밀어 처음 밀었던 2mm 두께가 되도록 만든다 (파스타 머신을 사용한다면 같은 두께의 세팅에 반복해서 밀어내면 된다). 그렇게 1mm 두께가 될 때까지 반복해서 민다.

송로버섯을 넣어 밀고 있을 때 파스타가 찢어지더라도 안절부절하지 말 것. 조금 찢어졌을 경우에는 빈 조각을 뜯어 붙여 땜질을 하면 되지만 심하게 찢어졌을 경우에는 접어서 밀기를 몇 번 반복하면 된다. 하지만 그 과정에서 송로버섯이 다 으깨져 반죽 안으로 스며들기 때문에 모양이 살아나지 않고 보기 안 좋게 되어 버린다. 더구나 계속 밀다 보면 버섯에서 물기가 배어나와, 들러붙지 않도록 밀가루를 뿌려야 할 수도 있다.

파스타의 너비와 길이가 비슷하도록, 하지만 너무 반듯하지 않게 자연스럽게 자른다. 자른 파촐레티는 데칠 물이 끓는 동안 잠시 마르도록 놓아둔다.

끓는 소금물이 준비되면 한 번에 한 장씩 파촐레티를 넣어 1분에서 2분 정도 데치듯이 삶아낸다. 팬에는 남은 송로버섯 간 것을 버터에 넣어 소스를 만든다. 버터가 녹아서 따끈해지고 아주 살짝 보글거리면서 끓는 정도가 되도록 1~2분 정도 열을 가한다. 삶은 파촐레티를 파스타 삶은 물 한 숟가락과 함께 팬에 넣는다. 전체적으로 송로버섯 버터가 골고루 묻도록 잘 굴려준 다음, 그 위에 파르메산 치즈 갈은 것을 뿌려 낸다 (자연스럽게 주름이 지도록 담아낸다).

* truffle. 캐비아, 거위 간과 더불어 세계 3대 진미로 손꼽히는 버섯으로 땅속에서 자라나는 것을 후각이 발달한 개나 돼지를 이용해 채취한다. 이탈리아가 전 세계 생산량의 20% 정도를 차지하고 있고, 북이탈리아 알바Alba 지역에서 나오는 흰 송로버섯이 아주 유명하다.

으깬 잠두콩 소스 파촐레티
FAZZOLETTI CON LE FAVE FRESCHE

**전채로는 4인분,
메인코스로는 2명이 먹을 분량**

에그 파스타 반죽 260g

깍지에서 빼낸 잠두콩 (신선한 것 또는 얼린 것) 300g

폭이 좁은 대파 3줄기 2cm 길이로 자른 것

마늘 1알 얇게 저민 것

엑스트라 버진 올리브유 5테이블스푼

바질 잎 한 줌

마지막으로 뿌려 낼 엑스트라 버진 올리브유 2테이블스푼 또는 올리브유 1테이블스푼에 트러플 오일* 2티스푼 섞은 것. 페코리노 치즈 갈은 것 약간 (옵션)

이 소스와 잘 어울리는 파스타

campanelle/gigli, farfalle, farfalle tonde, fettuccine, orecchiette, pansotti, pappardelle, reginette, strozzapreti, tagliatelle, torchio, truffled fazzoletti

먹는 것만으로도 봄여름의 정취를 한껏 느낄 수 있는 레시피. 개인적으로는 신선한 어린 잠두콩의 팬인데, 냉동 잠두콩을 이용해서 만들어도 맛은 다를 것이 없고, 콩을 일일이 손질할 필요가 없으니 더욱 편하다. 또 냉동 잠두콩은 일 년 내내 구할 수 있으니 겨울철 채소에 질렸을 때 입맛을 살려주기에는 더할 나위 없이 좋다.

파스타 반죽을 민다, 두께가 1mm 미만이 되도록, 대부분의 파스타 머신의 두 번째로 얇은 세팅에 맞춰 놓고 밀면 된다. 12~15cm 크기의 사각형으로 자연스럽게 자른다. 만약 신선한 잠두콩을 사용한다면 끓는 물에 콩을 넣고 1분 정도 삶은 다음 찬물에 담가 준비하고, 냉동을 사용할 경우에는 찬물을 담은 볼에 넣어 해동시킨다. 콩 표면을 싸고 있는 흰 껍질을 모두 벗기고 푸른 콩만 사용한다.

작은 팬에 물 150ml와 대파, 마늘과 오일을 넣는다, 소금과 넉넉하게 갈은 후추를 넣고 뚜껑을 덮은 다음, 중불 위에서 5분 정도, 파가 푹 익을 때까지 끓인다. 콩 분량의 3/4을 넣고 부드러워질 때까지 약한 불에서 끓인다 (신선한 제철 콩일 경우에는 1분 정도밖에 걸리지 않는다). 뜨거울 때 바질을 넣고 믹서나 핸드블렌더를 이용해 곱게 간다. 완성된 소스는 걸쭉하지만 따라 부을 수 있는 정도여야 한다.

소스를 만드는 동안 파스타를 삶는다. 남겨둔 잠두콩을 먹어 보고 마음에 드는 정도로 익었으면, 볼에 담아 끓고 있는 파스타 냄비 위에 걸쳐 놓아 데우고, 좀 덜 익었다 싶으면 면을 건지기 1분쯤 전에 콩을 넣어 면과 함께 삶는다. 삶은 면과 콩을 따뜻하게 데운 볼에 넣고, 갈아 놓은 콩도 넣는다. 잘 섞은 다음, 올리브유를 뿌려 즉시 서빙한다. 페코리노 치즈를 뿌려도 맛있지만 개인적으로는 치즈가 없는 심플한 콩의 맛을 즐기는 것이 더 좋다.

* truffle oil. 송로버섯을 올리브유에 넣어 향을 우려낸 것.

FETTUCCINE
페투치네

페투치네는 남부 지방의 탈리아텔레(248쪽)이다. 이탈리아의 중심인 로마 지역의 파스타라고 설명을 해도 탈리아텔레를 먹는 북부 사람들에겐 여전히 남쪽의 파스타라고 여겨지고 있다. 페투치네와 탈리아텔레는 혼용되어 사용되는 경우도 많지만 페투치네가 2~3mm 더 넓고, 두께는 2배 정도 된다. 〈리본〉(어원인 아페타레affettare는 〈슬라이스 하다〉라는 뜻)이라는 뜻의 페투치네는 소스의 수분을 잘 빨아들이지 않고, 조리하는 중간 부서지거나 곤죽이 되는 경우가 거의 없을 정도로 두께도 있기 때문에 주로 진하고 크리미한 소스와 매치시킨다. 보통 에그 파스타 반죽(13쪽)으로 만들며, 로마의 한 주(州)인 카프라니카 프레네스티나Capranica Prenestina에서는 겨를 섞은, 라네 펠로세lane pelose(〈젖은 양털 파스타〉)라고 불리는 페투치네를 만든다. 이 이름은 〈양털〉이라는 뜻의 라나lana에서 왔거나 옛 파스타인 라가네lagane의 줄임말이라는 설도 있다.

치수
길이: 250mm
한 칸의 크기: 12.5mm x 1mm
두께: 1mm

동의어
fettucce(〈더 넓은 페투치네〉), tagliatelle, ramicce, sagne

이 파스타와 잘 어울리는 재료
아티초크, 잠두콩과 완두콩, 푹 삶은 베이컨과 완두콩, 으깬 잠두콩, 브로콜리, 안초비와 크림, 카르보나라, 크림과 프로슈토, 제노베제 라구 소스, 완두콩과 크림, 랑구스틴과 사프란, 렌틸 콩, 모렐 버섯, 포르치니 버섯, 토끼 고기와 아스파라거스, 가리비와 타임, 훈제 연어, 아스파라거스와 크림, 트레비소, 스페크 햄과 폰티나 치즈, 호두 소스, 흰 송로버섯, 멧돼지 고기로 만든 미트소스

알프레도 소스 페투치네
FETTUCCINE AL TRIPLO BURRO

**전채로는 4인분,
메인코스로는 2명이 먹을 분량**

마른 페투치네 200g (또는 13쪽의 에그 파스타 반죽으로 만든 페투치네 260g)

생크림 120ml

버터 50g

넛맥 갈은 것 약간

파르메산 치즈 갈은 것 120g + 마지막에 뿌릴 것 약간 더

통후추 갈은 것 1/2티스푼

소금 약간

페투치네를 이용해서 만들 수 있는 레시피 중에서는 알프레도가 가장 유명할 것이다. 알프레도 디 렐리오가 운영한 식당인 알프레도 알라 스크로파Alfredo alla Scrofa에서 1914년에 만들어낸 레시피로, 원래 이름은 페투치네 알 트리플로 부로(《3배의 버터가 들어간 페투치네》)였다. 아이를 막 임신하여 먹는 양이 늘어난 알프레도 부인이 개발한 레시피라고 한다. 도피오 부로(《두 배의 버터 레시피》)는 파스타를 접시에 담기 전에 한 번, 담고 나서 한 번, 두 번에 걸쳐 버터를 넣는 레시피였고, 트리플로 부로는 알프레도가 파스타를 비비기 전에 볼에 미리 담아 놓는 버터의 양을 두 배로 늘린 데서 비롯되었다. 태어날 아이가 건강하고 덩치 있게 나오는 것을 원했기 때문에 이런 레시피들이 생긴 것. 그 뒤로 이 레시피는 미국 전역에서 인기를 얻었는데, 특히 영화배우 매리 픽포드Mary Pickford와 더글러스 페어뱅크스Douglas Fairbanks가 1927년 신혼여행에서 이 파스타의 팬이 된 이후 더더욱 유명해졌다. 오늘날 알프레도는 모든 미국식 이탈리아 레스토랑의 메뉴에서 절대 빠지지 않는 고정 메뉴가 되었고, 버터뿐 아니라 야채를 비롯한 닭고기, 해산물을 넣어 만든다. 이탈리아에서는 아래 소개할 버전 이외에는 거의 찾아볼 수 없는 레시피이긴 하지만 어쨌든 파스타 알 부로(버터 파스타)는 올리브유를 주로 쓰는 남부 지역에서는 상당히 고급으로 여겨진다.

페투치네를 삶는 동안 크림과 버터, 넛멕을 약한 불에 끓인다. 두 번에서 세 번에 걸쳐 파르메산 치즈를 나눠 넣은 다음, 파스타 삶은 물 3~4테이블스푼을 넣고 맛을 보고 간을 맞춘다. 페투치네가 약간 뻣뻣해 보일 때 건져내서, 크림소스에 넣고 면에 골고루 묻을 때까지 중불에서 잘 흔들어주며 익힌다.

FREGOLA
프레골라

치수
지름: 4~5mm

동의어
fregula

* saffron. 크로커스의 꽃술을 일일이 손으로 채집해 모은 향신료로 예로부터 금보다 비싼 물건으로 여겼다. 음식을 노랗게 물들이는 데 주로 사용하며, 스페인의 쌀 요리 파에야paella 가 대표적이다.

** bottarga. 염장 건조시킨 생선 알로 참치나 잉어, 창꼬치가 주로 쓰인다.

Koiaimi ca sciu fai fregula.
(내가 프레골라를 만들 줄 알고 있으니 결혼해주세요.)
— 사르디니아 지방 속담

프레골라는 사르디니아 지역 쿠스쿠스의 정수로, 원조 쿠스쿠스와 더불어 사르디니아 지역에서 흔히 찾아볼 수 있다. 쿠스쿠스와 같은 방법으로 만들지만 넓은 도자기나 나무 그릇 위에서 비벼가면서 지름이 평균 4mm 정도 되는 큰 알갱이로 만든다는 점이 다르다 (프레골라는 〈비벼서〉의 라틴어 프리카레fricare에서 나왔다). 만든 다음 살짝 구워서 색을 내기 때문에 봉지에 담겨 있는 것을 구입해 보면 몇몇 알갱이들은 좀 진한 갈색으로 구워진 것을 알 수 있다. 이 갈색 알갱이들 때문에 좋은 빵의 구수한 껍질 맛이 난다. 사프란*은 보타르가**(232쪽 참조)와 더불어 사르디니아의 전통적인 맛이기에 말로레두스(164쪽)처럼 직접 파스타를 물들이는 재료로도 사용된다.

크기도 크고, 색을 내기 위해 불에서 구웠기 때문에 프레골라는 동생 쿠스쿠수처럼 뜨거운 김을 이용해 찌는 요리법이 아닌 스튜나 소스, 육수 안에서 끓이는 방법으로 조리한다.

토마토와 모시조개를 넣어 푹 끓인 프레골라
FREGOLA IN CASSOLA

**전채로는 4인분,
메인코스로는 2명이 먹을 분량**

프레골라 200g

마늘 4알

엑스트라 버진 올리브유 6테이블스푼

토마토 1cm 크기 토막으로 자른 것 200g

이탈리안 파슬리 다진 것 5테이블스푼

마른 고추 부순 것 1/4티스푼

너무 진하지 않은 생선 육수 450ml

모시조개 300g

마늘을 손바닥이나 칼등을 이용해서 내리쳐 살짝 부순다. 중불에 팬을 올리고, 기름 5테이블스푼과 마늘을 넣어 중불에서 튀기다가 마늘이 갈색이 되면 건져 놓는다. 토마토와 4테이블스푼의 파슬리, 고추를 넣고 2분간 더 볶아준다. 프레골라를 더해 잘 뒤적거린 다음, 육수를 붓고 소금, 후추로 간을 맞춘다. 뚜껑을 덮지 않고 약한 불에서 15분 정도 끓여, 거의 모든 육수가 흡수되었음에도 아직 씹는 맛이 남아 있는 상태가 되도록 한다 (익는 시간은 프레골라의 크기와 딱딱함에 따라 달라진다). 모시조개를 넣고 모두 입을 벌릴 때까지 다시 끓인다.* 남은 올리브유와 파슬리를 뿌려 낼 것.

* 모시조개를 비롯한 조개류는 조리 전에 입이 벌어져 있으면 톡톡 두들겨 보아 살아 있는지 확인한다. 입을 다물지 않으면 죽은 것이니 버린다. 반대로 요리가 끝나고 다 입이 벌어져 있는데 닫혀 있는 것이 있다면 죽은 것이니 제거하고 서빙한다.

FUSILLI
푸질리

치수
길이: 52.5mm
너비: 7.5mm

비슷한 모양
rotini, eliche

**이 파스타와 잘 어울리는
재료와 소스**
아라비아타, 오븐에 굽기, 푹 삶은 베이컨과 완두콩, 빵가루와 설탕, 뷔어스텔 소시지와 폰티나 치즈, 마늘 소스, 줄기콩, 그린 올리브와 토마토, 렌틸 콩, 나폴리탄 미트 소스, 리코타 치즈와 토마토, 애호박이 들어간 샐러드, 레몬 껍질과 잣, 생 토마토, 붉은 고추와 위스키 소스

〈회전축〉이라는 뜻의 푸질리는 대량생산되는 세몰리나 파스타이다. 3중으로 꼬인 나선형은 길게 늘려 놓은 프로펠러나 천정에 매달린 팬처럼 생겼다. 길이 3cm에, 보통 4개의 얇은 파스타 조각을 서로 휘감아 그 사이에 소스가 잘 묻도록 만들었다. 비슷한 모양으로는 로티니(rotini, 꼬이는 부분의 간격이 좁고 단단하게 꼬여 있어서 소스가 더 잘 묻는다)와 엘리케(eliche, 느슨하게 고아서 질감이 부드럽게 느껴진다)가 있다. 푸질리의 디자인은 소스가 잘 묻게 해주는 것은 물론 바라만 보아도 기분 좋아지는 예쁜 모양, 입에 넣어 꼭꼭 씹었을 때 더할 나위 없는 만족감을 주는 독특한 식감을 선사한다.

핸드메이드 푸질리
FUSILLI FATTI A MANO

이 파스타와 잘 어울리는 재료와 소스
줄기 브로콜리, 줄기 브로콜리와 소시지, 그린 올리브와 토마토, 제노베제 페스토, 아몬드로 만든 페스토, 푸타네스카, 나폴리탄 라구 소스, 소시지 소스, 소시지, 토마토와 사프란, 견과류, 건포도, 케이퍼와 올리브, 오징어와 토마토, 참치 뱃살과 토마토, 빈코토

또 복잡한 단어가 하나 등장했다. 푸질리 파티 아 마노는 다름 아닌 핸드메이드 푸질리라는 뜻으로, 이 이름으로 불리는 파스타는 2가지 정도로 나뉜다. 섬세하게 나선형으로 꼬아 놓은, 옛날 전화선처럼 속이 빈 부샤티(busiati, 40쪽)를 지칭할 때도 있고, 트로피에(trofie, 274쪽)처럼 중심을 잡고 단단히 말아 놓은, 기다란 나사 모양으로 생긴 파스타를 지칭하기도 한다.

세몰리나 반죽(10쪽)을 이용해서 쉽게 만들 수 있다. 반죽을 담배 두께로 둥글고 길게 민 다음, 4cm 길이로 자른다. 나무 도마나 대리석 작업대 위에 자른 반죽을 올려 놓고, 자른 반죽의 끝에 손바닥 엄지 밑의 볼록 나온 부분을 대는데, 엄지손가락 끝과 45도 각도가 되도록 한다. 멈추지 말고 단 한 번에, 손을 몸 쪽으로 당겨 파스타를 만든다. 반죽을 누르는 힘을 잘 조절해서 눌러 당기면 손목에서 엄지손가락 끝 정도 길이의 굵은 나선형 파스타가 만들어진다.

이 파스타는 푸질리에서 트로피에로 넘어가는 단계에 있다고 말할 수 있다. 그러나 특이하게 생긴 주름에, 제법 두꺼운 파스타라서 페스토 소스나, 진한 맛의 미트 소스나, 토마토소스 모두에 골고루 잘 묻는다.

빈코토로 버무린 푸질리
FUSILLI AL VINCOTTO

**전채로는 4인분,
메인코스로는 2명이 먹을 분량**

푸질리 200g
빈코토 3테이블스푼
엑스트라 버진 올리브유 4테이블스푼

빈코토vincotto, 모스토 코토mosto cotto, 사바saba는 포도주 농축액으로, 이탈리아 남부 지역의 발사믹 식초라고 할 수 있다. 이걸 이용해서 간단한 샐러드드레싱 같은 파스타 소스를 만들 수 있다.

푸질리를 알덴테로 삶는다 (이 파스타는 소스에 넣어 더 익히지 않으므로 덜 삶는 것이 아니라 먹기 좋은 상태의 알덴테로 삶아야 한다). 다 된 파스타를

마늘 반쪽 살짝 으깨서

갈아서 잘 볶아 놓은 신선한 빵가루
4테이블스푼

페코리노 로마노 치즈 같은 것 약간

이 소스와 잘 어울리는 파스타
fusilli fatti a mano (핸드메이드 푸질리)

건져 빈코토와 오일, 마늘을 섞은 다음, 소금과 후추로 간한 드레싱을 넣어 골고루 잘 섞는다. 완성된 파스타 위에 빵가루와 치즈를 뿌려 낸다

푸질리로 만든 그리스 샐러드
FUSILLI 'GREEK SALAD'

**전채로는 4인분,
메인코스로는 2명이 먹을 분량**

푸질리 200g

5mm 주사위 크기로 잘게 썬 오이 125g

홍고추 작은 것, 씨를 빼고 잘게 다진 것.

방울토마토 100g 8등분한 것

칼라마타 올리브* 씨 빼고 4등분한 것 12개

잘게 깍둑썰기 한 페타 치즈** 125g

엑스트라 버진 올리브유 5테이블스푼

신선한 오레가노 잎 2티스푼

이 샐러드와 잘 어울리는 파스타
fusilli bucati, gemelli

★ kalamata olive. 그리스 칼라마타 지역에서 나는 크고 부드러운 맛의 블랙 올리브.

★★ feta. 양젖 또는 염소젖으로 만든 그리스 전통 치즈. 납작하고 네모난 모양으로 만들어지며, 고슬고슬 잘 부서지는 식감을 가지고 있다. 올리브와 섞어서 샐러드를 만들거나, 그릴에 구워 샌드위치에 넣기도 한다.

옥수수와 붉은 피망, 애호박이 들어간 피크닉용 푸질리 샐러드에 익숙한 여러분들에게 이 레시피는 좀 지겨워 보일 수도 있겠다. 하지만 전통적인 그리스 샐러드를 살짝 변형시킨 이 레시피는 확실히 다르고 맛있다. 모든 파스타 샐러드가 다 그렇듯 냉장 보관하면 안 되고, 실온으로 두었다가 먹어야 한다.

파스타를 삶기 전에 샐러드를 만든다. 오레가노를 제외한 모든 재료를 잘 섞고, 소금과 후추를 충분히 넣어 간을 한다. 푸질리가 익는 동안 섞인 재료들이 서로 맛이 배도록 한다. 푸질리는 적당히 삶아 (뜨거울 때 먹으면 살짝 씹히는 맛이 있을 정도로 삶아야 차갑게 식었을 때 꼬들꼬들한 맛이 난다), 물기를 빼고 찬물에 씻어 완전히 식힌다. 물기를 다시 잘 뺀 다음, 오레가노와 함께 미리 만들어 둔 샐러드와 섞는다. 만든 즉시 먹는 것이 가장 좋다. 무엇보다 먹기 전까지 냉장고가 아닌 실온에 두어 보관하는 것을 잊지 말자.

FUSILLI BUCATI
LUNGHI E CORTI

푸질리 부카티
룽기 에 코르티

치수
푸질리 부카티 룽기
길이: 120mm
지름: 3.5mm

푸질리 부카티 코르티
길이: 40mm
너비: 10.5mm

동의어
busiata, maccaruna di casa, pirciati, filato cu lu pirtuso
판텔레리아 지역: busiati ribusiati

이 파스타와 잘 어울리는 재료와 소스
줄기 브로콜리, 마늘 소스, 그리스 파스타 샐러드, 제노베제 페스토, 아몬드로 만든 페스토, 돼지고기와 돼지 비계, 나폴리탄 라구 소스

아주 오래된 몇몇 파스타들의 이름은 어떤 것이 정확한 것인지 종종 헷갈리곤 한다. 어떤 파스타들은 모양은 다른데 같은 이름을 쓰기도 하고, 어떤 파스타들은 확실한 다른 종류인데도 그냥 뭉뚱그려 한 이름으로 불리기도 하기 때문이다. 현대에 들어와 새로운 모양이 만들어졌고, 이름이 서로 다른 채로 과거 인기 있었던 파스타 이름에서 착안해서 불리는 모양들이 있는데, 푸질리 부카티가 그 좋은 예다.

— 길이가 길고, 좁은 튜브 모양으로 돌돌 말려 있는 나선형의 부카티니(34쪽), 부드럽고 길지만 간격을 좁게 말은 카바타피(68쪽)는 푸질리 부카티 룽기라고 한다.

— 위에 언급한 파스타들의 길이가 짧은 버전을 푸질리 부카티 코르티라고 한다.

— 겉보기에는 푸질리처럼 보이지만 원통형으로 말지 않고 납작한 파스타 가닥을 꼬아 이중나선형으로 만든 것이 있다. 이를 푸질리 부카티 제멜라티라고 부를 수도 있지만 위에 언급한 다른 이름과 마찬가지로 이것도 그냥 만들어낸 가짜 이름일 뿐이다. 막상 위의 모든 모양을 사려고 가게에 가면 포장지에 단순히 푸질리 부카티라고 쓰여 있을 테니까.

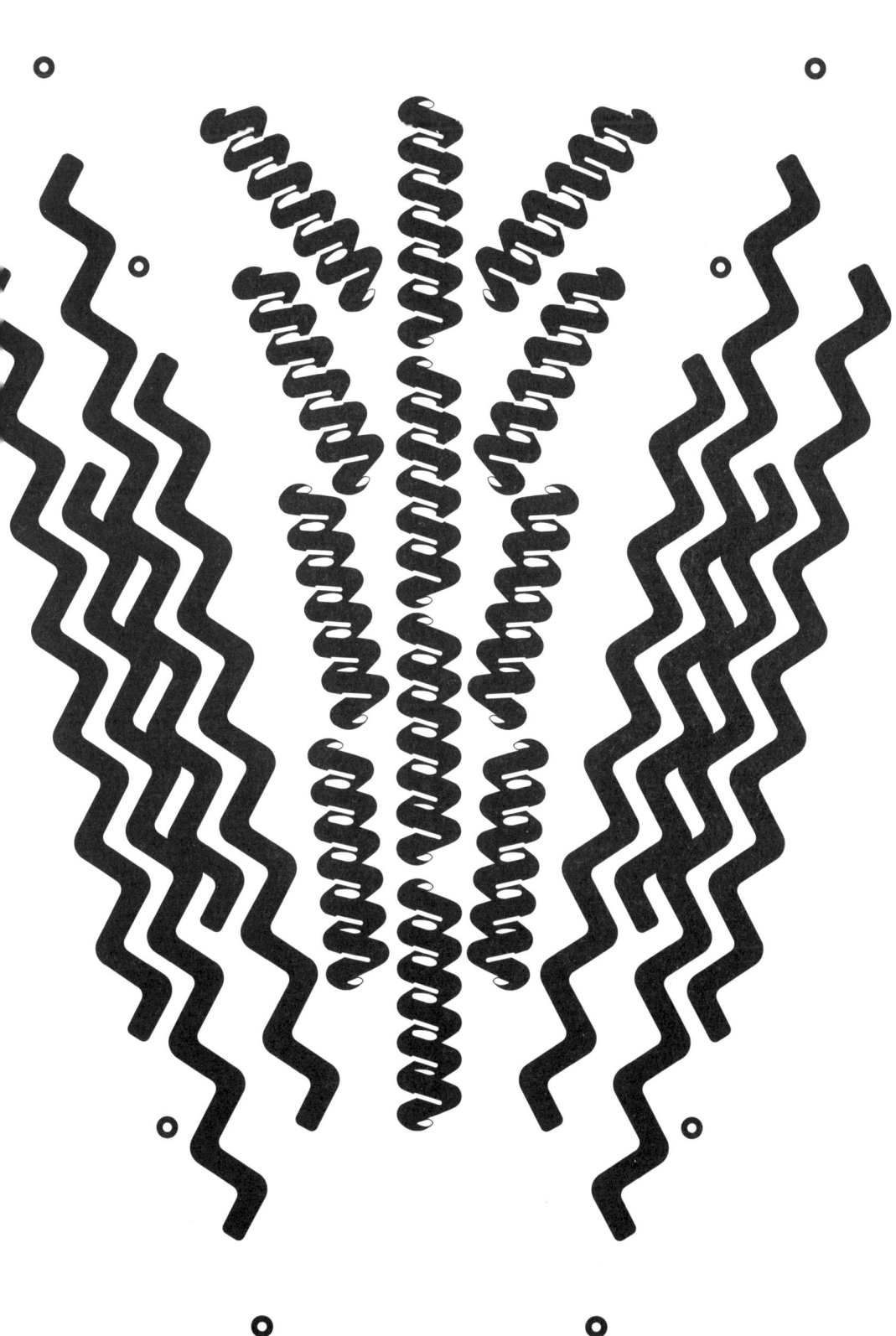

GARGANELLI
가르가넬리

치수
길이: 65mm
너비: 14mm

동의어
maccheroni al pettine
(마르케 지역),
fischioni 〈paglia e fieno〉(〈건초〉,
〈지푸라기〉 — 조리 용어로 녹색
파스타와 보통 파스타가 섞여 있는
것을 말한다).

이 파스타와 잘 어울리는 재료
아티초크, 잠두콩과 완두콩, 푹
삶은 베이컨과 완두콩, 닭고기와
자두, 로켓, 토마토와 양파,
가리비와 타임, 트레비소와 스페크
햄, 폰티나 치즈

얇고 표면에 홈이 파인 이 튜브 파스타는 닭의 목 부분이 끝나는 데 붙어 있는 원통의 뼈와 비슷하게 생겼다. 그런 이유로 에밀리아로마냐 지역에서 〈식도〉를 뜻하는 가르가넬garganel에서 이 파스타의 이름인 가르가넬리가 생겨났다. 약 4cm 크기의 작은 사각형으로 밀은 에그 파스타 반죽을 나무 막대에 말은 다음, 페티네 델 테시토레(〈베틀 짜는 데 쓰는 빗〉)나 줄무늬 바구니 위에 놓고 한 번 더 굴려 특유의 홈이 파인 모양을 만든다. 전설에 의하면 이 파스타가 만들어진 라벤나Ravenna 지역에 살던 가난한 한 주부가 토르텔리니(260쪽)를 만들려고 반죽을 밀다가 고양이가 토르텔리니 속을 다 먹어버린 것을 발견했다. 하지만 손님들이 들이닥치기 일보직전이라 그녀는 당시 로마냐 지역 부인네들이라면 다 지니고 있던 빗 위에 파스타를 대고 돌돌 말았다고 한다. 하지만 이건 그냥 전해 내려오는 이야기일 뿐, 가르가넬리는 전통적으로 수탉을 끓여 우려낸 진한 육수(46쪽)에 삶아 국물과 함께 먹었다. 오늘날 가르가넬리는 아슈타asciutta로 만든다. 문자 그대로 해석하면 〈마른〉, 즉 국물이 아닌 소스에 비벼 내는데, 크림과 햄, 완두콩을 넣은 소스가 대표적이다.

토끼 고기와 아스파라거스 가르가넬리
GARGANELLI, CONIGLIO E ASPARAGI

**전채로는 6인분,
메인코스로는 3명이 먹을 분량**

말린 가르가넬리 250g 또는 만든 생
가르가넬리 320g

양식된 토끼 반 마리 또는 야생 토끼 한
마리 (내장 무게 포함해서 700g)

셀러리 2줄기

큰 당근 1개 반으로 잘라서

중간 크기 양파 반으로 잘라서

버터 75g

엑스트라 버진 올리브유 2테이블스푼

주니퍼 베리* 10알

검은 통후추 20알

마늘 2알 살짝 칼등으로 쳐서 부순 것

월계수 잎 2장

타임 또는 오레가노 3줄기

화이트와인 125ml

닭 육수 500ml (없으면 물로)

아스파라거스 1단

마지막에 뿌릴 파르메산 치즈 같은 것 약간

이 소스와 잘 어울리는 파스타

cavatappi, dischi volanti, farfalle
tonde, fettuccine, pappardelle, pici,
radiatori, spaccatelle, strozzapreti,
tagliatelle

---

*juniper berry. 향신료의 하나로 씁쓸한
송진향이 특징이다. 칵테일 베이스인 진gin
과 더불어 예로부터 야생동물을 요리할 때
누린내를 없애고 독특한 풍미를 끌어올리는 데
많이 사용되었다.

이 요리에는 농장에서 식용으로 키운 순한 맛의 토끼가 야생 토끼보다
잘 어울린다.

토끼 뼈를 모두 발라낸다. 간과 폐, 신장, 심장, 위 같은 토끼의 내장을 버리
지 말고 모두 모아둔다. 고기와 내장을 2cm 주사위 크기로 깍둑썰기 하고,
신장과 심장은 4등분한다. 토끼 한 마리를 다 다듬고 나면 400g의 고기 및
내장과 300g의 뼈가 남아야 한다. 뼈는 대략 12조각 정도로 토막 낸다.

레시피 분량의 셀러리와 (껍질을 벗긴) 당근, 양파를 모두 둘로 나눈다. 한쪽
은 큼직하게 썰고, 한쪽은 5mm 정도의 크기로 잘게 자를 것.

버터 25g과 오일을 중간 크기의 프라이팬에 넣어 중불에서 가열한다. 토끼
뼈를 노릇해질 때까지 15분 정도 튀긴 다음, 굵게 썰어 놓은 셀러리와 당근,
양파를 넣고 5분 정도 더 볶아준다. 향을 내는 재료들을 넣고 (주니퍼 베리,
후추, 마늘과 허브들) 1분 정도 더 볶은 다음, 와인을 부어 바닥에 붙은 것들
을 모두 긁어낸다. 와인이 거의 다 증발했을 때, 육수를 넣어 다시 끓인다. 끓
기 시작하면 불을 아주 약하게 줄여 약 1시간 정도, 국물이 살짝 걸쭉해질 때
까지 졸인다. 다 끓인 국물은 고운 체에 거른다. 단, 위에 뜨는 지방은 걷어내
지 말 것. 대략 200ml 정도의 진한 육수가 나올 것이다.

파스타를 삶을 소금물을 끓여 아스파라거스부터 삶는다 (파스타를 삶는 시
간은 얼마 안 걸린다). 아스파라거스에 흙이 너무 많이 묻어 있다면 곤란하
겠지만, 안 그렇다면 고무줄에 묶인 상태 그대로 삶는 것이 가장 좋다. 살짝
데치듯이 익어서 아직 아삭거릴 때 건져내어 얼음물에 담가 식힌 다음, 고무
줄을 잘라내고 2~3cm 길이로 자른다. 아스파라거스 밑동에 나무처럼 딱딱
한 부분을 포함해서 줄기의 질긴 부분도 모두 제거한다.

널찍한 프라이팬을 높은 불로 가열한 다음, 남은 분량의 버터, 토끼 고기, 잘
게 다진 야채를 넣어 굽는다 (간은 소금과 후추로만 한다). 토끼 고기가 먹음
직한 갈색으로 익고, 야채가 완전히 부드러워질 때까지 10분 정도 익힌 다
음, 불을 중간보다 약한 불로 줄이고 파스타를 삶기 시작한다.

파스타가 다 삶아지기 2~3분쯤 전 (여러분이 생각하는 알덴테보다 살짝 덜

익어야 한다), 아스파라거스와 고기를 구워 놓은 프라이팬에 넣어 1분 정도 볶는다. 그 다음 졸여서 걸러 놓은 토끼뼈 육수를 넣고 센 불에서 끓인다. 보글보글 끓도록 1분 정도 놓아둔 다음 (국물이 너무 없어 보이면 파스타 삶은 물을 약간 추가한다), 삶아 건져 놓은 파스타를 넣고 소스가 골고루 묻도록 잘 섞어준다. 맛을 보아 자신이 좋아하는 정도로 파스타가 익었다 싶으면 불을 끄고 파르메산 치즈를 뿌려 낸다.

햄과 완두콩, 크림소스 가르가넬리

GARGANELLI CON PROSCIUTTO COTTO, PANNA E PISELLI

**전채로는 4인분,
메인코스로는 2명이 먹을 분량**

마른 가르가넬리 200g 또는 직접
만든 가르가넬리 260g

신선한 완두콩 200g
(깍지에서 알만 빼서)

닭 육수 200ml (옵션)

버터 25g

두껍게 슬라이스 한 햄, 파스타 길이로
자른 것 120g

생크림 125ml

넛멕

마지막에 뿌릴 파르메산 치즈
갈은 것 약간

이 소스와 잘 어울리는 파스타

dischi volanti, farfalle, farfalle tonde, fettuccine, gnocchi shells, maccheroni alla chitarra, strozzapreti, tagliatelle

★ 유산지가 압력솥의 뚜껑 역할을 한다.

익힌 햄인 프로슈토 코토는 우리들이 생각하는 것처럼 북유럽과 미국에서만 즐겨 먹는 것이 아니라 이탈리아 북부 지역에도 꽤 널리 퍼져 있는 식재료이다. 이 레시피에서 달고 맛있는 여름 완두콩, 크림과 함께 멋진 조화를 이룬다. 어떤 햄이든 괜찮지만 훈제 햄이 제일 잘 어울린다.

완두콩은 육수를 깜빡하고 준비 못했을 경우, 그냥 부드러워질 때까지 삶아 헹구면 된다. 하지만 정말 달짝지근하고 부드러운 삶은 완두콩을 만들려면 육수에 넣어 천천히 푹 끓이는 것이 제일 좋다. 작은 팬에 육수와 완두콩을 넣고, 유산지로 콩 위를 꼼꼼히 덮고 뚜껑을 닫은 다음, 약한 불 위에서 완전히 부드러워질 때까지 15분 정도 익힌다.★ 뚜껑을 열고 육수가 더 진해질 때까지 끓인다. 콩 맛이 우러나와 진하고 달콤해진 육수는 파스타 소스의 깊은 맛을 더해줄 것이다.

파스타가 다 익기 몇 분 전에, 프라이팬에 버터를 넣고 거품이 보글보글 올라오도록 녹인다. 햄을 넣어 1분 정도 볶은 다음, 크림과 익은 완두콩을 넣는다. 넛멕과 소금, 후추로 간을 맞춘 다음, 소스가 살짝 걸쭉해질 때까지 끓인다. 다 삶아진 파스타는 건져내어 크림소스에 넣고 잘 버무린다. 너무 졸아들어 소스가 되어 보이면, 파스타 삶은 물을 약간 넣어 농도를 맞춘다. 파르메산 치즈 갈은 것을 뿌려 낸다.

GEMELLI
제멜리

치수
길이: 42mm
너비: 7mm

이 파스타와 잘 어울리는 재료와 소스
아라비아타, 푹 삶은 베이컨과 완두콩, 닭고기와 자두, 알리오 에 올리오, 그리스 파스타 샐러드, 노르마, 아몬드로 만든 페스토, 돼지고기와 돼지 껍데기, 애호박을 얹은 샐러드, 토마토소스

제멜리는 〈쌍둥이〉라는 뜻으로 푸질리(104쪽)처럼 나선형 구조로 된 파스타이다. 제멜리는 두 가닥을 꼬아 만들지만, 워낙 단단하게 꼬아 붙이다시피 해서 만들기 때문에 가끔은 카사레체(66쪽)를 꼬아 만든 것처럼 보이기도 한다. 제멜리는 구조적으로 완벽한 파스타 중에서도 최고에 속하는데, 어른들뿐만 아니라 아이들에게도 인기가 높다. 아이들은 제멜리를 비롯한 다른 꼬아 만든 파스타들도 다 좋아한다.

줄기콩 크림소스 제멜리
GEMELLI AI FAGIOLINI

**전채로는 4인분,
메인코스로는 2명이 먹을 분량**

제멜리 150g

줄기콩 300g

생크림 100g

1/2티스푼 조금 못 되게 담은
시나몬 가루

마늘 반쪽

이 소스와 잘 어울리는 파스타

busiati, campanelle/gigli, cavatappi, cavatelli, fusilli, fusilli bucati, maccheroni inferrati, torchio, trofie

제멜리와 줄기콩을 이용한 레시피는 나도 예전에 만들어 본 것이지만 레스토랑 모로 페임의 샘과 샘 클라크의 시나몬 가루를 더한 버전을 먹어본 뒤로는 전통적인 레시피를 포기하고 이 방법을 따르기로 했다. 그들이 알려준 줄기콩과 시나몬 가루의 조합은 그야말로 아주 자연스럽게 어울리는 천상의 조합이라 할 수 있겠는데 그들은 줄기콩과 호두, 시나몬을 넣은 타라토르*를 만들어 주었다. 아래 레시피에는 포함되어 있지 않지만, 그들이 한 것처럼 호두를 넣어도 아주 맛있을 것이다.

줄기콩의 양쪽 뾰족한 곳을 다듬는다. 하지만 너무 지저분하지 않다면 그냥 내버려 두는 편이 훨씬 보기에 좋고 먹음직스러워 보인다. 소금물에 다듬은 줄기콩의 2/3를 넣고 삶는다 (아삭아삭할 필요는 없지만 그렇다고 너무 곤죽이 되도록 익히지 말 것). 다 익은 줄기콩은 건져내어 물기를 잘 털어내고, 크림과 시나몬 가루, 마늘과 함께 뜨거울 때 믹서나 핸드블렌더를 이용해 갈아준다. 소금 후추로 간을 맞출 것.

파스타를 삶는다. 파스타가 다 익기 4분 전쯤 삶아서 갈지 않고 남은 콩을 파스타 솥에 넣고 같이 삶는다 (콩은 파스타와 비슷한 길이로, 대략 2등분으로 미리 잘라둔다). 다 익으면 모두 건져내어 갈아 놓은 줄기콩 소스에 몇 스푼의 파스타 삶은 물과 함께 넣는다. 소스가 전체적으로 잘 묻을 수 있도록 잘 뒤적거리면서 끓인다. 알덴테 상태로 익으면 불을 끄고, 그라나 치즈 같은 것이나 (파르메산과 비슷한 종류의 치즈라면 다 좋다), 엑스트라 버진 올리브유를 약간 뿌려 낸다. 레스토랑 모로 페임에서 셰프들이 만드는 제멜리 맛을 제대로 느껴보고 싶다면 다진 호두를 오븐에 구운 것을 함께 뿌려 내면 된다.

* tarator. 요거트와 향신료, 야채 등을 섞은 불가리아 소스. 이 레시피에서는 크림을 쓴다.

GNOCCHI
뇨키

치수
길이: 15mm
너비: 10mm
깊이: 7mm

동의어
topini(〈작은 새〉 또는 〈갈색 제비〉)

**이 파스타와 잘 어울리는
재료와 요리법**
오븐에 굽기, 푹 삶은 베이컨과 완두콩, 쇠꼬리가 들어간 토마토 스튜, 제노베제 페스토, 트레비소와 스페크 햄, 폰티나 치즈 소스

뇨키는 감자로 만드는 작은 옹심이로, 물에 한 번 삶아낸 다음 소스를 버무려 낸다. 뇨키의 어원은 〈바보〉라는 뜻의 뇨코gnocco에서 왔다고 하지만 〈나무에 있는 혹〉 또는 〈옹이〉를 뜻하는 노도nodo에서 유래했다는 설이 더 그럴듯해 보인다. 옛부터 전해 내려오는 전설에 따르면 어떤 가난한 주부가 전쟁터에서 살아 돌아온 남편을 위해 요리를 할 재료가 아무것도 없어 슬퍼하고 있는데, 그때 오래된 친절한 나무가 그녀에게 자신의 나무에 있는 옹이를 베어다가 남편에게 삶아주라고 말했다. 그녀는 나무가 시키는 대로 나무의 울퉁불퉁한 부분을 삶았는데 나중에 뚜껑을 열자 폭신폭신하고 맛좋은 뇨키로 변해 있었다고 한다.

감자 반죽을 소시지처럼 길쭉하게 만든 다음, 먹기 적당한 크기로 잘라서 만든다. 이렇게 자르기만 해도 이미 뇨키이지만, 아래에 적은 방법들을 이용해 모양을 살짝 변형시킬 수도 있다.

— 엄지손가락을 이용해서 자른 뇨키 위를 살짝 눌러주면 움푹 파인 곳에 소스가 잘 괴어들게 된다.

— 엄지손가락이 아닌 포크로 눌러주면 (포크의 둥근 쪽, 등으로 누른다) 줄무늬의 홈이 파이게 되어 소스가 더 많이 묻게 된다.

뇨키 만드는 법은 심지어 「대부」 3편에서도 앤디 가르시아와 소피아 코폴라가 아주 섹시하게 잘 보여주고 있으니 참고하시길. 직접 뇨키를 만들어 먹는 법을 알아두는 것은 꽤 유용하다. 다른 파스타와 달리 빨리 만들 수 있고, 뇨키라는 이름으로 대량생산되어 마트에서 판매되는, 고무공처럼 탁탁 튕길 정도로 질기고 아무 맛도 안 나는 뇨키와는 비교할 수 없을 만큼 맛있기 때문이다.

감자 뇨키 만들기
MAKING POTATO GNOCCHI

전채로는 4인분,
메인코스로는 2명이 먹을 분량

전분이 많은 감자 1개 (아주 큰 사이즈, 대략 400g 정도)
달걀 큰 것 1개
중력분 50g
넛멕 갈은 것 약간

많은 이들이 좋아하는 홈메이드 감자 뇨키이다. 상점에서 파는 뇨키는 포장, 유통, 슈퍼마켓에서 판매되기까지 힘든 과정을 거쳐야 하기 때문에 질기고 단단하게 만들 수밖에 없다. 하지만 이 레시피로 만드는 뇨키는 아주 가볍고 폭신폭신하다.

감자를 껍질을 벗기지 않고 소금물에 통째로 삶는다. 다 익으면 (나무 꼬지나 젓가락으로 찔러서 확인한다) 건져내어, 손으로 들고 껍질을 벗길 수 있을 정도가 될 때까지만 살짝 식힌다. 껍질을 모두 벗긴 다음, 감자 으깨는 도구나 체를 이용해 곱게 갈아 놓는다.

으깨 놓은 감자 300g을 계량한다. 여전히 따뜻하지만 손으로 다룰 만하면 달걀과 밀가루, 넛멕을 넣는다. 모든 재료가 골고루 섞이도록 잘 저어주되 너무 휘저으면 반죽이 질어지게 되니 잘 섞일 정도로만 젓는다. 밀가루를 넉넉히 뿌린 작업대 위에 감자 반죽을 조금 떼어 굴린 다음, 끓는 물에 잘라서 넣어 풀어지지 않는지 테스트한다.

뇨키 모양을 만든다. 밀가루를 넉넉히 뿌린 작업대 위에 반죽을 놓고 손가락 두께 정도로 길게 소시지처럼 늘인다 (엄지손가락 두께로 해도 괜찮고, 본인 취향에 맞춰 두께를 조절할 수 있다). 칼로 반죽을 두께와 길이가 비슷한 크기가 되도록 자른다. 칼을 왔다 갔다 하면서 썰지 말고, 탁 끊어내듯이 자른 다음 옆으로 슬쩍 밀어 두고, 다음 반죽을 자를 것.

끓는 소금물에 잘라 놓은 반죽을 조심스럽게 넣어 2분 정도 삶는다. 뇨키가 물 위로 둥둥 떠오르면 거의 다 익은 것이다.

다 익은 뇨키는 즉시 사용하거나, 기름을 발라 놓은 접시에 늘어놓고 식혔다가, 먹을 때 다시 뜨거운 물에 살짝 데치거나 소스에 넣어 같이 끓여먹으면 된다.

고르곤졸라 크림소스 뇨키
GNOCCHI CON GORGONZOLA

전채로는 4인분, 메인코스로는 2명이 먹을 분량

옆의 레시피 분량의 뇨키 (400g)
크림 100ml
고르곤졸라 200g
넛멕
오븐에 살짝 구운 호두 한 줌 (옵션)

이 소스와 잘 어울리는 파스타
chifferi rigati

뇨키를 삶는다. 뇨키는 금방 삶을 수 있는데, 이 소스도 만드는 데 오래 걸리지 않는다.

고르곤졸라 치즈는 표면의 껍질을 떼어내고, 포크를 이용해 잘게 부숴 놓는다. 크림을 팬에 데운 다음, 치즈를 넣어 서로 완전히 녹아 섞이도록 잘 저어준다. 넛멕과 후추로 간을 하고, 필요하다면 소금을 약간 넣는다 (치즈가 이미 짭짤하니 주의할 것). 삶아진 뇨키를 건져낸 다음, 표면에서 뚝뚝 떨어지는 물과 함께 크림, 치즈 소스에 넣는다. 뇨키 표면에 소스가 골고루 코팅되도록 한 다음 먹는다.

꼭 필요한 것은 아니지만 호두를 잘게 다져 위에 뿌려 먹어도 좋다.

헝가리 생선 수프
HALÁSZLÉ

4인분

참치 캔 2개 (1개당 185g 정도)

중간 크기 양파 2개 잘게 썰어서

마늘 4알 다진 것

토마토 페이스트 2테이블스푼

헝가리산 파프리카 가루 단맛 50g에 매운맛 약간 섞은 것

케이엔 페퍼** 또는 마른 고추 부순 것 약간

부케 가르니*** 한 다발 (타임과 월계수, 셀러리 줄기와 파슬리 줄기로 만든 것)

야채 또는 생선 육수 1.7리터

중간 크기 감자 3개 (분이 많은 것보다 단단한 것으로) 1cm 크기로 깍둑썰기 한 것

대구 뼈와 껍질을 제거하고 살만 3cm 크기로 썬 것 500g

NOCKERLI 녹케리

달걀 3개

중력분 150g

이 수프와 잘 어울리는 파스타

campanelle/gigli, chifferi rigati, dischi volanti, gomiti, penne, pennini rigati, torchio

이 레시피는 아버지가 알려준 것이다. 아버지나 나나 어린 시절에 가장 좋아했던 요리 중의 하나로, 헝가리 전통 생선 수프를 우리 가족 메뉴로 만든 것이다 (hal은 〈생선〉을 뜻한다). 바다 없이 육지로만 둘러싸인 나라인 헝가리에서는 이 수프를 만들기 위해 알이 꽉 찬 민물 잉어를 사용하지만, 이 레시피에서는 대구, 그리고 국물에 묵직한 맛을 주기 위해 통조림 참치를 사용했다. 녹케리는 이탈리아 뇨키의 헝가리 버전인데, 스패츨레spätzle* 반죽과 흡사한 질척한 반죽으로 만든다. 모양이 하도 제멋대로인 녹케리를 나는 〈코딱지〉라고 부르고 있다. 직접 만들기 번거롭다면 마른 파스타 중 디스키 볼란티(86쪽)나 지일리(42쪽)를 사서 육수에 넣어 삶다가 파스타가 다 익기 몇 분 전에 대구를 더하면 된다. 이 수프는 전채가 아닌 한 끼 식사로 충분하다.

참치 캔 2개의 기름을 모두 냄비에 따라 놓고, 참치 살은 따로 놓아둔다. 그 기름에 양파와 소금을 약간 넣어 중불에서 10분 정도 볶는다. 마늘을 더해 5분간 더, 전체적으로 노릇해지고 부드러워질 때까지 볶은 다음, 토마토 페이스트와 두 가지 맛의 파프리카, 케이엔 페퍼와 부케 가르니를 넣는다. 매운맛은 나중에 기호에 맞춰 넣을 수도 있지만 이 요리에서 매운맛이 빠지면 절대 안 되기 때문에 그냥 초반부터 케이엔 페퍼를 넣도록 한다. 육수를 조금씩 넣어가며 토마토 페이스트와 파프리카, 케이엔 페퍼를 잘 풀어준 다음, 나머지 육수를 다 넣어 섞는다. 소금과 후추를 조금만 넣은 다음, 감자를 넣고 익을 때까지 (10~15분 정도) 약한 불에서 보글보글 끓인다.

녹케리를 만든다. 녹케리를 삶을 팬을 따로 준비해서 물을 끓이는데, 소금 간을 넉넉하게 한다. 달걀과 밀가루를 부드럽게 진한 반죽이 되도록 힘껏 저어준다. 밀가루가 멍울 없이 잘 풀리고 섞이게 하려면 팔뚝 힘이 꽤 필요할 것이다. 넓적한 나무 도마나 도기 타일 위에 반죽의 1/3 정도를 올려놓는다. 약간 퍼지는 느낌은 있겠지만 줄줄 흘러내리지는 않는 정도여야 한다. 평평한 칼을 이용해 반죽을 조그맣게 끊어서 끓고 있는 소금물 안에 바로 빠뜨린다 (제일 좋은 방법은 15mm 너비로 기다랗게 만든 다음, 10~15mm 길이로 자르는 것이다). 도기 타일 하나 분량의 녹케리가 끓는 물 위에 모두 떠오를 때까지 익힌다. 떠오르고 난 뒤 1분 정도 더 끓이면 통통하게 부풀어 오른다. 건져내서 볼에 담고, 천으로 덮어 식지 않게 해준 다음, 남은 반죽을 잘라 삶는다.

---

* 독일, 오스트리아, 스위스와 알자스 지역에서 볼 수 있는 부드러운 달걀 국수.

** cayenne pepper. 아주 매운 고추의 한 종류. 스튜나 양념에 아주 소량 사용한다.

*** bouquet garni. 육수나 국물, 수프를 끓일 때 향을 더할 수 있는 허브를 다발(부케)로 묶은 것. 보통 파슬리 줄기와 타임, 월계수 잎이 기본으로 들어간다.

시간 분배를 잘 해서 요리를 했다면, 녹케리가 다 준비되었을 때, 수프 안의 감자도 다 익었을 것이다. 마지막 녹케리 반죽이 자신의 운명을 받아들이고 끓는 물로 직행하는 순간, 미리 살을 부숴 놓은 참치와 대구를 수프에 넣고 3~4분 정도 끓인다. 다 삶아진 마지막 녹케리를 모두 수프 안에 넣으면 완성. 따끈한 시골 빵에 버터를 곁들여 낸다.

소시지 토마토소스의 뇨키
GNOCCHI IN RAGÙ DI SALSICCIA

**전채로는 4인분,
메인코스로는 2명이 먹을 분량**

앞의 레시피 2배 분량의 뇨키 (800g)

소시지 라구 소스

이탈리안 소시지 400g (펜넬 씨 또는 다른 향신료들이 들어 있는 것으로)

엑스트라 버진 올리브유 4테이블스푼

마늘 3알 얇게 저며서

마른 고추 부순 것 1/2티스푼

다진 토마토 캔 600g

신선한 로즈마리 다진 것 2티스푼

이 소스와 잘 어울리는 파스타

bigoli, casarecce, fusilli fatti a mano, gnudi, lumache, orzo, radiatori, spaghetti, tortiglioni

레시피 분량의 소스 양이 너무 많은 것 같지만 반으로 줄여서 만들기는 좀 어려운 레시피이다. 하지만 냉장, 냉동 보관하기 좋은 소스이니 너무 걱정하지 말 것.

소시지에 1테이블스푼의 기름을 두르고 프라이팬이나 뜨거운 오븐에서 굽는다. 안까지 푹 익힐 필요는 없고, 전체적으로 노릇한 색이 나면 된다. 다 구운 소시지를 2cm 크기로 둥글게 자르고, 자르면서 나온 육즙도 모두 보관해 둔다.

작은 팬에 남은 기름을 두르고 마늘이 갈색이 되도록 튀겨준다. 하지만 절대 태우지 않도록 주의할 것. 고추와 토마토, 소시지와 육즙을 모두 더한다. 아주 약한 불의 가스레인지나 오븐을 이용해서 50분 정도, 아주 진하고 농축된, 맛있는 소스가 될 때까지 끓인다. 마지막으로 다진 로즈마리를 넣고 불을 끈다.

GNOCCHI (SHELLS)
조개 모양 뇨키

치수
길이: 30mm
너비: 17mm

동의어
gnocchetti

이 파스타와 잘 어울리는 재료와 요리법
오븐에 굽기, 브로콜리, 안초비와 크림, 햄, 완두콩과 크림, 리코타 치즈와 토마토, 훈제 연어, 아스파라거스와 크림, 토마토소스, 트레비소와 스페크 햄, 폰티나 치즈 소스

대량생산되는 세몰리나 건조 파스타로, 모양과 이름은 그 유명한 뇨키(116쪽)에서 따왔다. 실제로는 둥글납작하고 둥그런 주름이 진 것이 뇨키보다는 소라고둥, 콘킬리에(76쪽)같이 생겼다. 만약 미슐랭 타이어 맨이 자신을 모델로 파스타를 만든다면 이런 모양이지 않을까. 이 파스타는 오븐에 굽는 것도 (196쪽의 파스타 알 포르노 참조), 소스에 버무려 먹기에도 다 좋다

푹 삶은 베이컨과 완두콩 소스 뇨키
GNOCCHI CON PISELLI E PANCETTA BRASATA

**전채로는 4인분,
메인코스로는 2명이 먹을 분량**

조개 모양 뇨키 200g

기름 많은 훈제 베이컨 두껍게 자른 것 250g

닭 뼈를 구워서 만든 육수 500ml

생크림 125ml

버터 30ml

냉동 완두콩 200g, 신선한 것을 사용할 때는 끓는 물에 데쳐서 준비

이탈리안 파슬리 다진 것 2테이블스푼

마지막에 뿌릴 파르메산 치즈 가루 약간

이 소스와 잘 어울리는 파스타

casarecce, cavatappi, chifferi rigati, conchiglie, dischi volanti, farfalle, farfalle tonde, fettuccine, fusilli, garganelli, gemelli, gnocchi, gomiti, linguine, bavette, lumache, radiatori, strozzapreti, tagliatelle, torchio

이 레시피는 전통적인 이탈리아 스타일의 푹 삶은 베이컨과 콩 소스 (113쪽)의 미국 버전이라고 할 수 있는데, 더 진하고 달콤한 맛이 특징이다. 이 조개 모양 뇨키와 정통 뇨키 사이의 차이만큼, 두 완두콩 소스 사이에도 거리가 있다.

먼저 베이컨을 푹 삶는다. 오븐용 그릇에 1cm 길이로 자른 베이컨이 잠길 만큼 닭 육수를 붓는다. 그릇이 오븐에 들어갈 크기이지만 모든 재료들이 넉넉히 들어갈 정도의 크기는 되어야 한다. 미리 예열해 둔 오븐에 넣어 (컨벡션 오븐은 200도, 구식 가스 오븐은 220도) 30분 간격으로 꺼내 저어주면서 2~3시간 동안 은근하게 끓인다. 물기가 거의 없어지고, 맛있게 반질반질 기름지고, 달고 건강에 안 좋아 보이면 다 된 것. 오븐을 아주 오랫동안 비경제적으로 사용하는 것이므로 만약 오븐에 다른 것을 구워야 한다면 시간을 잘 따져보고 요리를 시작해야 한다. 이렇게 오븐에서 푹 끓여 놓은 베이컨은 최소 1주일 정도 냉장 보관할 수 있다.

조개 모양 뇨키는 끓이는 데 시간이 좀 걸리기 때문에 소스를 완성하기 전부터 삶기 시작한다. 다 삶아지기 5분 전에 크림과 버터, 콩을 팬에 담아 약한 불에서 은근히 끓인다. 콩이 부드럽게 다 익고, 소스가 약간 걸쭉해지면서 단맛이 나면 다 된 것이다. 파슬리와 푹 삶아둔 베이컨을 국물까지 모두 남김없이 넣고, 약간의 소금, 넉넉한 양의 후추로 간을 한다. 다 삶아진 뇨키를 건져내서 (겉면이 너무 물러지지 않도록 한다) 소스에 넣어 조금 더 끓인다. 대략 1분 이상 끓여야 하는데, 이 조개 모양 뇨키를 삶는 동안 안에 괴어 있던 물이 소스와 섞여 걸쭉해지려면 시간이 더 걸리기 때문이다.

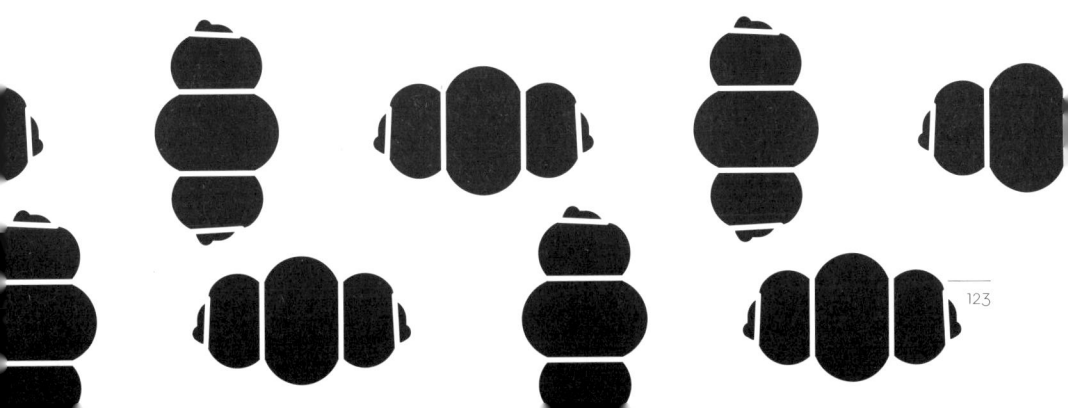

GNUDI, MALFATTI
누디, 말파티

치수
누디
지름: 20mm

말파티
지름: 40mm

동의어
ravioli nudi

이 파스타와 잘 어울리는 소스
소시지 소스, 멧돼지 고기로 만든 미트 소스

여기서는 같이 다루고 있지만 둘은 별개의 파스타이다. 누디(〈누드〉)는 2cm 정도 지름의 공 모양으로 만드는데, 반죽이 꽤 단단해서 뭉치기에 편리하다. 말파티(〈못난이〉)는 이름 그대로 제멋대로 생겼는데, 말랑말랑한 반죽으로 만들어 형태가 일정하지 않고, 모양을 잡기도 쉽지 않다. 크기도 3~4cm 정도의 너비로, 누디보다 크다.

둘 다 리코타 치즈와 밀가루, 달걀과 빵가루를 반죽해 만든 심플한 덤플링이다. 이 덤플링들은 라비올리(208쪽)의 기원으로 여겨지기도 한다. 파스타 면으로 겉면을 싸지 않은 라비올리이기 때문이다. 원래부터 속을 뭉쳐 먹는 요리법이 있었고, 이후 파스타가 발명되어 서로 결합되면서 라비올리를 비롯한 속을 채운 파스타가 나타났기 때문이다. 르네상스 시대에 첫 번째 코스로 인기가 높았던 덤플링들은 주로 다진 고기를 이용해서 만들었다. 누디는 토스카나 지역, 말파티는 롬바르디 지역에서 볼 수 있는데, 리코타 치즈가 제철인 봄에 특히 즐겨 먹는다.

리코타 누디 만들기
RICOTTA GNUDI

**전채로는 4인분,
메인코스로는 2명이 먹을 분량**

양젖으로 만든 리코타 치즈 250g

페코리노 로마노 또는 파르메산 치즈 50g + 마지막에 뿌릴 것 약간

달걀 1개

직접 간 빵가루 40g

넛멕

반죽을 밀 때 사용할 덧밀가루

양고기 라구 소스와 함께 내는 이 누디 레시피는 사이먼 홉킨슨*의 것이다. 그의 레시피를 아무 변형 없이 그대로 사용했지만 만드는 방법은 내 레스토랑 보카 디 루포에서 쓰는 방법이다. 이름 그대로 〈누드〉인 이 벌거벗은 파스타는 파스타 반죽을 입히지 않은 동그란 라비올리 속처럼 생겼다.

리코타 치즈에 물기가 너무 많아 보이면 체에 잠시 받아 물기를 뺀다. 모든 재료를 한데 넣고 잘 섞은 다음, 간을 하고, 빵가루가 반죽 속에서 점성이 생길 때까지 1시간에서 1시간 반 정도 휴지시킨다. 반죽을 작게 떼어내어 둥글게 굴린 다음, 밀가루를 묻혀 끓는 물에 넣어도 풀어지지 않는지 테스트한다. 20~30개 정도의 반죽을 미리 둥글게 빚어 놓은 다음, 밀가루를 아주 넉넉하게 묻힌다. 넉넉하게 묻히는 이유는 삶는 동안 밀가루가 이 벌거벗은 반죽이 풀어지지 않도록 지지해주는 역할을 하기 때문이다.

소금을 넉넉히 넣은 물에 누디를 넣고 삶는다. 끓는 물 위로 둥둥 떠오르면 2분 정도 더 삶으면 된다. 다 삶은 누디는 즉시 상에 낸다. 만약 식사 시간 바로 직전에 누디를 빚고 삶는 것이 너무 정신없다면 미리 만들어 삶은 다음, 기름을 넉넉하게 바른 쟁반에 놓아두었다가 먹기 전에 다시 소금물에 데치면 된다.

* Simon Hopkinson. 영국의 셰프이자 유명 푸드 라이터.

양고기 라구 소스에 버무린 누디
GNUDI AL RAGÙ D'AGNELLO

전채로는 4인분, 메인코스로는 2명이 먹을 분량
양고기 라구 소스는 1kg이 나옴

당근 1개 잘게 다져서

양파 1개 잘게 다져서

셀러리 1~2줄기 잘게 다져서

마늘 2알 얇게 저민 것

월계수 잎 한 장

엑스트라 버진 올리브유 100ml

오랫동안 푹 끓이거나 오븐에서 천천히 구운 양고기 500g

양고기를 익히면서 나온 국물. 너무 묽으면 끓여서 졸여둔다.

다진 토마토 캔 500g

신선한 로즈마리 다진 것 수북하게 1티스푼

레시피 분량의 리코타 누디
양고기 라구 소스 250ml

마지막에 얹을 페코리노 로마노 치즈 갈은 것 약간

이 소스와 잘 어울리는 파스타
campanelle/gigli, maccheroni alla chitarra, orecchiette, pici, torchio

이 레시피는 여러분이 양고기를 얼마나 갖고 있느냐에 따라 양을 줄이고 늘릴 수 있다. 이 레시피를 위해 따로 양고기 요리를 할 예정이라면 어깨 부위를 추천한다. 로즈마리와 주니퍼 베리, 화이트 와인을 넉넉히 붓고 오랫동안 끓여서 준비한다. 큰 사이즈의 양 어깨를 삶으면 대략 1.5kg 정도의 고기를 얻을 수 있는데, 아래에 적은 레시피의 3배를 만들 수 있다. 이렇게 만든 라구 소스는 대략 1리터 정도의 양으로, 8인이 먹기에 충분하다.

야채, 마늘, 월계수 잎에 소금을 넉넉하게 뿌리고 올리브유와 버무린다. 야채가 오일을 완전히 흡수하고 부드럽게 될 때까지 중불 위에서 10~15분 정도 익힌다. 양고기와 육즙, 토마토를 넣고, 고기 기름이 표면에 떠오를 때까지 약한 불에서 1시간 정도 졸인다. 불을 끄고 로즈마리를 넣은 다음 소금, 후추로 간을 맞춘다.

접시에 양고기 라구 소스를 담고, 금방 삶은 또는 만들어 두었다가 다시 데운 누디를 얹는다. 페코리노 로마노 치즈를 갈아 뿌린다. 이로써 양고기 소스 위에 양젖 치즈가 들어간 누디, 그 위에 또 양젖 치즈를 얹어 먹는 양양양(羊羊羊) 파스타가 된다.

말파티 만들기
MALFATTI

3~4명이 메인코스로 먹을 분량

신선한 시금치 250g

리코타 치즈 250g (양젖 리코타 또는 여러 가지 우유를 섞어 만든 것이 좋다)

파르메산 치즈 갈은 것 50g

큰 달걀 1개

중력분 40g + 반죽을 만들 때 사용할 덧밀가루

넛멕 갈은 것 아주 조금

이 불규칙적으로 빚어진 못난이 덤플링들은 아버지와 내가 가장 좋아하는 요리 중 하나이다. 정확한 이름이 무엇인지 아직도 헷갈린다. 말파티도 누디로 불러야 마땅하다고 고집을 피우는 사람들도 있고, 토르텔리니(266쪽) 같은 속을 채운 파스타의 일종이거나, 말탈리아티(166쪽) 같이 모양을 잘못 잡은 납작한 파스타에서 온 것이라는 의견도 있지만, 내가 생각하기에 말파티는 그 자체로 독창적인 파스타이다. 만드는 법을 소개한다.

소금을 넉넉하게 넣은 끓는 물에 시금치를 데친 다음, 흐르는 물에 완전히 식혀서 꼭 짠다. 될 수 있는 한 많은 수분을 제거할 것. 곱게 다진다 (푸드 프로세서를 이용하면 아주 곱게 갈아질 것이고, 만든 모양에서 시금치가 점점이 불규칙인 모양이기를 원한다면 직접 칼로 다진다). 리코타 치즈를 비롯한 다른 재료들과 모두 한데 섞으면 아주아주 부드러운 반죽이 된다. 소금과 후추로 간을 하는데, 반죽의 맛이 워낙 섬세하므로 간을 조심해서 해야 한다.

골프공 크기 정도로 뭉친 다음 밀가루를 충분히 묻힌다. 반죽이 워낙 부드러워서 둥근 모양을 제대로 빚어내기 어렵다. 그래서 말파티(malfatti, 〈못난이〉)라는 이름이 붙었다.

팬에 물을 끓인다 (시금치 삶은 물을 버리지 않았다면 다시 이용해도 상관없다). 빚어 놓은 반죽을 하나씩 넣는데, 끓는 물에 넣어도 풀어지지 않는지 일단 1개 정도 미리 테스트해 보는 것이 좋다. 괜찮다면 나머지 말파티도 모두 넣어 삶는다 (대략 12개 정도가 나온다). 반죽이 만약 풀어진다면, 밀가루를 조금 더 넣고 다시 반죽해 모양을 만든다.

반죽이 물 위로 떠오르면 은근한 불에서 10~15분 정도 더 삶는다. 덤플링을 잘랐을 때 가운데 부분이 치즈가 죽죽 늘어나고 흐르는 듯한 맛을 더 좋아한다면 좀 더 일찍 건져내도 좋다.

말파티와 함께 내면 좋은 소스들:

버터와 세이지 소스
BURRO E SALVIA

버터 150g을 세이지 24장과 함께 팬에 넣어 끓인다. 버터가 살짝 노릇해지면서 고소한 향이 나고, 세이지가 튀겨지면 삶아 놓은 말파티 위에 붓는다. 넉넉한 양의 파르메산 치즈 갈은 것을 뿌려 낸다.

토마토소스
AL POMODORO

가벼운 맛의 토마토소스(15쪽)나 중간 정도 진한 맛의 토마토소스(15쪽)를 데운다. 미리 따듯하게 해놓은 서빙 접시에 토마토소스를 깔고 말파티를 얹어낸다. 먹기 전에 파르메산 또는 페코리노 치즈를 갈아 뿌릴 것.

GOMITI
고미티

치수
길이: 33mm
너비: 20mm
지름: 12.5mm

동의어
elbow macaroni (팔꿈치 마카로니)

**이 파스타와 잘 어울리는
재료와 요리법**
푹 삶은 베이컨과 완두콩, 닭고기와 자두, 뷔어스텔 소시지와 폰티나 치즈, 헝가리 생선 수프, 푸타네스카, 리코타 치즈와 토마토, 트레비소, 스페크 햄과 폰티나 치즈

고미티는 〈팔꿈치〉 혹은 〈크랭크축〉을 뜻한다. 해부학적으로나 기계적으로 근거가 있는지는 확실하지 않지만 구부러지고 겉면에 홈이 파인 이런 파스타는 다양한 용도로 쓰이는 것은 분명하다. 컵의 역할을 하는 구부러진 부분, 홈이 파인 튜브 부분 모두 건더기가 풍부하고 진한 맛의 오일 소스가 잘 묻기 때문이다.

랑구스틴과 사프란 소스 고미티
GOMITI CON SCAMPI E ZAFFERANO

전채로는 4인분,
메인코스로는 2명이 먹을 분량

고미티 200g

생 랑구스틴** 작은 사이즈 16마리

버터 80g

월계수 잎 1장

화이트와인 125ml

사프란 엄지와 검지로 집은 것
(대략 30줄기 정도)

이탈리안 파슬리 다진 것 1테이블스푼
(옵션)

이 소스와 잘 어울리는 파스타

conchiglie, dischi volanti,
fettuccine, maltagliati,
pappardelle, tagliatelle, trenette

★ 머리 또는 목 뒷부분을 재빠르게 찌르는
방법이 갑각류를 가장 인도적으로 잡는
방법이다.

★★ langoustine. 작은 바닷가재의 일종으로
노르웨이 해안에서 많이 잡힌다. 영국과
아일랜드에서는 더블린만 새우Dublin Bay
prawns로 알려져 있다. 스캄피scampi라고도
한다.

익은 랑구스틴의 꼬리 부분은 왠지 고미티와 닮은 구석이 있어 참 재미있다. 튜브형 파스타인 페스토니festoni의 부채꼴 주름 모양이 랑구스틴의 꼬리 부분과 더 흡사하긴 하지만 이제 더 이상 구할 수 없는 파스타가 되었기에 이 책에서는 제외시켰다. 진한 에그 파스타도 이 소스에 잘 어울린다.

나는 큰 랑구스틴보다 작은 것을 선호하는데, 싸기도 하고, 훨씬 단맛이 나기 때문이다. 씹는 맛도 좋아 파스타와 섞어 놓으면 아주 맛있다.

살아 있는 랑구스틴을 구할 수 있으면 제일 좋다. 녀석들의 머리를 단번에 잘라주는데,* 꼬리 부분은 자르지 말고 놓아둘 것. 끓는 물에 3초간 데친 다음 얼음물에 식힌다. 이렇게 그냥 물에 들어갔다 나오면 익지는 않지만, 껍질을 손쉽게 벗길 수 있다. 몸통 부분의 껍질을 벗기고 살을 발라내는데 꼬리지느러미 부분의 껍질은 장식으로 남겨둔다. 만약 운이 아주 좋다면 (랑구스틴 입장에서는 불행한 일이겠지만), 요리한 랑구스틴 중 몇 마리는 알이 들어찬 암컷일 수도 있다. 알을 모두 긁어, 발라낸 고기와 함께 놓아둔다. 알이 들어간 소스는 보기에도 참 예쁘다.

레시피 분량의 버터 절반을 월계수 잎과 함께 팬에 녹이고, 발라내고 남은 랑구스틴 껍질을 튀긴다. 방망이나 밀대 같은 것으로 껍질을 부수면서 튀겨줄 것. 껍질이 전체적으로 갈색이 되고, 숯불에 새우를 굽는 듯한 구수한 향이 날 때까지 튀긴다. 와인을 넣고 껍질이 살짝 잠길 정도로만 물을 넣는다 (대략 150~200ml 정도 된다). 센 불로 10분 정도 바글바글 끓일 것.

파스타를 삶는다.

와인과 랑구스틴 껍질로 만든 국물을 체에 거르고, 키친타월로 팬을 닦아낸다. 걸러 놓은 육수를 다시 불 위에 올려 남은 버터와 사프란 줄기를 넣고, 살짝 걸쭉해지면서 너무 졸여버린 생선 국물 냄새가 나지 않을 때까지만 졸인다. 소금과 약간의 후추로 간을 한다. 나는 이 레시피에서 만큼은 흰 후추를 사용한다.

파스타가 다 삶아지면 발라낸 랑구스틴 고기를 소스에 넣고 살짝 데운다. 알덴테로 삶은 파스타를 건져내서 소스에 넣고 잘 섞어, 파스타도 여전히 씹히는 맛이 남아 있을 정도로만 익힌다. 기호에 따라 파슬리 다진 것을 첨가한다.

참치 뱃살, 토마토, 리코타 살라타 치즈 소스 고미티
GOMITI CON VENTRESCA

**전채로는 4인분,
메인코스로는 2명이 먹을 분량**

고미티 200g

마늘 2알 얇게 썰어서

엑스트라 버진 올리브유 4테이블스푼

소금에 절인 케이퍼 2테이블스푼, 물에 씻어서

신선한 토마토 다진 것 300g

통조림 참치 뱃살 ventresca 200g

신선한 바질 또는 파슬리 다진 것 2테이블스푼

마지막에 뿌려 낼 리코타 살라타 치즈 넉넉하게

이 소스와 잘 어울리는 파스타

bucatini, busiati, conchiglie, fusilli fatti a mano, linguine, bavette, maccheroni alla chitarra, maccheroni inferrati, malloreddus, penne, pennini rigati, pici, spaghetti, torchio, tortiglioni, trenette

넓은 프라이팬에 오일과 마늘을 넣고 마늘이 노릇해질 때까지 중불 위에서 튀긴 다음, 케이퍼와 토마토를 넣는다.

10분 정도 더 끓여 토마토 색이 어두워지고 아주 진해질 때까지 졸인다. 파스타 삶은 물을 몇 스푼 덜어 소스에 넣고, 참치를 굵게 떼어내서 소스에 넣고 데운다.

알덴테로 삶아진 파스타를 건져내 바질 또는 파슬리와 함께 소스에 넣는다. 파스타를 담고 그 위에 리코타 살라타 치즈를 수북이 갈아 얹는다.

GRAMIGNE
그라미녜

치수
길이: 12mm
너비: 18.5mm
지름: 2.8mm

동의어
gramignoni, spaccatelle

이 파스타와 잘 어울리는 재료
아티초크, 잠두콩과 완두콩, 줄기 브로콜리와 소시지, 소시지, 토마토와 사프란, 소시지와 크림, 토마토소스

아주 작은 이 파스타는 마치 약간 늘여 놓은 쉼표 부호 같기도 하고, 방금 땅을 뚫고 나온 새순 같기도 하다. 그라미녜는 〈작은 잡초〉라는 뜻이다. 일반 세몰리나와 물을 이용한 반죽 혹은 달걀 1개만 들어간 에그 파스타 반죽으로 만든다. 대량생산되는 그라미녜는 다른 구불구불한 벌레 모양 류의 파스타들이 그렇듯 꽤 단단한 반죽으로 만들어진다.

그라미녜는 달콤하기보다는 짭짤한 소스와 잘 어울리는데, 특히 소시지를 이용해 만든 소스와 더 잘 어울린다. 너무 크기가 작기 때문에 소스를 묻혀서 먹는다기보다 파스타가 소스의 일부분처럼 되어버리기 때문이다. 그래서 여름에는 가벼운 토마토소스에 넣어 바질과 올리브유를 듬뿍 뿌린 다음, 수프처럼 먹기도 한다.

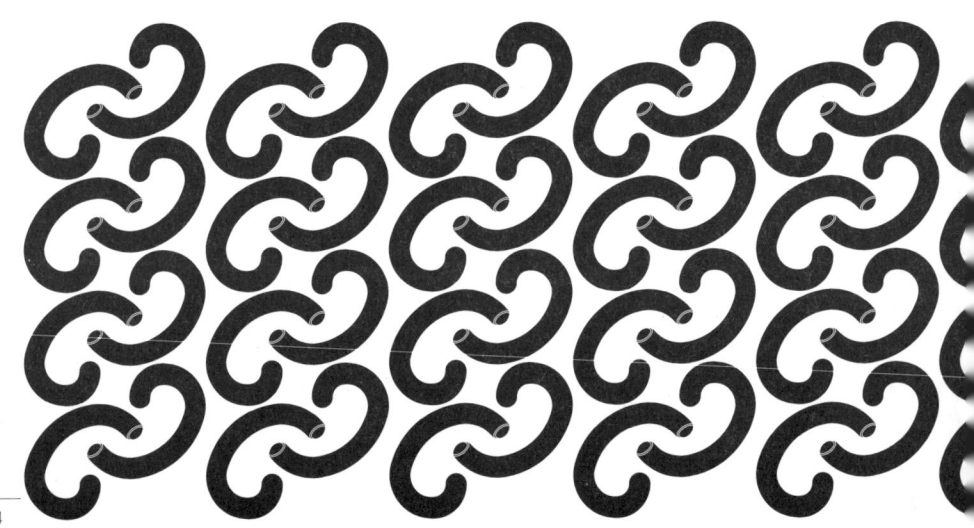

양배추와 소시지 소스 그라미녜
GRAMIGNE CON VERZA E SALSICCIA

**전채로는 4인분,
메인코스로는 2명이 먹을 분량**

그라미녜 200g

이탈리안 소시지 껍질 벗기고 속만
발라낸 것 200g

잘게 다진 양배추 200g

버터 50g

월계수 잎 1장

닭 육수 150ml

우유 150ml

마지막에 뿌려낼 파르메산 치즈 가루 약간

이탈리안 파슬리 다진 것
1~2테이블스푼

팬에 버터와 소시지 고기, 양배추를 넣고 약한 불로 익힌다. 스푼으로 소시지 고기를 잘게 부숴가면서 양배추가 완전히 달짝지근하면서 부드러워지고, 일부분은 노릇노릇하게 변할 때까지 30분 정도 익힌다. 육수와 우유를 넣고 전체적으로 걸쭉해질 때까지 약한 불 위에서 보글보글 20분 정도 더 끓인다.

식사 시간이 얼마 남지 않았을 때 파스타를 끓인다. 보통 먹는 알덴테보다 좀 더 꼬들꼬들하게 삶아서 소스에 파스타 삶은 물 60ml와 함께 넣는다. 중불 위에서 파스타와 소스가 잘 섞이도록 저어준다.

먹기 전에 파르메산 치즈를 갈아 뿌린다. 소시지와 양배추로만 이루어진 갈색의 파스타가 너무 칙칙해 보이는 것이 싫다면 파슬리를 조금 다져 뿌려도 좋다.

이 소스와 잘 어울리는 파스타
spaccatelle

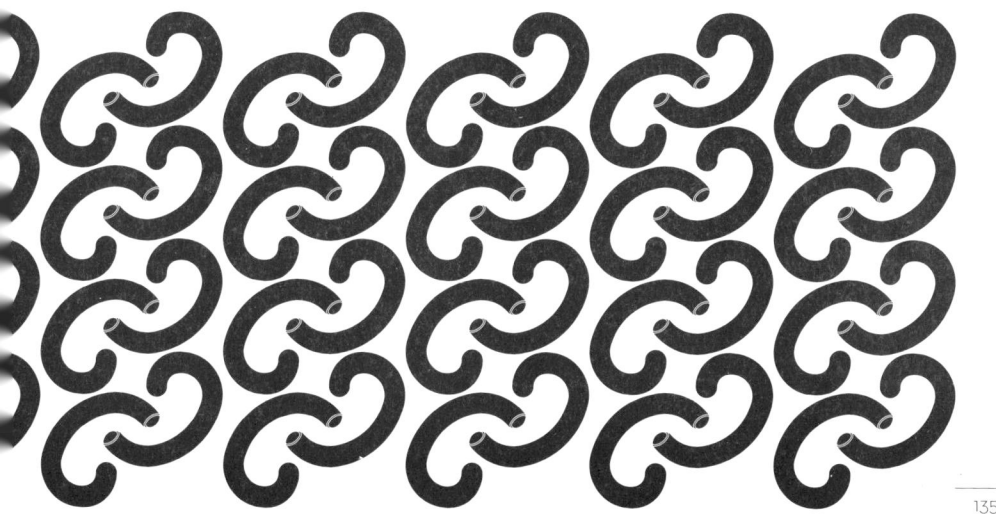

LASAGNE
라자녜

치수
길이: 185mm
너비: 75mm
두께: 0.6mm

동의어
베네토 지역: bardele/lasagnoni
리구리아 지역: capellasci
살렌토 지역: sagne
풀리아 지역: lagana
작은 (좁은) 라자냐 : mezze lasagne, mezze lasagne ricce(〈주름진 라자냐〉)

비슷한 모양의 파스타
lasagne ricce

이 파스타와 잘 어울리는 요리
가지 라자녜

Chi guarda a maggioranza spesse volte s'inganna : granel di pepe vince per virtú lasagna.
(이토록 거룩하신 그분도 사람들이 낮게 볼 때가 있었으니. 작디작은 후추가 그 매운맛으로 라자냐를 압도하는 것을 생각해보라).
—자코포네 다 토디*

윗 문장은 13세기의 글로, 라자녜가 아주 오래된 파스타임을 보여준다. 라자녜와 더불어 중세 시대 글에 언급된 오래된 파스타들로는 뇨키(116쪽), 라비올리(208쪽), 마케로니(152쪽의 마케론치니 참조), 베르미첼리(54쪽)가 있다. 라자녜는 직사각형 모양으로 얇게 민 파스타로, 우리에게는 소스와 함께 켜켜이 쌓아 오븐에 구운 요리로 친숙하다. 라자녜는 그리스 로마 시대 단어인 라가눔laganum에서 파생된 것으로 추정되는데, 이스트를 넣지 않고 만든 반죽을 뜨거운 오븐에 굽거나 튀긴 것으로, 수프 안에 덤플링처럼 넣어 먹었다고 한다. 또한 삼각대처럼 생긴 조리 도구를 뜻하는 라틴어(lasanum)와 그리스어(lasonon)에서 왔다는 설도 있다. 라자녜를 이용한 가장 오래된 레시피 중의 하나는 라자녜 아 벤토라는 레시피로, 이스트를 넣어 만든 반죽을 얇게 민 다음, 3cm 너비로 길게 잘라 삶은 뒤에 치즈를 뿌려 이쑤시개 같은 것으로 콕콕 찍어먹었다고 한다 (나폴리의 앙주 왕궁에서 발견된 저자 미상의 14세기 요리책 『요리Liber de coquina』에 수록).

라자녜lasagne는 라자냐lasagna의 복수형이다. 그래서 한 장의 파스타인 라자냐가 라자녜보다 널리 요리 명으로 알려진 것은 대체로 사용된 파스타와 완성된 이름이 같이 불리기 때문이다. 나폴리의 마지막 왕 프란체스코 2세는 별명이 〈라자Lasa〉였는데 유난히 이 파스타에 애정이 각별했던 그에게 아버지가 붙여준 별명이라고 한다. 19세기 초반에 들어와 집집마다 오븐

* Jacopone da Todi. 13세기 프란체스코회 수사.

이 갖춰지자 맛도 있고 서빙하는 멋도 있었던 라자녜는 디너파티에서 가장 인기 있는 메뉴가 되었다. 지금도 팀발로(284쪽)와 더불어 이탈리아 가족들이 가장 즐겨 먹는 오븐에 굽는 파스타이다. 워낙 역사가 긴 파스타이기 때문에 지역별로 요리법도 다양하다. 남부에서는 세몰리나 반죽(10쪽)을 이용해 약간 두껍게 만든 다음 말린다 (가장자리에 주름을 잡으면 다음에 소개할 레시피인 라자녜 리체로 만들 수도 있다). 북부에서는 달걀을 넣어 진하게 만들거나, 볼로냐 지방에서는 달걀에 시금치까지 넣어 초록색으로 만든다. 어떤 종류의 반죽을 사용하느냐에 따라 질감과 맛의 차이가 확연하기 때문에 마른 파스타를 구입할 때 포장지를 꼼꼼히 읽어보고 원하는 맛을 사도록 한다 (어느 것이 더 낫다는 것이 아니라 다르다는 뜻이다). 라자녜 요리법도 참 다양한데, 채식주의자들도 즐길 만한 레시피에서부터 타원형 접시에 켜켜이 쌓은 것이 아닌 서빙 접시에 바로 담는 모던한 것, 이탈리아 북부 베니토의 산악지대인 돌로메티에서 내려온, 사과와 건포도, 식용 양귀비 씨, 버터와 설탕을 층층이 쌓아 구운 라자녜 데 포르넬lasagne de fornel과 같이 신기한 레시피도 있다. 이 책에서는 고기가 들어간 클래식한 버전 두 가지를 소개한다.

볼로네제 라구 소스와 화이트소스를 넣어 구운 라자녜
LASAGNE ALLA BOLOGNESE

6~8인분

진한 에그 파스타 반죽(13쪽) 450g, 1mm 두께로 밀은 것(파스타 머신에서 두 번째로 얇은 세팅)*

버터 한 조각 (티스푼이 약간 넘는 정도)

올리브유 약간

볼로네제 라구 소스 1.4리터 (250쪽의 레시피)

파르메산 치즈 갈은 것 300g

베샤멜소스

버터 100g

중력분 100g

넛멕 갈은 것 약간

우유 1리터

진하고 기름진, 볼로냐의 전형적인 요리. 이 사랑스러운 중세 도시 볼로냐를 이탈리아인들은 〈라 그라사〉(La Grassa, 〈뚱뚱한 여인〉)라고 부른다. 전통적으로 시금치를 넣은 초록색 파스타를 이용해 만들지만 개인적으로는 진한 에그 파스타(13쪽)를 이용해 만드는 것을 선호한다.

20×30×6.5cm 크기의 오븐 용기에 버터를 살짝 바른 다음, 면을 그릇 모양으로 자른다. 이 레시피에서는 9장이 필요하다. 파스타를 끓는 소금물에 한두 장씩 넣어 30초 정도 데쳐 건져낸다. 서로 달라붙지 않도록 물에 기름을 1~2티스푼 정도 넣어준다. 데친 파스타 면은 깨끗하고 마른 천 위에 놓아 물기가 흡수되도록 한다.

베샤멜소스를 만든다. 버터 100g을 녹인 다음, 밀가루를 넣고 1분 정도 잘 저어주면서 익힌 다음, 넛멕을 넉넉히 갈아 넣는다. 우유를 조금씩 부어가면서, 나무 주걱으로 계속 저어 멍울이 생기지 않도록 한다. 우유를 넣고 끓으면 우유를 추가하는 식으로 반복한다.

라자녜를 조립한다. 일단 이 요리가 파스타라는 점을 기억하자. 소스는 최대한 적게 깔고, 파스타는 촘촘히 깔아야 가장 맛있다. 버터를 발라둔 오븐 용기 바닥에 라구 소스를 약간 바르고, 삶아둔 파스타를 한 장 깐다. 그 위에 다시 라구 소스를 얇게 펴 바르고, 그 위에 베샤멜소스를 얹은 다음, 파르메산 치즈를 넉넉하게 흩뿌린다. 소스 사이로 파스타 면이 보여도 상관없다. 이 과정을 계속 반복한다. 마지막에는 두 가지 소스를 약간 넉넉하게 얹은 다음 (특히 베샤멜 소스), 파르메산 치즈 갈은 것을 뿌린다. 미리 예열해둔 오븐에 넣어 (컨벡션 오븐은 200도, 구식 가스 오븐은 220도) 40분 정도, 윗면이 노릇노릇해질 때까지 구워준다.

먹기 전에 15분 정도 식힌다.

★ 상점에서 판매되고 있는 라자녜를 써도 된다. 라구 소스가 물기가 많을 경우에는 굳이 데치지 않고 그냥 사용해도 되는 면들도 있으니 참고할 것. 내 레시피는 데쳐서 사용해야 한다 — 원주.

닭 내장으로 만든 소스를 넣고 구운 라자녜
VINCISGRASSI

6~8인분

에그 파스타 반죽(13쪽) 450g

파르메산 치즈 갈은 것 300g

닭 내장 소스

닭 내장 650g (닭 목과 고환이 포함되어 있으면 더 좋지만 슈퍼마켓에서 닭을 살 때 안에 들어 있는 내장으로도 괜찮다)*

올리브유 4테이블스푼

송아지 췌장 또는 뇌, 아니면 둘 다 섞은 것 300g

레몬 슬라이스 2조각

중간 크기 양파 2개 잘게 다진 것 (300g 정도)

셀러리 줄기 3개 잘게 다진 것 (150g 정도)

당근 큰 것 하나 잘게 다진 것 (200g 정도)

마늘 3알 잘게 다져서

슬라이스 하거나 잘게 다진 프로슈토 크루도 (생 프로슈토) 120g

버터 50g + 틀에 바를 버터 약간 더

다진 송아지 고기 300g

넛멕 갈은 것 1/4티스푼

시나몬 가루 1/4티스푼

월계수 잎 2장

말린 포르치니 끓는 물에 20분 동안 불린 것 40g

드라이 화이트 와인 또는 마르살라 와인 300ml

이 요리의 기원은 1799년 안코나Ancona에서 나폴레옹과 맞서 싸웠던 오스트리아 장군 빈디치 그래츠Windisch Graetz 장군의 이름에서 따왔다는 설이 있지만 사실이 아닌 것 같다. 어쨌든 라 마르케 지역에 내려오는 프린치스그라스princisgrass라는 이름의 요리법이 1781년 출간된 요리책에 수록되어 있고, 그 레시피와 비슷한 것을 아래에 소개하고자 한다. 이 지역에서 가장 유명한 요리인데, 내장 요리를 즐기는 사람들에게는 별미 중의 별미다. 닭과 송아지 내장을 듬뿍 넣어 만드는데, 서로의 강한 맛이 조화롭게 어우러져 굉장히 섬세한 맛의 요리가 완성된다.

라자냐 면을 139쪽의 레시피에서 언급한 것과 똑같이 삶아 준비해 놓는다.

닭 내장을 레시피 오일 양의 반을 넣어 전체적으로 노릇노릇해질 때까지 센 불에서 볶는다. 건져내어 곱게 다진다 (닭 간은 칼로 다질 수 있지만, 나머지 부위는 푸드 프로세서를 이용하는 것이 편리하다).

송아지의 췌장과 뇌를 레몬 슬라이스 몇 조각을 넣은 소금물에 넣고 은근하게 삶는다. 불을 끄고 물속에서 식힌 다음, 꺼내어 질긴 막을 모두 벗겨내고, 물기를 제거한 다음, 1cm 크기로 깍둑썰기 한다.

넓은 프라이팬에 버터와 남은 오일, 마늘과 야채, 프로슈토를 넣고 소금을 넉넉하게 뿌린 다음, 색은 변하지 않지만 전체적으로 부드럽게 익을 때까지 볶는다. 다진 송아지 고기를 넣고 주걱을 이용해서 고기가 보슬보슬 잘 흩어지도록 풀어주면서 중간보다 살짝 강한 불 위에서 지글지글 익힌다. 다진 닭 내장과 향신료, 월계수 잎을 넣고 10~15분 정도 노릇해질 때까지 볶아준다. 불려둔 포르치니 버섯을 잘게 다져 넣고, 버섯 불린 물과 와인을 넣어 2분 정도 거품이 일어날 때까지 끓인다. 넉넉한 사이즈의 냄비에 옮겨 담고, 육수와 토마토 거른 것을 넣고 아주 진하고 거의 수분이 없는 소스가 될 때까지 2시간 정도 은근한 불에서 졸인다. 우유와 췌장, 뇌를 넣고 다시 10~15분 정도 약한 불에서 끓인다. 소스는 국물이 자작자작한, 파스타 표면을 코팅하는 정도로 완성되어야 한다.

닭 육수 600ml
토마토 갈아서 체에 내린 것 100ml
우유 200ml

베샤멜 소스
버터 50g
중력분 50g
넛멕 갈은 것 약간
우유 500ml

베샤멜소스를 만든다. 버터 100g을 녹인 다음, 밀가루를 넣고 1분 정도 잘 저어주면서 익힌 다음, 넛멕을 닉닉히 갈아 넣는다. 우유를 조금씩 부어가면서 나무 주걱으로 계속 저어 멍울이 생기지 않도록 한다. 우유를 넣고 끓으면 우유를 추가하는 식으로 반복한다. 앞의 볼로네제 라자녜 레시피에 나오는 것처럼 만들면 된다.

그리고 볼로네제 라자녜를 만드는 방법과 동일하게(139쪽) 그릇에 층층이 담고, 굽고, 서빙하면 된다.

★ 외국에서는 닭의 내장을 다듬은 다음 봉지에 넣어 다시 뱃속에 집어넣어 판다. 내장giblet이 포함되어 있는지 아닌지는 포장지를 보면 구별할 수 있다.

LASAGNE RICCE
라자녜 리체

치수
길이: 142mm
너비: 36mm
두께: 1mm

동의어
doppio festone(〈가리비 주름처럼 만든〉), sciabo, sciablo

라자녜 리체는 곱슬곱슬하고 구불구불한 라자녜로, 한마디로 옆면을 웨이브지게 만든 라자녜다. 구불구불한 옆면은 진한 소스보다 살짝 가벼운 소스가 스며들기 좋다. 바로 앞에 언급한 라자녜처럼 라자녜 리체도 지역에 따라 다양하다. 캄파니아와 라조 지역에서는 세몰리나와 물만을 이용해서 반죽을 만들고, 에밀리아로마냐 지역에서는 달걀을 넣는다. 하지만 이런 구불구불한 모양은 원래 남부에서 주로 먹는다. 시칠리아 전역에서 먹는 진한 라구 소스와 리코타 치즈를 얹어 오븐에 구운 라자녜 리체는 크리스마스 식탁에 빠지지 않는 요리이다. 시칠리아 중심부인 칼타니세타Caltanissetta에서는 돼지고기로 만든 라구 소스에 바삭하게 튀긴 브로콜리, 달걀을 층층이 쌓는다. 팔레르모에서는 새해 첫날 라자녜 카카티(lasagne cacati, 그 이름도 매력적인 〈똥덩어리 라자녜〉!)를 먹는다. 리코타를 위에서 떨어뜨려 크게 원형으로 퍼지게 한 데서 유래한 이름인데, 배설물과 연결된 전통인 카탈로니아의 카가 티오Caga Tió를 연상시킨다. 이탈리아 서남부에서는 이 파스타를 어떻게 요리해 먹는지 144쪽에서 소개하겠다.

나폴리탄 라구 소스와 미트볼을 얹어 구운 라자녜 리체
LASAGNE RICCE NAPOLETANE

6인분

말린 라자냐 리체 400g 또는 보통이나 진한 에그 파스타 반죽(13쪽)을 이용해 볼로네제 라자냐 만드는 방법으로 만든 라자냐 520g

올리브유 3테이블스푼

나폴리탄 라구 소스 (216쪽) 500ml

모차렐라 치즈 (버팔로 모차렐라 또는 피오르 디 라테* 또는 모차렐라와 리코타 치즈를 반반씩 섞은 것) 작은 주사위 모양으로 자른 다음 물기가 빠지도록 체에 밭은 것 400g

파르메산 치즈 갈은 것 300g

미트볼

다진 쇠고기 또는 송아지 고기 200g

다진 돼지고기 200g

달걀 큰 것 1개

갈은 페코리노 로마노 또는 파르메산 치즈 350g, 마지막에 뿌릴 치즈 약간 더

직접 갈아 만든 빵가루 2테이블스푼

올리브유 3테이블스푼

★ fior di latte. 젖소 젖으로 만든 모차렐라 치즈로, 물소 젖으로 만든 모차렐라와 구분하기 위해 붙여 붙인 이름이다.

이 레시피는 아마 이탈리아에서 찾을 수 있는, 미트볼이 들어간 유일한 레시피일지도 모르겠다 (물론 미국에서처럼 스파게티와 함께 나오진 않지만). 아래에 적은 레시피는 전통적이면서 맛도 아주 좋다. 종종 삶은 달걀이 추가되곤 한다. 나는 이 요리를 만들 때 메추리 알 18개를 삶아 좀 지나치다 싶을 정도로 멋을 부리곤 한다. 메추리 알이 미트볼보다 약간 더 큰 사이즈이다 보니 달걀보다 더 잘 어울리는 것 같이 느껴져서이다. 아래 레시피에는 추가하지 않았다.

20×30×6.5cm 크기의 오븐 용기에 1테이블스푼의 오일을 살짝 바른다. 파스타를 끓이는 소금물에 한두 장씩 넣어 30초 정도 데쳐 건져낸다 (거의 날것에 가깝게 데치면 된다). 서로 달라붙지 않도록 물에 기름을 1~2티스푼 정도 넣어준다. 데친 파스타 면은 차가운 물에 넣어 식힌 뒤, 깨끗하고 마른 천 위에 놓아 물기가 흡수되도록 한다.

다진 고기와 달걀, 페코리노 로마노 치즈와 빵가루를 넣어 미트볼을 만든다. 잘 치댄 다음, 소금과 후추로 간을 한다. 작은 크기로 미트볼을 빚은 다음 (헤이즐넛, 검지손톱만 한 크기), 넓은 팬에 기름을 두르고 겉면이 갈색이 되도록 굴려가며 지진다. 일일이 손으로 빚는 반복적인 노동을 해야 하지만 겉면에 색을 내는 데는 그리 오랜 시간이 걸리지 않는다. 미트볼이 다 구워지면 파스타를 삶는다 (《파스타를 삶는다》라는 말을 다르게 표현할 길이 없을까? 자꾸 반복하다 보니 다른 표현이 있다면 쓰고 싶을 정도로 따분하다).

준비해둔 오븐 용기에 라구 소스를 2테이블스푼 정도 깔아 펴고, 그 위에 삶아둔 파스타를 얹는다. 그 위에 약간 부족하다 싶게 라구 소스를 얹고, 미트볼과 모차렐라 치즈를 파르메산 치즈와 함께 넉넉하게 뿌려둔다. 층층마다 미트볼과 소스의 양을 잘 배분할 것. 맨 위에 까는 파스타 위에는 미트볼을 얹지 않고 라구 소스와 치즈들을 조금 넉넉하게 얹는다.

미리 예열해 둔 오븐 (컨벡션 오븐은 200도, 구식 가스 오븐은 220도)에 넣어 30~40분 정도 윗부분이 노릇노릇해질 때까지 굽는다. 오븐에서 꺼내어 15분 정도 식힌 다음 먹는다.

튀긴 가지와 매운 토마토소스를 쌓아 구운 라자녜 리체
'MELANSAGNA NAPOLIGIANA'

6인분

라자녜 리체 400g

중간 크기의 가지 2개, 5mm 두께로 슬라이스해서

가지를 튀길 때 필요한 밀가루와 튀김용 기름

아라비아타 소스 (196쪽) 또는 가벼운 맛의 토마토소스(15쪽)에 마른 고추 부순 것 약간 넣은 것 500ml

바질 굵게 다진 것 25g

버팔로 모차렐라 치즈 250g. 다지거나 손으로 잘게 뜯어서

파르메산 치즈 갈은 것 200g

이 요리와 잘 어울리는 파스타

lasagne

이 요리는 멜란자네 파르미지아나(〈가지 그라탱〉)와 라자녜 나폴레타네의 〈못된〉 버전이다.* 두 요리 모두 나폴리 지역의 음식이다. 원래 레시피보다 많이 변형되어 전해 내려오긴 했지만 (고백하건대, 나 또한 멋대로 바꾸어서 만들곤 했다), 여전히 나폴리 지역에서 쉽게 만날 수 있다.

파스타를 삶는다. 면이 유연해 보여도 안에는 살짝 덜 익은 상태가 되도록 삶아야 하니 차가운 물에 담가 완전히 식힌 다음, 마른 천으로 물기를 말린다. 질 좋은 천일염을 가지에 뿌려 30분 정도 절인다 (삼투압에 의해 물은 충분히 빠져 나오지만 요즘 가지는 옛날처럼 쓴맛이 그리 심하지 않다). 다 절여진 가지는 물에 헹궈 씻은 다음, 꼭 짜서 물기를 말린다. 넓은 프라이팬을 준비해서 0.5mm 정도 높이가 되도록 기름을 붓고, 불을 세게 올린다. 기름이 아주 뜨겁게 달궈져 연기가 나기 직전, 손질해 놓은 가지에 밀가루를 살짝 묻혀 튀긴다. 가지를 너무 한꺼번에 많이 튀기지 말고, 충분히 기름에 잠기도록 해서 튀긴다. 양면을 각각 1분 정도 튀겨서 옅은 갈색이 되면 꺼내서 기름을 잘 털어낸다.

20×30cm 정도의 오븐 용기를 준비해 바닥에 토마토소스를 약간 펴 바른다. 그 위에 가지를 깔고, 위에 파스타를 얹는다. 그 위에 바질과 모차렐라와 파르메산 치즈, 토마토소스를 약간 얹은 다음, 파스타를 얹고, 가지를 얹는다. 파스타, 가지, 소스, 바질, 치즈의 순서대로 반복해 바닥과 맨 위가 가지로 시작되고 끝날 수 있도록 한다. 맨 윗부분에는 파르메산 치즈는 얹지만 바질은 얹지 않는다. 미리 예열해 둔 오븐에 넣어 (컨벡션 오븐은 200도, 구식 가스 오븐은 220도) 윗부분이 노릇노릇해지고 가지가 보글보글 끓을 때까지 40분 정도 굽는다.

★ 아마 살짝 매워서 이렇게 말하는 듯.

LINGUINE, BAVETTE, TRENETTE

링귀네, 바베테, 트레네테

치수
길이: 260mm
너비: 3mm
두께: 2mm

동의어
lingue di passero (〈제비의 혓바닥〉)

비슷한 모양의 파스타
trenette (크기가 약간 큼)

이 파스타와 잘 어울리는 재료와 소스
아라비아타, 보타르가(bottarga, 소금에 절여 말린 생선알)와 빵가루, 푹 삶은 베이컨과 완두콩, 제노베제 미트소스, 렌틸 콩, 바닷가재, 홍합과 생강, 제노베제 페스토, 푸타네스카, 로마네스코 브로콜리, 가리비와 타임, 참치 뱃살과 토마토, 브로콜리, 안초비와 크림, 애호박과 새우, 호박꽃, 랑구스틴과 사프론, 아몬드로 만든 페스토, 가난한 자의 송로버섯, 토마토소스

유사한 이 두 개의 파스타는 이름마저 맛있다. 그중 바베테가 가장 오래된 것으로, 어원은 스바바레(sbavare, 〈군침 흘리는〉) 또는 바바(bava, 〈침을 질질 흘리는〉)에서 왔는데 이 단어는 〈턱받이〉를 뜻하는 프랑스어 바베트 bavette의 영향을 받은 것이기도 하다. 우리에게 잘 알려진 이름인 링귀네의 어원은 그다지 밝혀진 바가 없지만 문자 그대로 〈작은 혓바닥〉이라는 뜻이다. 스파게티(230쪽)처럼 길지만 납작하게 타원형으로 눌러 놓아 정말 혓바닥같이 생겼다. 원통형 파스타와 납작한 파스타의 장점이 잘 섞여 있는 링귀네는 해산물과 토마토를 베이스로 만든 소스가 가장 잘 어울린다.

트레네테는 리구리아 지역, 특히 제노아를 대표하는 파스타이다. 네모나게 잘라 놓은 링귀네같이 생겼고, 세몰리나와 물만을 이용해 만드는데, 생파스타나 마른 파스타 모두 맛있다. 마케로니 알라 키타라(156쪽)와도 비슷한 트레네테는 두 가지 큰 장점이 있다. 일단 링귀네나 스파게티보다 납작한 부분이 약간 더 넓기 때문에 소스를 좀 더 많이 묻힐 수 있고, 약간 두껍기도 하기 때문에 제대로만 삶는다면 씹는 맛이 아주 좋다.

전통적으로 페스토 소스, 줄기콩을 감자와 함께 삶은 것(276쪽), 리구리아 지역의 미트소스인 토코(212쪽)와 곁들여 먹는데, 리구리아 사람들은 미트 소스와 함께 먹어야 제맛이라고 한다. 말린 트레네테 260g을 삶아 토코 100ml에 버무려 내면 4인이 전채로, 2인은 메인 코스로 먹을 수 있는 양이 나온다.

모시조개와 올리브유, 마늘 링귀네
LINGUINE ALI F VONGOLE

**전채로는 4인분,
메인코스로는 2명이 먹을 분량**

말린 파스타 (링귀네, 바베테, 스파게티, 스파게티니 중 택일) 200g

엑스트라 버진 올리브유 6테이블스푼

모시조개 600g 깨끗이 씻어서 (바지락을 이용해도 된다)

마늘 1알 얇게 저며서

마른 고추 부순 것 엄지와 검지를 이용해서 크게 집어서

이탈리안 파슬리 한 줌, 잘게 다진 것

화이트 와인 4테이블스푼

이 소스와 잘 어울리는 파스타
spaghetti, spaghettini

모든 이들이 좋아하는 레시피. 만드는 법도 아주 간단하다.

파스타를 삶는 동안 넓은 프라이팬을 센 불에 올린다. 팬이 아주 뜨거워지면 기름을 두르고 재빨리 모시조개와 마늘, 고추를 넣는다. 잠깐 볶은 다음 (개인적으로 마늘의 가장자리가 노릇해질 때까지 볶는 것을 선호하지만 취향에 따라 만들면 된다), 파슬리와 와인을 넣는다. 모시조개에서 육수가 나오면서 부글거리기 시작하면 익기 시작한 것이다. 조개껍질이 벌어지기 시작하면 된 것이니 너무 오랫동안 익히지 않는다. 만약 소스가 너무 없어 보이면 물을 약간 넣을 수는 있겠지만 완성된 파스타 소스는 오일과 국물의 비율이 반반이어야 한다.

거의 모든 모시조개가 입을 벌렸으면 삶은 파스타를 넣어 뒤적거리면서 모든 모시조개가 익었는지 확인한다. 즉시 상에 낸다 (끝까지 입을 벌리지 않은 모시조개는 건져내어 버리도록 한다).

소스가 좀 걸쭉한 것이 좋다면 밀가루를 아주 조금, 모시조개를 넣기 전에 오일에 넣는다. 소스는 걸쭉해지겠지만 전체적으로 무거운 느낌이 들어 나는 좋아하지 않는다.

바닷가재 링귀네
LINGUINE AI l'ASTICE

**전채로는 4인분,
메인코스로는 2명이 먹을 분량**

링귀네 200g

살아 있는 바닷가재 작은 것 1마리
(대략 500g)

마늘 1개 얇게 저며서

마른 고추 부순 것 1/4티스푼

화이트와인 60ml

가벼운 토마토소스 (15쪽에 있는 레시피로 만들거나, 토마토 갈아서 체에 내린 것passata, 또는 생 토마토 갈은 것을 사용하면 된다)

이 소스와 잘 어울리는 파스타

bavette, malloreddus, spaghetti, spaghettini

살아 있는 바닷가재를 죽이는 법. 랍스터를 엎어두고, 머리가 끝나는 부분을 칼로 찍어 머리부터 자른 다음, 머리 밑 몸통 부분도 자른다. 만약 비위가 약하다면 냉동고에 15분 정도 넣어두어 감각이 없어지게 한 다음, 끓는 물에 3분 정도 데치는 방법도 있지만 칼로 죽이는 것이 즉사를 시키기 때문에 사실 더 자비로운 방법이다. 그렇게 냉동시켜 데치고 나서도 어쨌든 칼로 반을 잘라야만 하니까.

랍스터를 반으로 가른다. 갈색이 나는 부분과 눈 사이에 있는 질긴 막을 모두 흐르는 찬물로 씻어낸다. 눈과 더듬이가 달려 있는, 머리의 2cm쯤 되는 부분을 잘라버린다. 〈죽은 자의 손가락〉이라고 불리는 부분도 모두 제거하는데 (정말 회색의 시체 손가락처럼 생겼다), 손으로 잡고 잡아당기면 된다. 몸통과 (여러분이 머리라고 알고 있는) 꼬리 부분을 굵직하게 썬다. 집게발을 잡아당겨 몸통에서 분리한 다음, 나중에 먹기 편하도록 칼등으로 두들겨 집게 껍질을 살짝 부숴 놓는다. 껍질에서 살을 발라내지 말고 같이 다듬어야 한다. 만들어 놓으면 보기 좋은 것은 물론 껍질에서 맛이 우러나오기 때문이다.

파스타를 삶는다. 다 삶아지려면 4~5분 정도 남았을 때, 넓은 팬에 오일을 두르고 다듬어 놓은 랍스터를 2분 정도, 너무 뒤적거리지 말고 굽는다. 마늘과 고추를 넣어 30초 동안 더 볶다가 와인과 토마토를 넣는다. 팬을 살짝 흔들어주면서 랍스터가 완전히 익도록 한다. 소스의 상태는 약간 물기가 있어 보이는 것이 좋은데, 너무 말라 보인다면 파스타 삶은 물을 약간 추가한다. 다 삶아진 파스타(늘 그렇듯 알덴테보다 약간 덜 삶은 정도로)를 건져내어 소스에 넣는다. 파스타에 소스가 골고루 묻고, 맛을 보아 먹기 좋은 알덴테로 익으면 불을 끄고 즉시 서빙한다.

LUMACHE
루마케

치수
길이: 27mm
너비: 15mm
지름: 12.5mm

동의어
chifferini, ciocchiolette, cirillini, gomitini, gozziti, lumachelle, pipe, pipette(〈작은 파이프〉), tofarelle

이 파스타와 잘 어울리는 재료와 소스
푹 삶은 베이컨과 완두콩, 푸타네스카, 리코타 치즈와 토마토, 소시지 소스, 트레비소와 스페크 햄, 폰티나 치즈

루마케(〈달팽이〉)는 고미티(130쪽)처럼 생겼지만 대체로 크고, 한쪽이 구불구불한 모양으로 오그라들어 있다. 달팽이 껍질을 흉내 냈다고는 하지만 더 예쁘고, 파스타를 만들었을 때 소스도 잘 묻는다. 보통 크기의 루마케는 엄지손가락 한 마디 정도 되는 크기지만 (실제 달팽이 사이즈와 비슷하다), 카넬로니(50쪽)나 마니코티(168쪽)처럼 속을 채울 수 있는 커다란 사이즈도 있다. 대부분의 루마케는 기본적인 튜브형 파스타를 개량한 것이지만 몇몇 루마케의 가장자리는 워낙 구불구불하고 섬세하게 모양이 잡혀 있어 정원에서 찌르레기가 파먹고 버린 달팽이 껍질과 깜짝 놀랄 정도로 비슷하게 생겼다.

달팽이 소스 루마케
LUMACHE ALI F LUMACHE

**전채로는 8인분,
메인코스로는 4명이 먹을 분량**

루마케 400g

중간 크기 양파 1개 (대략 150g 정도, 붉은 양파든 흰 양파든 무관)

마늘 3알

이탈리안 파슬리 다진 것 8테이블스푼

엑스트라 버진 올리브유 8테이블스푼

삶아서 속만 발라낸 달팽이 350g (통조림도 괜찮음)

잘 익은 토마토 800g, 믹서에 갈거나 으깬 것

화이트 와인 125ml

바질 다진 것 4테이블스푼

신선한 민트 잎 다진 것 3테이블스푼

마지막에 뿌려 낼 빵가루, 질 좋은 빵을 직접 갈아서 2티스푼의 엑스트라 버진 올리브유에 볶은 다음, 식혀서 4테이블스푼의 페코리노 로마노 치즈 갈은 것과 섞어서 준비

달팽이 소스에 버무린 달팽이 모양 파스타. 이 달팽이 라구 소스는 다른 파스타에도 잘 어울린다. 물론 이것만큼 재미는 없겠지만.

양파와 마늘, 파슬리의 절반을 곱게 다진다. 속이 깊은 팬에 오일을 두르고, 다듬은 재료에 소금을 살짝 뿌려 부드러워질 때까지 볶는다. 그 다음, 달팽이를 넣고 몇 분 더 볶은 다음, 토마토와 와인을 넣고 약한 불에서 45분 정도 졸인다. 소스가 걸쭉해지면서 위에 기름이 떠오르면 다 된 것. 소금, 후추로 간을 한 다음, 바로 먹어도 되지만 냉장 보관했다가 먹을 때 다시 데우면 된다.

바로 먹고 싶다면 파스타를 삶는다. 물기를 잘 뺀 파스타를 소스에 넣고 1~2분 정도 끓이다가 바질과 민트, 남은 파슬리를 넣고 잘 저어준다. 접시에 담은 다음, 바삭한 질감을 더해주기 위해 볶아서 치즈와 섞어 놓은 빵가루를 얹어 낸다.

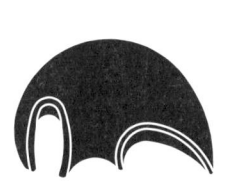   

MACCHERONCINI
마케론치니

치수
지름: 6mm
길이: 45mm
두께: 1.5mm

이 파스타와 잘 어울리는 재료와 요리법
닭고기와 자두, 마카로니 샐러드, 참치와 가지

너비가 좁고 길이가 3~5cm 정도 되는 이 튜브형 파스타는 이탈리아 이외의 지역에서는 마카로니라는 이름으로 알려져 있다. 마카로니는 마케로네 maccherone가 어원으로, 그리스어 마카리아(makaria, 〈축복받은 양식〉)에서 나왔다. 이탈리아에서 마케로네는 일반적으로 육수나 물(일례로 마른 면)에 넣어 삶는 모든 면류를 지칭하는 말인데 미국에서도 최근까지는 마케로네라고 불렸다. 1981년 〈미국 마카로니 협회〉가 〈미국 파스타 연합회〉로 개명하면서 새로운 이름을 얻기 전까지는.

마카로니의 모양은 나폴리에서 처음 만들어졌다. 한때 나폴리인들은 워낙 푸른 잎 채소를 좋아해서 이탈리아 전역에서 만지아폴리에(mangiafoglie, 〈잎사귀 먹는 사람들〉)로 유명했다. 18세기에 나폴리는 파스타 붐을 선도하는 곳이었는데 그곳의 기후가 파스타를 만들어 건조시키기에 안성맞춤이었기 때문이다. 상인들은 길에 좌판을 펼치고 현지 노동자나 단체 관광객들인 영국의 젊은 귀족들에게 치즈를 뿌린 뜨거운 파스타를 팔았다. 이들 노점상들이 나폴리의 관광 명소가 되었고, 나폴리의 윤택함의 상징이 되었다. 이후 나폴리인들의 별명은 만지아마케로니(mangiamaccheroni, 〈파스타 먹는 사람〉)로 바뀌었고, 지금까지도 나폴리인들을 지칭하는 애칭으로 남아 있다. 나폴리는 이탈리아 전역에서 생산되는 파스타 량의 1/4밖에 생산하지 못함에도 불구하고 나폴리 하면 거의 모든 사람들은 파스타를 떠올린다.

토마토와 가지 소스 마케론치니
PASTA ALLA NORMA

**전채로는 4인분,
메인코스로는 2명이 먹을 분량**

마케론치니 200g

중간 크기 가지 1개 (대략 300g)

질 좋은 천일염 1/2티스푼

튀김용 기름 (옥수수, 해바라기 씨, 유채씨 기름 등 발화점이 높은 기름으로)

중간 크기 양파 반 개 다진 것.

마늘 2알

마른 고추 부순 것 약간 (엄지와 검지로 살짝 집은 양)

엑스트라 버진 올리브유 3테이블스푼

중간 맛의 토마토소스 90ml

바질 잎 8~10장 굵게 다지거나 손으로 뜯어서

리코타 살라타 치즈 같은 것 80g 또는 훈제 리코타 치즈 120g 손으로 잘게 부순 것.

이 소스와 잘 어울리는 파스타

bucatini, cavatappi, gemelli, paccheri, penne, pennini rigati, rigatoni, sedanini, spaccatelle, spaghetti, tortiglioni, ziti/candele

시칠리아에서 가장 유명한 요리 중의 하나로, 벨리니의 오페라 「노르마 Norma」에서 이름을 따왔다. 전해져오는 이야기(물론 출처는 불분명)에 따르면 한 셰프가 「노르마」 공연을 보고 너무 감명을 받은 나머지 공연이 끝나자마자 부엌으로 달려와 이 요리를 창조해내 이름을 붙였다고 한다. 하지만 이 레시피는 오페라가 만들어지기 이전부터 있었고, 벨리니의 고향인 시칠리아에서는 뭐든 훌륭한 것을 보면 〈우나 베라 노르마una vera Norma〉(〈노르마는 진실이다〉)라고 말하는 것이 극찬의 관용어가 된 이후로 이 파스타에도 노르마란 이름이 붙게 된 것이라고 보는 것이 정확하겠다. 어쨌든 이 파스타는 너무 맛있어서 저절로 시칠리아 사람처럼 외치게 된다. 〈노르마는 진리다!〉

가지를 2cm 크기의 주사위 모양으로 대강 자른다. 소금의 절반 분량을 가지에 뿌린 다음, 아주 뜨거운 기름에서 전체적으로 갈색이 나고 부드러워질 때까지 튀겨준다. 키친타월 위에 얹어 기름기를 뺀다. 가지를 튀기는 과정은 파스타를 삶기 전에 미리 해두는 것이 좋다 최악의 경우, 파스타 물이 뜨거운 기름 속으로 튀어 들어갈 수도 있기 때문이다.

파스타를 끓는 물에 넣고, 튀김 팬이 아닌 다른 팬에 양파, 마늘 (칼등으로 한 번 쳐서 살짝 부서진 상태. 하지만 모양은 유지한다), 고추를 남은 소금과 올리브유를 넣고 볶는다. 양파가 부드럽고 전체적으로 노릇해질 때까지 5~8분 정도 볶을 것. 마늘은 빼버리고, 토마토소스와 파스타 삶은 물 60ml를 넣는다. 튀겨 놓은 가지도 넣어 잘 저어줄 것. 알덴테보다 조금 덜 삶은 파스타를 건져내어 다 같이 1분 정도 끓인다 (파스타 삶은 물이 조금 더 필요할 수도 있다). 바질을 맨 마지막에 넣고, 저은 다음 접시에 담고 리코타 치즈를 뿌려 낸다.

마카로니와 치즈
MACARONI CHEESE

2인의 메인코스, 또는 4~5명이 곁들임 요리로 먹을 분량

마케론치니 또는 카바타피 (68쪽) 200g

버터 50g + 접시에 바를 양 약간 더

중력분 3테이블스푼

월계수 잎 1장

넛멕

우유 300ml

파르메산 치즈 갈은 것 150g

체다 치즈 또는 폰티나 치즈 1cm 크기로 깍둑썰기 한 것 100g

직접 갈아 만든 빵가루 3테이블스푼 (옵션)

이 요리와 잘 어울리는 파스타

cavatappi, chifferi rigati, sedanini

19세기에 토마스 제퍼슨이 이탈리아에 체류했다가 돌아가면서 이 레시피를 가지고 간 것으로 알려져 있다. 고로 이 레시피는 이탈리아 레시피라고는 할 수 없다 (아마 196쪽에 실린 오븐에 구운 파스타 레시피를 가지고 갔을 것이고, 그것이 변형되어 이 요리법이 된 것). 여러분이 정통 이탈리안 스타일보다 철저한 미국식 마카로니 치즈를 원한다면 폰티나 치즈 대신 체다 치즈를 쓰면 된다.

20×12cm 정도의 오븐 그라탱 용기에 버터를 바른다. 봉지에 쓰여 있는 시간의 절반 동안만 파스타를 소금물에 삶아 건져 물기를 잘 뺀다. 덜 익었더라도 걱정하지 말 것.

먼저 루roux를 만든다. 버터를 녹이고, 밀가루와 월계수 잎을 더한 다음 넛멕을 조금 갈아 뿌리고, 소금, 후추를 넣는다. 밀가루가 갈색으로 타버리지 않게 주의하면서 몇 분간 볶다가 우유를 조금씩 넣는다. 멍울이 지지 않도록 나무 주걱으로 잘 저어준다. 주의 깊게 우유를 더하고 풀어가며 저어 줘야 부드러운 소스를 얻을 수 있다. 소스에 파르메산 치즈 양의 2/3만 넣은 다음, 삶아 놓은 파스타를 넣는다. 전체적으로 다 코팅이 되면 체다 치즈나 폰티나 치즈를 넣고 슬쩍 한 번 섞어준 다음, 오븐 용기에 넣는다. 스푼을 이용해 윗부분을 최대한 평평하게 다듬은 다음, 남은 파르메산 치즈를 뿌린다 (더 바삭한 것을 원한다면 빵가루와 섞어 뿌려도 된다).

미리 예열해둔 오븐에 넣어 (컨벡션 오븐은 220도, 구식 가스 오븐은 240도) 윗부분이 먹음직한 갈색이 되고, 아주아주 뜨거워지도록 20분 정도 굽는다. 다 구워진 마카로니 치즈는 10분 정도 식혔다가 먹는다. 안 그러면 누군가의 입천장이 필시 홀랑 까질듯.

MACCHERONI ALLA CHITARRA

마케로니 알라 키타라

치수
길이: 100mm
너비: 3mm
깊이: 2mm

동의어
라조 지역: caratelle, tonnarelli
몰리세 지역: crioli
마르케 지역: stringhetti

이 파스타와 잘 어울리는 재료와 소스
안초비, 호박꽃, 오리고기 소스, 마늘 소스, 제노베제 미트소스, 햄과 완두콩과 크림, 양고기 소스, 제노베제 페스토, 가리비와 타임, 트레비소, 스페크 햄과 폰티나 치즈, 참치 뱃살과 토마토

아브루초 Abruzzo 지역에서 흔히 먹는 파스타로, 두껍게 밀은 파스타 시트를 키타라(chitarra, 〈기타〉)라고 불리는 팽팽하게 묶은 줄이나 철사 위에 놓고 밀어낸 것이다. 이 기다란 파스타를 마케로니라고 부르는 것이 이상할지 모르지만, 역사적으로도 이게 맞는 이름이다. 남부에서는 마케로니가 파스타를 통칭하는 보편적인 이름이니까. 매운 고추와 잘게 썬 양고기를 이용한 소스와 함께 내는 이 파스타는 최근에 고향을 벗어나 전 세계적인 인기를 얻고 있다. 도구만 있으면 쉽게 만들 수 있고, 가늘게 채 썬 야채들과 잘 어울리기 때문에 전 세계 파스타 셰프들에게 사랑받고 있다. 애호박을 가늘게 채쳐 새우와 볶은 소스와 먹으면 천국이 따로 없을 정도이다. 다음 쪽에 소개하는 레시피도 이 지역에서 만들어진 것이다.

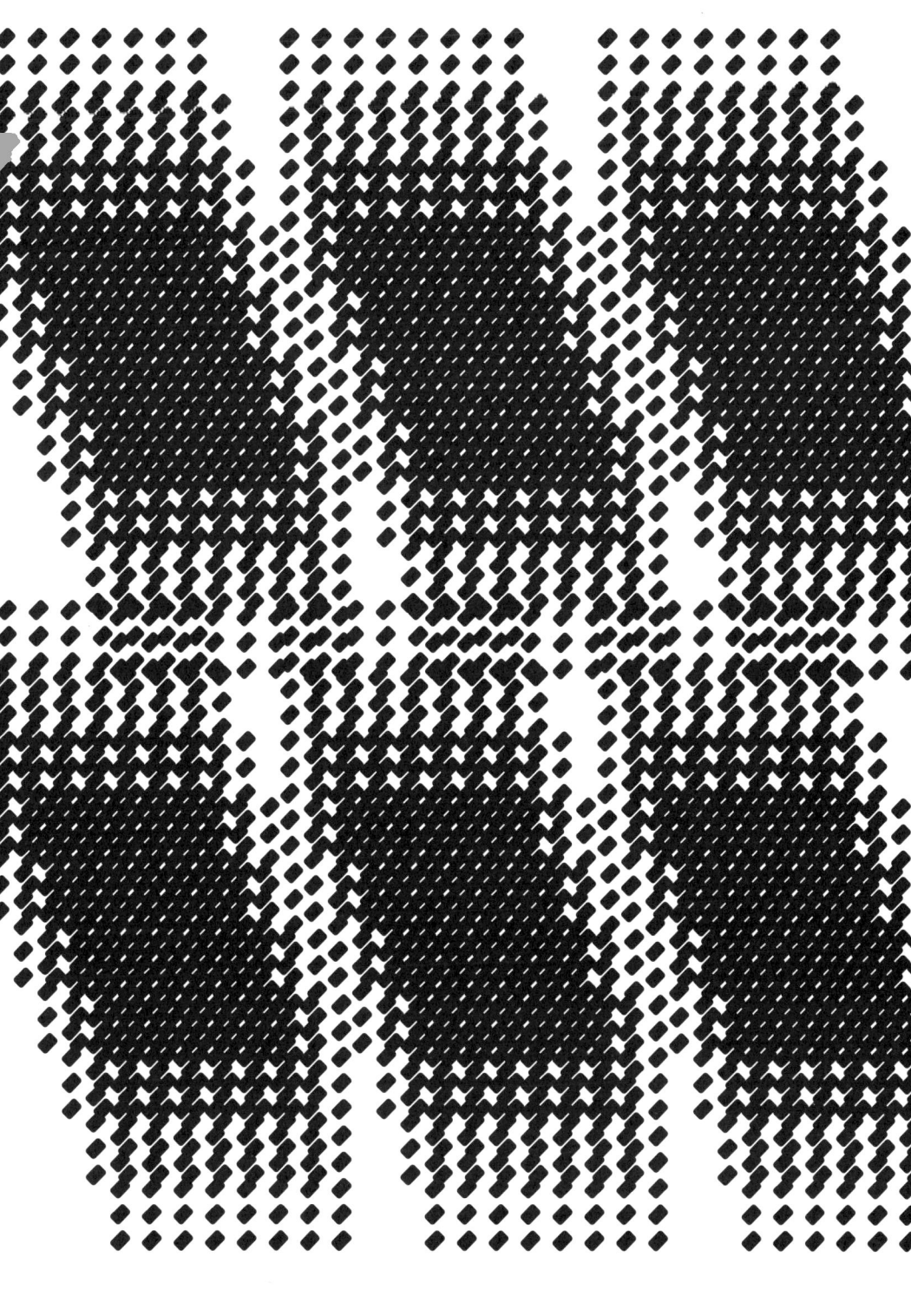

올리브와 버섯으로 만든 가난한 이들의 송로버섯
MACCHFRONI ALLA CHITARRA CON TARTUFO DEI POVERI

**전채로는 4인분,
메인코스로는 2명이 먹을 분량**

생 마케로니 알라 키타라 250g 또는 마른 것 200g

양송이버섯 200g

말린 검은 올리브 70g (대략 20알 정도)

안초비 필레 2쪽

엑스트라 버진 올리브유 4테이블스푼

마른고추 부순 것, 엄지와 검지로 살짝 집어서

이 소스와 잘 어울리는 파스타

bigoli, fazzoletti, pici, spaghetti, trenette

버섯을 사용하긴 했지만 레시피 이름과 달리 송로버섯 맛은 안 난다. 오늘날 송로버섯 가격이란 게 부르는 게 값인지라 아주 부자들만 진짜를 맛 볼 수 있을 정도이다.

수분 없이 약간 건조한 느낌의 소스이지만 쫄깃한 생 파스타 면발과 아주 잘 어울린다. 특히 생 스파게티 면과도 아주 잘 어울리니 키타라를 구할 수 없을 때는 구하기 쉬운 생 스파게티로 대체해서 한 번 만들어보자.

버섯의 지저분한 기둥을 떼어내고, 젖은 키친타월을 이용해 잘 닦아준다. 깨끗한 버섯을 구했다면 이 과정을 생략해도 된다. 올리브 씨를 제거하고, 버섯과 올리브, 안초비와 고추 부순 것을 모두 푸드 프로세서에 넣고 곱게 갈아준다.

생 파스타를 이용할 경우에는 파스타를 끓는 물에 넣는 시점과 동시에 소스도 만들기 시작하면 된다.

팬에 올리브유를 두르고 중불 위에서 갈아 놓은 버섯을 볶는다. 기름기 도는 갈색 흙처럼 보일 것이다. 삶은 파스타와 4테이블스푼의 파스타 삶은 물을 같이 넣고, 전체적으로 잘 섞일 때까지 끓인다. 소스는 물기가 거의 없어 보이는 것이 맞지만 너무 물기가 없다 싶으면 취향에 따라 물을 조금 더해주면 된다.

주키니와 새우를 넣은 마케로니 알라 키타라
MACCHERONI ALLA CHITARRA CON GAMBERI E ZUCCHINE

**전채로는 4인분,
메인코스로는 2명이 먹을 분량**

마른 마케로니 알라 키타라 200g
또는 생 파스타 260g

애호박 2~3개 (대략 300g)

마늘 1알 성냥개비처럼 길게 잘라서

새우 300~400g, 껍질을 벗기고
나서 무게가 150~200g 정도
되도록 준비

엑스트라 버진 올리브유 3테이블스푼

버터 50g

바질 잎 10장 돌돌 말아 채 썰거나
손으로 뜯어서

이 소스와 잘 어울리는 파스타

farfalle, farfalle tonde, maltagliati, pappardelle, spaghettini, tagliatelle, trenette

이 소스는 만들기도 아주 쉬울 뿐더러 굉장히 맛있다. 구할 수 있는 최고의 새우를 구해 보자. 나는 시칠리아산 붉은 새우를 사용한다. 구하기는 힘들지만 맛이 그야말로 끝내준다. 대체물로 풀Poole 새우를 사용할 수도 있는데, 남부 잉글랜드 지역에서 가을부터 겨울에 걸쳐 잡히는 통통하고 즙이 많은 새우다. 작은 바닷가재(랑구스틴)나 바닷가재를 사용해도 좋다.

애호박의 양 끝을 다듬은 뒤 반으로 가른다. 먼저 폭 1~2mm의 편으로 썬 다음, 폭과 같은 길이로 잘라 기다란 모양이 되도록 한다. 파스타의 길이, 두께와 비슷하게 썰면 잘된 것이다. 요리하기 전에 살짝 소금을 뿌려 놓는데, 사실 이 과정은 생략해도 된다. 파스타를 삶는다.

마케로니가 다 익기 몇 분 전, 넓은 소스 팬을 중불 위에 올린다 (소스를 면과 볶을 만한 충분한 공간을 가진 팬이어야 한다. 중국 팬wok도 좋다). 오일에 마늘을 넣고 볶는데, 색이 변하지 않도록 한다. 길게 채 썰어 놓은 애호박과 새우를 넣고 반쯤 익었을 때, 버터를 더한다. 애호박이 숨이 죽고 전체적으로 소스가 반질반질하게 변할 때까지 볶는다. 다 알겠지만 애호박이 숨이 죽어도 여전히 씹는 맛은 살아 있어야 한다. 파스타를 건져내어 소스에 넣고 섞은 다음, 불을 아주 세게 올려 30초 정도 볶는다. 바질을 더하고 간을 본 다음, 즉시 서빙한다.

MACCHERONI INFERRATI
마케로니 인페라티

치수
길이: 125mm
너비: 5mm

동의어
busiati 또는 firrichiedi, maccheroni chi fir, maccheroni al ferro

이 파스타와 잘 어울리는 재료와 소스
아마트리치아나, 카르보나라, 줄기 브로콜리, 마늘 소스, 줄기콩, 제노베제 미트소스, 그리치아, 카치오 에 페페, 제노베제 페스토, 아몬드를 넣은 페스토, 토끼와 매운 토마토소스, 정어리와 펜넬, 소시지와 크림, 참치 뱃살과 토마토

부샤티(40쪽)와 마케로니 인페라티는 모양은 다르지만 만드는 법은 유사한 두 파스타로, 종종 이름이 바뀌어가며 쓰인다. 부샤티는 전화선 모양으로 돌돌 말려 있지만, 마케로니 인페라티는 거의 곧은 튜브형에 가깝다. 둘 다 시칠리아와 칼라브리아 지역의 특산물이다.

전통적으로 마케로니 인페라티는 파스타 반죽을 옛날 뜨개바늘로 쓰였던 철심에 말아 모양을 만드는데, 철심뿐 아니라 나무 바늘로도 잘 된다. 부샤티를 만들 때는 반죽과 철심의 각도를 사선으로 놓고 말아 구불구불한 전화선 모양이 되었지만, 여기에서는 반죽 위에 심을 곧게 놓고 말아 튜브형으로 완성된다. 핸드메이드 부샤티 만드는 법은 앞에 소개했다.

이 파스타를 만드는 데는 두 가지 방법이 있는데, 둘 다 보통 밀가루 반죽과 세몰리나 반죽(10쪽)을 사용한다.

마케로니 인페라티 만들기
MAKING MACCHERONI INFERRATI

방법 하나

담배 두께로 반죽을 길게 민 다음, 담배 길이 정도로 자른다. 평평한 작업대에 반죽을 놓고 그 위에 밀대 구실을 할 심을 놓는다. 반죽을 누르고, 손바닥을 이용해서 잽싸게 옆으로 늘려준다. 반죽을 옆으로 미는 동작을 하면 철심 지름보다 약간 더 두꺼운 빈 공간이 생기게 되는데, 다 만든 다음 바늘을 잡아 빼면 된다.

방법 둘

파스타 반죽을 너비가 3mm 정도 되는 리본으로 길게 민 다음, 15cm 간격으로 자른다. 자른 반죽을 평평한 작업대 위에 놓고 파스타 모양을 잡을, 가장자리가 곧은 물건을 준비한다 (깨끗한 플라스틱 자가 좋다). 작업대 위에 반죽을 놓고, 그 위에 자를 45도 각도로 놓고 잡는다. 자로 반죽을 누르고, 몸 쪽으로 살짝살짝 끌어당기면 늘어나면서 돌돌 말린 튜브형 파스타가 된다.

돼지고기와 돼지 껍데기를 넣은 토마토소스 마케로니 인페라티

MACCHERONI INFERRATI CON RAGÙ DI COTICA

이 레시피는 4명이 먹을 수 있도록 만들어진 것이지만 반을 나눠 2인분으로 만들어도 맛이 나쁘지 않다. 돼지 껍데기는 제거해 종종 개 먹이로 줘 버리는 부위이다. 하지만 정말 맛있고, 영양 만점의 젤라틴이 듬뿍 들어 있어 맛있는 소시지와 소스, 스튜의 재료로 쓰인다. 먹더라도 돼지로 변하는 일은 없으니 안심하시길.

이 소스는 만드는 데 어림잡아 3시간 이상이 걸린다. 하지만 만드는 동안 계속 지켜봐야 하는 까다로운 소스도 아니고, 원한다면 미리 만들어 놓아도 괜찮다.

먼저 껍질과 고기를 분리한다. 고기는 잘게(1cm) 주사위 크기로 깍둑썰기 한다. 껍질 부분은 끓는 물에 넣어 5분간 데쳐서 자르기 쉽게 만든다 (이 과정을 거치지 않으면 지나치게 질겨 자르기 힘들다). 데친 껍질은 5mm 너비에 3~4cm 길이로 자른다. 중간 크기 냄비에 기름을 두른 다음, 중불에서 달군다. 돼지고기를 넣어 노릇하게 될 때까지 10~15분 정도 튀기듯 볶아준 다음, 다듬어 놓은 야채와 마늘, 월계수 잎, 펜넬 씨와 넉넉한 양의 소금을 넣는다. 야채가 기름을 잘 빨아들이고 살짝 노릇해지면서 부드럽게 익을 때까지 10~15분 정도 볶는다. 돼지 껍데기와 와인, 토마토와 우유를 넣고 끓기 시작하면 불을 약하게 줄여, 소스가 진해지고 껍데기가 부드러워질 때까지 익힌다. 만약 이 소스를 미리 만들어 두는 것이라면 불을 끄고 이 상태에서 보관하고, 만들어서 바로 먹을 예정이면 계속 끓인다.

파스타는 좀 많이 단단하다 싶을 만큼 삶은 다음 건진다. 끓고 있는 소스에 파스타를 넣고, 전체적으로 소스가 골고루 묻고, 면이 입맛에 맞게 익을 때까지 몇 분 더 익힌다. 마지막으로 바질 잎을 넣어 저어준 다음, 그릇에 담고 파르메산 치즈를 뿌려 낸다.

메인코스 4인분

400g의 세몰리나 가루로 만든 생 마케로니 인페라티 또는 마른 것 400g

껍데기가 붙어 있는 삼겹살 500g

엑스트라 버진 올리브유 4테이블스푼

셀러리 한 줄기, 잘게 다진 것

당근 반 개 잘게 다진 것

중간 크기 양파 1개 잘게 다진 것

마늘 2알 잘게 다진 것

월계수 잎 2장

펜넬 씨 부순 것 1/2티스푼

레드 와인 500ml

홀 토마토 캔 또는 신선한 토마토 다진 것 400g

우유 250ml

바질 잎 20장

완성하고 뿌려 낼 파르메산 또는 페코리노 치즈 갈은 것 약간

이 소스와 잘 어울리는 파스타

bucatini, cavatelli, fusilli, bucati, gemelli

MALLOREDDUS
말로레두스

치수

길이: 30mm
너비: 10.5mm

동의어

caidos, macarones cravaos, maccaronis de orgin, 대량 생산되는 말로레두스는 gnocchetti sardi

이 파스타와 잘 어울리는 재료와 소스

보타르가와 빵가루, 바닷가재, 카치오 에 페페, 새우 샐러드, 토마토소스

〈아주 작은 말로루〉(malloru, 사르디니아 사투리로 〈황소〉)인 말로레두스는 〈통통하고 작은 송아지〉라는 뜻이다. 세몰리나 반죽(10쪽)에 약간의 사프란을 이용해 노랗게 물들여 만든 이 작은 파스타는 약간 길게 늘여 만든 우아한 소라고둥같이 생겼는데, 겉면에 홈이 파여서 소스가 잘 묻는다. 겉면 홈은 옛날에는 대바구니 위에 반죽을 놓고 눌러 만들었는데, 요즈음은 이 홈 모양을 내기 위한 유리로 된 전용 기구인 치울리리 ciuliri를 쓴다. 사르디니아 지역 밖에서는 대부분 말려서 포장해 놓은 말로레두스를 살지 모르지만 일단 섬 안에서는 대부분 직접 만든 것을 사용한다. 사르디니아 지역 신부들은 결혼식 전날 밤, 몸에 은으로 된 장신구를 걸치고, 손에는 직접 만든 말로레두스가 가득 든 바구니를 들고 동네를 한 바퀴 돈다. 그리고 신부 곁을 바짝 뒤따라오는 가족들이 자신에게 기관총을 쏘지는 않을까 잔뜩 긴장하고 있는 약혼자의 집으로 들어선다. 그리고 새 접시에 말로레두스를 담아 대접한다.

사프란은 꽤 비싼 물건이다. 실은 크로커스crocus가 비싸다기보다 그 술을 하나하나 채취하기 위해 들이는 시간과 인내심이 더 값이 나간다. 사프란은 밀가루와 물로만 만든 가난한 자들의 반죽을 흡사 부자들의 특권인 달걀노른자가 듬뿍 들어간 파스타처럼 보이게 만들어주었다. 부자들이 먹는 음식처럼 보이기 위해 금박으로 장식하는 것은 수세기 동안 내려온 방식으로, 요즘도 초콜릿에서 흔히 발견할 수 있다. 먼 옛날 이탈리아 정육점에서는 제일 비싼 부위인 쇠고기 안심에 금빛 천을 둘러 걸어두었다고 한다.

소시지와 사프란을 넣은 토마토소스 말로레두스
MALLOREDDUS ALLA CAMPIDANESE

**전채로는 4인분,
메인코스로는 2명이 먹을 분량**

말로레두스 200g

중간 크기 양파 잘게 다진 것
(120g 정도)

엑스트라 버진 올리브유 3테이블스푼

이탈리안 소시지 200g, 껍질을
벗기고 속만 남긴 것

사프란, 엄지와 검지로 살짝 집어서

토마토 갈아서 체에 내린 것 200ml

바질 잎 5장

마지막에 뿌려 낼 질 좋은 페코리노
치즈 넉넉히

이 소스는 미리 만들어두거나 많은 양을 만들어 냉동해두어도 좋다.

팬에 오일을 두르고 양파를 살짝 투명해질 때까지 볶는다. 소시지를 더해 중간보다 약한 불 위에서 스푼으로 고기를 잘 풀어가며 노릇노릇해질 때까지 15분 정도 볶는다. 사프란과 토마토를 넣고 약한 불에서 걸쭉해지고 오일이 소스 표면으로 떠오를 때까지 30분 정도 끓인다 (그 이상이 걸릴 수도 있다).

말로레두스를 알덴테로 삶는다. 파스타 삶은 물을 소스에 약간 뿌리고, 파스타를 건져 넣는다. 30초 정도, 뒤적거리는 정도로 익힌 다음 바질 잎을 뜯어 넣고, 그 위에 페코리노 치즈를 수북이 갈아 얹어 낸다 (페코리노 사르도 Pecorino Sardo가 제일 좋다).

이 소스와 잘 어울리는 파스타
fusilli fatti a mano,
gramigne, spaccatelle

MALTAGLIATI
말탈리야티

치수
길이: 60mm
너비: 16mm
두께: 1mm

동의어
malmaritati (〈잘못한 결혼〉),
blecs (메밀가루로 만든 것)
pizzoccherini (발텔리나 지역에서 먹는 작은 사이즈)
만토바 지역: straciamus 또는 spruzzamusi (〈납작한 입〉)
리구리아 지역: martaliai
에밀리아로마냐 지역: bagnamusi (〈젖은 입〉), sguazzabarbuz
마르케 지역: strengozze
라조 지역: sagne 'mpezze
풀리아 지역: pizzelle

이 파스타와 잘 어울리는 재료와 소스
아티초크, 잠두콩과 완두콩, 콩을 넣은 수프, 애호박과 새우, 오리 소스, 랑구스틴과 사프란, 모렐 버섯, 카치오 에 페페, 포르치니와 크림, 가리비와 타임, 흰 송로버섯

말탈리야티는 〈잘못 잘라낸〉이라는 뜻으로, 꽤 제멋대로 생긴 파스타이다. 가게에서 구할 수 있는 것은 대부분 달걀이 들어간 파스타 또는 심플하게 세몰리나 반죽으로 만든 것으로, 이름과 달리 지루할 정도로 똑같이 잘린 마름모꼴이다. 예전에는 탈리아텔레를 자르면서 나온 반죽들로 만들어서 더 불규칙적인 모양이었지만 현대에 와서는 나름대로 스타일을 갖추게 되었다. 피에몬테 지역에서 폴리에 디 살리체foglie di salice로 불리는 말탈리야티는 버드나무 잎과 비슷하게 잘라 콩 수프에 넣어 먹는다. 에밀리아로마냐 지역에서는 돌돌 말은 파스타를 대충 잘라 만들어 페코리노 치즈 갈은 것과 올리브유를 뿌려 먹는다. 말탈리야티와 잘 어울리는 소스는 참 많은데, 여기서는 신선한 포르치니 버섯을 사용한 럭셔리한 버전을 소개한다.

포르치니 버섯 소스 말탈리야티
MALTAGLIATI AL FUNGHI PORCINI

**전채로는 4인분,
메인코스로는 2명이 먹을 분량**

신선한 말탈리야티 260g 또는
말린 것 200g

신선하고 어린, 단단한 포르치니 버섯
250g (버섯의 송이 부분의 지름이
5cm를 넘지 않아야 한다)

버터 80g

마늘 2알 얇게 저민 것

마지막에 뿌려낼 파르메산 치즈 갈은 것

이 소스와 잘 어울리는 파스타
fregola, pappardelle, tagliatelle

야생 버섯의 왕 포르치니를 이용한, 자연의 향기가 물씬한 맛있는 레시피다. 빨리 완성할 수 있기 때문에 파스타가 다 삶아질 때쯤 맞춰 만들면 된다.

포르치니를 깨끗이 손질한 다음 1cm 크기로 슬라이스 한다 (물에 적셔 꼭 짠 젖은 행주로 송이 부분을 꼼꼼히 닦아내고, 줄기 부분의 껍질을 벗겨낸다). 넓은 팬에 버터를 넣고 센 불에서 녹인 다음, 버섯을 넣고 한 면당 2분 정도, 전체적으로 옅은 갈색이 돌 때까지 구워준다. 버섯을 뒤집을 때 마늘을 넣어 줄 것. 파스타 삶은 물을 한 국자(60ml) 넣고, 팬을 흔들어 버터와 물이 잘 섞이도록 한다. 파스타가 살짝 덜 익었을 때 건져내어 팬에 넣고 소스가 골고루 충분히 묻을 때까지 섞는다. 파르메산 치즈를 약간 갈아 뿌리고, 레드 와인 한 잔과 함께 낸다.

MANICOTTI
마니코티

치수
길이: 125mm
너비: 30mm
두께: 1mm

이 파스타와 잘 어울리는 속재료
송아지 고기와 시금치로 만든 속 (52쪽)

마니코티(〈소매〉)는 헷갈리는 구석이 있는 파스타다. 마니코티가 처음 생긴 미국에서는 종종 마니코티라는 명칭이 파스타라기보다는 속을 채운 다음 오븐에 구운 튜브형 파스타 요리를 지칭한다. 카넬로니(50쪽)라는 이름으로 팔리고 있는 튜브형 파스타도 원래는 튜브형 파스타에 속을 채워 만드는 것이 아니라 파스타 시트에 속을 놓고 돌돌 말아 오븐에 구운 것이다. 겉면이 매끈한 튜브형을 가리켜 보통 카넬로니라고 하지만, 주름 잡은 소매같이 겉면이 홈이 파인 것은 마니코티라고 부른다. 이탈리아 파스타 마니케 maniche와 혼돈하지 말아야 한다. 그것은 리가토니(218쪽)와 비슷하게 생긴 튜브 모양으로, 늘 오븐에 구워 먹지도 않고, 카넬로니와 마니코티처럼 속을 채우는 법이 결코 없다.

오븐에 구운 마니코티
BAKED MANICOTTI

전채로는 4인분,
메인코스로는 2명이 먹을 분량

마니코티 120g

시금치 200g

리코타 치즈 250g

파르메산 치즈 갈은 것 80g

달걀노른자 2개

넛멕

중력분 20g

버터 20g

우유 200ml

중간 맛의 토마토소스 (15쪽) 200ml

마지막에 뿌려 낼 파르메산 또는
그라나 치즈 갈은 것

마니코티에 채우면 좋은 속재료

리코타 치즈, 리코타 치즈와 시금치,
송아지 고기와 시금치

너무나도, 너무나도 미국적인 레시피……

끓는 소금물에 마니코티를 넣어 알덴테로 삶은 다음, 건져내어 찬물에 담가 물기를 제거한다 (면 삶은 물은 남겨둔다). 파스타 삶은 물에 시금치를 넣어 부드럽게 데친 다음, 역시 찬물에 담가 식혀서 물기를 있는 힘껏 꼭 짠다.

시금치를 잘게 다진 다음, 리코타 치즈, 파르메산 치즈 갈은 것 40g, 달걀노른자와 넛멕을 넣어 잘 섞는다. 소금과 후추로 간을 한 다음 삶아 놓은 마니코티 속에 넣어 채운다.

밀가루와 버터, 우유를 넣어 베샤멜소스를 만든다 (아직 레시피를 못 외웠다면 155쪽 참조).

토마토소스를 오븐 용기 밑에 깔고, 위에 속을 채운 마니코티를 잘 배열한다. 그 위에 베샤멜소스를 뿌린 뒤, 남은 파르메산 치즈 가루를 뿌려 미리 예열해둔 오븐에 넣어 (컨벡션 오븐은 200도, 구식 가스 오븐은 220도) 윗부분이 갈색으로 익을 때까지 20~25분 정도 굽는다. 위험할 정도로 뜨겁게 완성된 마니코티를 10~20분 정도 식혔다가 파르메산 치즈를 뿌려 낸다.

ORECCHIETTE
오레키에테

치수
길이: 17mm
너비: 2.5mm (제일 두꺼운 부분. 제일 얇은 부분은 1mm)

동의어
로마: orecchini
캄파니아, 몰리세, 바실리카타 지역: recchietelle
아브루조와 바실리카타: orecchie di prete(《신부님의 귀》)
포자 지역: cicatelli, recchie di prevete
바리 지역: cagghiubbi, fenescecchie
타란토 지역: 작은 것은 chiancerelle, 큰 것은 pochiacche
레세 지역: stacchiodde

비슷한 모양
crosets

이 파스타와 잘 어울리는 재료와 소스
부드럽게 갈은 잠두콩, 잠두콩과 리코타 치즈, 줄기 브로콜리와 소시지, 양고기 소스, 렌틸 콩, 로마네스코 브로콜리

이 《작은 귀》 모양의 오레키에테는 어딜 가나 손쉽게 말린 것을 구할 수 있지만 사실 신선한 것이 아니면 맛이 별로다. 세몰리나 반죽으로 만드는 오레키에테는 꽤 두껍기 때문에 말린 것을 사서 삶을 경우, 안쪽이 부드럽게 삶아질 때쯤엔 바깥 부분은 너무 익어버리기 때문이다. 하지만 신선한 오레키에테는 삶는 시간도 1/3로 줄어들 뿐더러 면 안쪽의 수분이 충분하기 때문에 잘 요리해 놓으면 정말 쫄깃하고 맛있다. 작은 원형으로 생긴 오레키에테는 손으로 눌러 만들면서 생긴 가장자리의 테두리가 약간 두껍고, 푹 파인 안쪽은 얇고 거친 질감으로 되어 있다. 이 푹 파인 부분에 소스가 잘 괴게 되고, 가장자리의 두꺼운 부분은 씹는 맛을 준다. 비슷한 모양의 파스타인 스트라시나테(strascinate, 《천천히 걷는》)는 똑같지만 움푹 파이지 않고 평평하다는 것만 다르다. 둘 다 파스타를 살짝 코팅할 정도의 오일과, 씹히는 맛이 좋게 잘라 놓은 건더기를 넣어 만든, 물기가 많지 않은 소스와 잘 어울린다.

오레키에테는 프랑스 중세시대에 만들어진 메밀 파스타인 크로세croxets가 앙주Anjou에서 이탈리아 풀리아로 건너온 것이라는 설도 있다. 어디에서 건너왔던 오레키에테는 카바텔리(70쪽)와 더불어 풀리아 사람들이 가장 즐겨 먹는 일상식이다. 둘 다 심플한 세몰리나 반죽으로 만들지만 가끔 밀을 태워 만든 그라노 아르소(70쪽 참조)를 사용해서 색이 검고, 훈제 향이 물씬 나는 오레키에테를 만들기도 한다.

오레키에테 만들기
MAKING ORECCHIETTE

200g의 세몰리나(10쪽)와 100ml 물을 이용해 반죽을 만든다. 적어도 20분 정도 휴지시킨 다음 오레키에테를 만든다.

반죽으로 지름 1cm 정도의 소시지 모양으로 길게 만든다. 반죽을 너무 길게 하나로 만들지 말고 몇 덩이로 나누어 모양을 잡는다. 길게 늘인 반죽을 1cm 길이로 자르고, 오레키에테를 만들 칼을 준비한다. 값이 싸고, 끝이 톱니가 아닌, 둥글게 되어 있는 버터나이프면 된다.

칼의 둥근 끝 부분을 30도 정도로 세워 반죽 위에 놓고, 버터나 잼을 펴 바르듯 슬쩍 누르면서 위로 민다 (몸 쪽으로 당겨도 상관없다). 반죽이 늘어나면서 가운데는 얇고, 가장자리는 약간 두꺼워지면서 말릴 것이다. 칼끝에 살짝 달라붙은 반죽을 집게손가락을 이용해서 뗀 다음, 바로 엄지손가락 위에 씌워 모양을 잡아준다. 가운데가 푹 파이고, 가장자리 테두리가 잘 잡히도록 한 다음, 나이프로 들어 바로 접시에 늘어놓는다. 완성된 오레키에테는 작은 귀처럼 생겨야 하고, 가장자리에는 테두리가 있으며, 가운데 부분은 얇으면서도 칼로 밀린 부분이 거칠게 보여야 한다. 이 조그만 파스타를 만드는 데 이런 긴 설명이 필요하다니! 제대로 만들려면 연습이 좀 필요하지만 일단 익숙해지면 식은 죽 먹기다. 반죽이 다 떨어질 때까지 연습, 또 연습하시길.

줄기 브로콜리 오레키에테
ORECCHIETTE CON CIME DI RAPA

**전채로는 4인분,
메인코스로는 2명이 먹을 분량**

옆의 레시피 분량의 신선한 오레키에테 또는 시판되는 마른 오레키에테 (맛이 별로 없다) 200g

부드럽고 어린 줄기 브로콜리 400g, 많이 자란 것은 500g

마늘 2알 얇게 저민 것

엑스트라 버진 올리브유 5테이블스푼

마른 고추 부순 것 1/2티스푼

마지막에 뿌려 낼 페코리노 로마노 치즈 약간

이 소스와 잘 어울리는 파스타

casarecce, cavatelli, farfalle tonde, fusilli bucati, fusilli fatti a mano, maccheroni inferrati, penne, pennini rigati, reginette, mafaldine, trofie

오레키에테와 줄기 브로콜리를 요리하는 데 능숙한 사람은 한 냄비에 둘 다 요리해 낼 수 있다. 두 가지 재료를 다루는 방법을 완전히 이해한다면 가능한 일인데, 파스타와 줄기 브로콜리의 신선도와 파스타의 두께에 따라 어느 것을 끓는 물에 먼저 넣을지 결정하게 된다. 여기서는 간단히 두 재료를 따로 요리하는 방법을 설명하겠다.

줄기 브로콜리가 부드러운지, 제철인지, 질긴지, 오래된 것인지 구분하는 3가지 방법을 일단 소개한다.

— 이탈리아가 아닌 다른 곳에서 어린 줄기 브로콜리를 구하는 것은 불가능하다. 대부분 많이 자라 질긴 것들이다.

— 달력을 보자. 10월에 제철이 시작되어 11월 중순까지 이어진다.

— 잎이 달려 있는 줄기 중 두꺼운 것을 하나 부러트려 보자. 어린 브로콜리는 연하고 잘 부러지며, 오래된 것은 질기다.

이 차이점들은 굉장히 중요하다. 갓 나온 줄기 브로콜리는 잎을 떼고, 줄기를 5~10cm 길이로 자른다. 줄기를 다듬어 먹되, 중간 줄기는 놓아두고 1cm보다 더 두꺼운 옆 줄기들은 모두 잘라낼 것. 많이 자란 줄기 브로콜리는 잎과 잎이 달려 있는 줄기들을 모두 벗겨내고, 나무처럼 억센 가운데 줄기도 잘라내고 부드러운 송이 부분만 남긴다. 소금을 넉넉하게 넣은 물에 어린 것은 3~4분, 많이 자란 브로콜리는 10분 정도 넣어 삶는다. 건져내어 넓게 펼쳐 놓아 물기가 마르도록 식힌다.

파스타를 삶는다. 다 삶기 2분쯤 전에 프라이팬을 중불 위에 올리고, 마늘과 오일을 넣어 마늘 색이 살짝 노릇해질 때까지 볶는다. 고추를 더하고 몇 초 있다가 줄기 브로콜리를 넣는다. 불을 올리고 힘차게 볶는다. 소금과 후추로 간을 한 다음, 몇 테이블스푼의 파스타 삶은 물과 삶은 파스타를 넣는다. 1분 정도 더 볶은 다음, 치즈를 뿌려 낸다 (치즈는 없어도 상관없다).

ORZO/RISO
오르초/리소

치수
길이: 4mm
너비: 1.5mm

동의어
risoni

이 파스타와 잘 어울리는 재료와 소스
고기 국물, 스트라치아텔라, 소시지 소스, 아쿠아코타

오르초(〈보리〉), 세미 디 멜로네(semi di melone, 〈멜론 씨〉), 리소(〈쌀〉), 리소니(risoni, 〈알이 큰 쌀〉)같이 곡물의 모양을 닮은 작은 파스타들이 몇 개 있는데, 이것들을 일컬어 파스티나pastina라고 한다. 이름은 제각각이지만 모양과 쓰임새는 구분하기 어렵다. 다른 수프용 파스티나들과 다르게 작고, 쌀처럼 중간 부분이 약간 통통하고 단단해서 요리하는 데 생각보다 시간이 오래 걸린다. 그래서 애들보다 어른들이 더 즐겨 먹는다. 진짜 듀럼durum 밀로 만든 것과 보통 밀로 만든 것의 맛의 차이가 확연한데, 질이 낮고 글루텐 함량이 적은 밀가루로 만든 것을 이용해서 요리하면 너무 곤죽처럼 되어 버려 식감이 좋지 않다. 전통적으로는 수프에 넣어 오르초 에트 알orzo et al.로 많이 먹지만 샐러드와 필라프, 야채 속을 채워 만드는 요리들을 만들 때 쌀 대신 사용해도 아주 좋다. 이탈리아에서 뿐 아니라 유럽 전역에서 즐겨 먹는데, 그리스와 독일에서 인기가 많다. 익는 시간이 좀 길어서 맛을 충분히 흡수하기는 하지만 작고 매끄러운 표면 때문에 소스를 묻히기는 불가능하다. 치밀한 느낌의 식감을 갖고 있어서 꽤 진하고 무거운 느낌의 소스들도 잘 흡수한다. 쌀과 비슷한 식감이라서 그런지 미트볼과 같이 먹기에 가장 좋은 파스타이기도 하다.

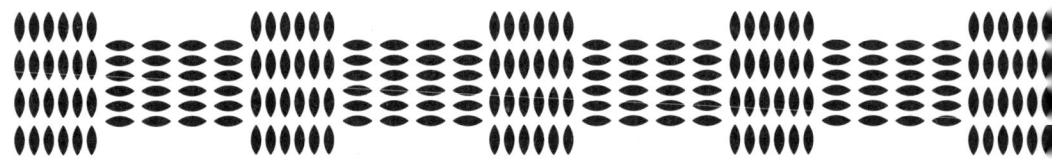

새우 샐러드
INSALATA DI GAMBERI

**전채로는 4인분,
메인코스로는 2명이 먹을 분량**

리소니 파스타 160g

껍질 벗기지 않고 삶은 아틀란틱 새우 550g (껍질 없는 것은 200g)

작은 레몬 하나 노란 껍질만 긁은 것

작은 레몬 반 개분의 즙

채 썬 민트 잎 2테이블스푼

이탈리안 파슬리 다진 것 2테이블스푼 또는 애호박 2개 가늘게 채 썬 다음 쪄서 익힌 것

엑스트라 버진 올리브유 3테이블스푼

이 샐러드에 넣으면 좋은 파스타

farfalle, farfalle tonde, malloreddus

파스타를 삶은 다음 찬물에 헹궈 완전히 식힌다. 준비한 모든 재료를 섞은 다음, 맛을 보고 소금, 후추로 간한다.

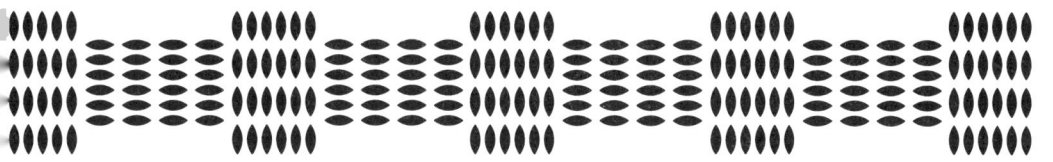

PACCHERI
파케리

치수
길이: 186mm
너비: 75mm
두께: 2mm

이 파스타와 잘 어울리는 재료와 소스
아라비아타, 오븐에 굽기, 마늘 소스, 노르마, 나폴리탄 미트소스, 소시지와 크림

크고 부드럽고 두꺼운 튜브형의 파스타이지만 속을 채우지 않는 파케리는 요리하는 도중 자연스럽게 부서진다. 토타니totani라는 이름의 해물 소스 파스타로 자주 만들어지는데, 타토니는 〈나는 오징어〉란 뜻으로, 파케리와 크기가 비슷한, 링으로 썬 오징어로 만든다. 파케리의 어원은 나폴리 지역에서 〈따귀〉 혹은 〈한 대 치다〉라는 뜻의 파카리아paccaria에서 유래했고, 접미사 -ero를 붙이면 그 단어 자체가 〈평민의〉, 〈가난한 사람들의〉 음식이라는 뜻이 된다. 실제로 이 파스타는 오늘날 나폴리인들이 가장 즐겨 먹는 파스타이다.

사람들은 파케로paccello가 〈오징어〉를 뜻하는 옛 이탈리아어에서 기원했고, 오징어 몸통과 비슷하게 생긴 모양 때문에 이런 이름을 얻은 것으로 믿고 있다. 르네상스 시대에 이 파스타를 만든 사람이 선전을 위해 의도적으로 만든 것임이 분명하지만 파케리에 대한 전설이 하나 있다. 기후 때문인지 프러시아 지역의 마늘은 이탈리아 남부에서 생산되는 것보다 크기와 맛이 떨어졌다고 한다. 프러시아 지역의 농부들은 이탈리아에서 들어오는 맛 좋은 마늘만을 찾는 사람들 때문에 어려움에 처했고, 결국 1600년대 초기에 프러시아는 이탈리아 마늘의 수입과 반입을 금지했다. 프러시아 농부 대신 이제 남부 이탈리아 농부들이 고통을 받게 된 것이다.

법을 쉽게 무시하는 이탈리아인들의 기질을 보여주는 아주 오래된 예인데, 파스타 장인은 1두카토(ducato, 옛 화폐단위) 정도에 해당하는 마늘(4~5개 정도)을 숨기기 좋은 파케로를 고안했다. 그 다음 마늘을 채워 넣은 파케로를 북쪽으로 보내, 프러시아의 맛없는 마늘에 질린 사람들에게 몰래 전달했다. 위법이긴 하지만 안전했는지, 프러시아 정부는 절대 속임수를 발견해내지 못했다. 결국 19세기 초, 프러시아의 마늘 산업은 완전히 망하고 말았다.

리코타 치즈와 토마토소스 파케리
PACCHERI CON RICOTTA E POMODORO

전채로는 4인분,
메인코스로는 2명이 먹을 분량

파케리 200g

가벼운 맛의 토마토소스 (15쪽) 또는
나폴리탄 라구 소스 (216쪽) 200ml

신선한 리코타 치즈 100g
(양젖으로 만든 것이 좋다)

파르메산 치즈 또는 프로블로네 치즈
갈은 것 30g

엑스트라 버진 올리브유 30ml

바질 잎 10장

마지막에 더 뿌려 낼 파르메산 치즈
또는 프로블로네 치즈 갈은 것, 리코타
치즈와 올리브유 몇 스푼.

이 소스와 잘 어울리는 파스타

bucatini, cavatappi, conchiglie, dischi volanti, fusilli, gnocchi shells, gomiti, lumache, penne, pennini rigati, rigatoni, spaghetti, ruote, ruotellini, torchio, tortiglioni, ziti/candele

신선한 리코타 치즈의 우유 맛이 포근하면서 소박한 맛을 살려주는 간단하고 맛 좋은 레시피다. 가벼운 토마토나 진한 맛의 라구 소스 모두 전통적으로 즐겨 먹었던 레시피이고, 둘 다 맛있다.

파케리가 다 삶아질 때쯤, 미리 만들어 둔 토마토 또는 라구 소스를 끓여 미리 따뜻하게 데워둔 큰 볼에 담는다, 치즈와 오일을 넣고 저어 부드러운 소스처럼 만든 다음, 소금은 약간, 후추는 충분히 뿌려 간을 한다. 끓는 파스타 냄비 위에 소스를 담은 볼을 얹어 따뜻하게 두었다가 파케리가 다 삶아지면 면을 건져 볼에 넣고 섞는다. 바질 잎은 손으로 뜯어 넣거나 가늘게 채쳐서 넣는다.

이대로도 맛있지만 파르메산이나 프로블로네 치즈를 갈아 뿌리거나 리코타 치즈 약간을 손으로 부숴 얹은 다음, 마지막으로 올리브유를 약간 뿌려 낸다.

오징어가 들어간 토마토소스 파케리
PACCHERI CON CALAMARI STUFATI IN ROSSO

**전채로는 4인분,
메인코스로는 2명이 먹을 분량**

파케리 200g

신선한 오징어 500g (다듬지 않은 것으로. 만약 다듬은 것을 샀다면 300g)

마늘 2알 얇게 저민 것

엑스트라 버진 올리브유 4테이블스푼

마른 고추 부순 것 1/2티스푼

잘 익은 토마토 1cm 정도의 크기로 깍둑썰기 한 것

화이트 와인 100ml

이 소스와 잘 어울리는 파스타
fusilli fatti a mano, strozzapreti

오징어를 부드럽게 요리하려면 아주 강한 불에서 몇 초만에 순식간에 익혀야 하기 때문에 토마토는 이미 충분히 익은 토마토를 사용해야 한다. 개인적으로는 빨리 익히는 것보다 아래에 적은 레시피처럼 오징어를 아주 천천히 푹 삶아낼 때 나오는 진한 감칠맛을 좋아한다. 갑오징어를 비롯한 다른 연체동물들은 모두 1분 이상 열을 가했을 경우 몹시 질겨지지만 오랜 시간 육수에 넣고 은근히 끓이면 다시 부드러워진다.

오징어를 다듬는다. 눈과 입, 내장과 껍질을 제거한다. 다리는 통으로 그대로 두고, 위의 날개 부분을 붙인 채로 2cm 간격의 링으로 자른다.

팬에 기름을 두르고 마늘을 넣어 볶다가 색이 나기 시작하면 다듬어 놓은 오징어와 고추, 소금을 약간 넣는다. 오징어가 흰색으로 변하면서 약간 단단해지면 토마토를 넣고, 토마토가 뭉그러질 때까지 1~2분 정도 볶는다. 와인과 150ml의 물을 넣은 다음, 뚜껑을 덮지 않고 1시간 반에서 2시간 정도 오징어가 맛있게 연해질 때까지 약한 불에 끓인다. 소스가 졸아들어 꽤 진한 상태가 되어야 한다. 오징어에서 물이 나오니 소스가 꽤 줄어들어 보였다고 해서 미리 겁먹고 물을 추가하지는 말 것.

파케리를 삶아 소스에 넣고, 필요하다면 파스타 삶은 물을 약간 넣는다. 이 요리와 가장 잘 어울리는 것은 빈티지가 그리 오래되지 않은, 그러나 진하고 맛있는 한 잔의 레드 와인이다.

PANSOTTI
판소티

치수
길이: 90mm
너비: 65mm

동의어
panciuti

이 파스타와 잘 어울리는 재료와 소스
잠두콩 곱게 간 것, 마조람과 잣, 카치오 에 페페, 토마토소스, 호두 페스토

판소티는 리구리아, 특히 레코Recco 지역을 대표하는 삼각으로 접어 만든 파스타이다. 속이 들어 있는 가운데 부분이 원형으로 불룩 나와서 판소티(〈불룩 나온 배〉)라는 이름이 붙었다. 무언가 〈기름진〉 느낌의 이름과는 정반대로 항상 〈마른 라비올리ravioli di magro〉라고 불린다. 왜냐하면 판소티 속에는 결코 고기가 들어가는 법이 없고, 항상 언덕에서 캐낸 야생 허브들인 프레보지온preboggion을 지역 치즈 프레신세우아prescinseua와 섞어 만들거나 혹은 리코타, 넛멕, 마조람과 섞어 만들기 때문이다. 보리지*와 야생 셀러리, 근대와 라디키오,** 민들레를 섞어 만든 이 파스타는 원기회복에 좋아 십자군의 위대한 장군 중의 하나인 고프레도 디 불리오네Goffredo di Buglione를 치료한 음식이기도 하다. 이런저런 야생 허브들을 구하기 쉬우면 심플하게 근대만 가지고도 만드는데, 근대만 들어간 이 판소티를 고대 제노아인들은 〈감옥에 갇힌 근대〉라고 했다. 파스타 반죽은 달걀을 아예 넣지 않거나 조금만 넣어 최대한 희게 만드는데, 반죽할 때 화이트 와인을 약간 넣어 반죽하기도 한다. 하지만 리구리아 이외의 지역에서는 진한 에그 파스타를 이용해서 만드는 것을 더 선호한다.

★ borage. 시리아가 원산지인 1년초 허브. 독일, 스페인, 이탈리아에서는 채소처럼 요리해 먹는다.

★★ radicchio. 이탈리안 치코리로 알려져 있는 보랏빛의 샐러드 채소로, 쓰고 살짝 매운맛이 돈다. 샐러드로도 먹지만 익혀서 먹기도 한다.

판소티 만들기
PANSOTTI

메인코스 4인분

에그 파스타 반죽 (13쪽) 300g
중간 크기 양파 반 개 잘게 다진 것
엑스트라 버진 올리브유 2테이블스푼
프레보지온 (야생 채소들) 150g
생 오레가노 잎 1티스푼
달걀노른자 1개
넛멕 약간
신선한 리코타 치즈 100g
(양젖으로 만든 것이 좋다)

전해 내려오는 레시피에서 좀 벗어난 것이긴 해도 이 레시피에는 달걀이 들어간 파스타 반죽을 사용한다. 옛 레시피에 더 가까운 판소티를 만들고 싶은 독자들은 200g의 밀가루에 달걀 한 알, 60ml의 화이트 와인을 넣어 반죽을 만들면 된다. 이탈리아인이 아닌 독자들은 모두 프레보지온을 구하기 힘들 테니 아래에 적은 재료 중에 구할 수 있는 것 아무거나 이용하면 된다.

양귀비의 어린 새순
민들레
보리지
쐐기풀
야생 비트 잎
야생 치코리
야생 라디키오
야생 셀러리
식용 초롱꽃 줄기와 뿌리

가능하면 직접 들에 나가서 캐오는 것도 좋고 (민들레, 보리지, 쐐기풀은 늦은 여름에 캐기 쉽고, 어린 양귀비는 봄에 캘 수 있다), 가끔 상점에서 구할 수도 있다. 여의치 않으면 물냉이, 로켓, 어린 근대와 시금치 같은 녹색 채소 여러 가지를 섞어서 만들면 된다.

팬에 기름을 두르고 잘게 다진 양파를 넣고 소금을 뿌린 다음, 아주아주 약한 불 위에서 15분 정도 볶아서 완전히 부드러워지지만 색은 변하지 않도록 한다. 프레보지온을 끓는 소금물에 살짝 데친 다음, 찬물에 헹궈 완전히 식혀 꼭 짠다 (어린 잎은 데치는 데 겨우 몇 초밖에 안 걸린다).

데쳐서 짠 잎을 오레가노와 함께 곱게 다진 다음, 미리 다져 놓은 양파와 남은 재료들을 넣고 섞는다. 섞은 재료들을 푸드 프로세서에 넣고 곱게 가는데, 리코타 치즈만큼은 다 갈은 후에 따로 넣어 손으로 섞어 줄 것. 기계로 갈면 너무 질어진다.

파스타 반죽을 얇게 민다. 두께는 1mm 좀 못 되게 밀면 되는데, 파스타 머신의 두 번째로 얇은 단계로 밀면 된다. 5~6cm의 사각형으로 자른다. 자른 파스타 한가운데 위에 만들어 놓은 속을 1티스푼 정도 올려놓고 삼각이 되도록 반을 접는다. 파스타 자체의 수분으로 붙이기 어렵다면 분무기로 물을 살짝 뿌려준다.

이렇게 만든 판소티는 호두 소스(82쪽), 잣과 마조람 소스(83쪽)와 가장 잘 어울리지만 가벼운 토마토소스(15쪽)도 괜찮다.

PAPPARDELLE
파파르델레

치수
길이: 200mm
너비: 25mm
두께: 0.5mm

동의어
베네토 지역: paparele
마르케 지역: paspardelle

이 파스타와 잘 어울리는 소스
아티초크, 잠두콩과 완두콩, 콩을 넣은 수프, 곱게 으깬 잠두콩, 맑은 육수, 애호박과 새우, 오리 소스, 랑구스틴과 사프란, 모렐 버섯, 포르치니 버섯, 토끼와 아스파라거스, 가리비와 타임, 호두 소스, 야생 멧돼지 소스, 트러플을 넣어 반죽하기

토스카나 지역 사투리로 파파르시papparsi는 〈허겁지겁 먹어치우다〉 또는 〈뱃속을 채우다〉라는 뜻이다. 넓고 부드러우며 아름다운 리본 모양의 이 진한 에그 파스타를 보면 누구라도 게걸스러워지게 된다. 파르파델레는 건더기가 크거나 맛이 아주 진한 기름진 소소들과 아주 잘 어울린다. 오일이 넓은 면을 코팅하고, 양념이 배인 건더기가 면이 접힌 부분마다 듬뿍 들어가게 된다. 토스카나 지역에서는 닭의 간이나 토끼 고기로 만든 라구 소스, 베네토와 로마냐 지역에서는 비둘기로 만든 라구 소스, 라조 지역에서는 야생 멧돼지로 만든 라구 소스, 카스텔리 로마니 지역에서는 호박과 호박꽃으로 소스를 만든다. 베로나에서는 도시의 수호성인인 산 제노San Zeno의 축일에 오리고기로 만든 라구 소스에 무친 파파르델레를 반드시 챙겨먹는다. 파파르델레는 중세 때부터 만들어 먹었는데, 야생동물로 낸 육수에 넣어 삶은 다음, 피로 국물을 진하게 만들어 먹었다.

지금도 이 파스타를 수프로 즐기곤 한다. 피에몬테 지역에서는 말탈리야티(166쪽) 대신 여러 조각으로 부러뜨린 파파르델레를 닭고기 수프에 넣거나 고기 국물에 삶아낸다.

와인에 푹 절인 토끼 고기 소스 파파르델레
PAPPARDELLE CON LEPRE IN SALMÌ

8인분

말린 것 800g 또는 금방 밀은 신선한 파파르델레 1kg — 에그 파스타 또는 아주 진한 에그 파스타 반죽(13쪽)으로 만들어 1mm 조금 못되는 두께로 밀은 다음 넓은 간격의 기다란 리본 모양으로 자른 것

토끼 1마리 (대략 2kg)

셀러리 2줄기 잘게 다진 것

중간 크기 양파 잘게 다진 것

당근 1개 잘게 다진 것

마늘 4알 얇게 저민 것

월계수 잎 4장

세이지 1줄기

로즈마리 2줄기

타임 3줄기

주니퍼 베리 16개, 살짝 으깨서 향이 나도록 한 것

클로브 (정향) 8개

8cm 길이의 시나몬 스틱

넛멕 1/4개 갈은 것

검은 통후추 갈은 것 1/4티스푼

레드 와인 2.5리터

버터 400g 또는 350g의 버터에 25g의 다크 초콜릿

이탈리안 파슬리 다진 것 4테이블스푼

마지막에 뿌려 낼 파르메산 치즈 갈은 것 약간

야생동물, 특히 토끼는 롬바르디 지역에서 살미salmì로 종종 요리되는데 엄청난 양의 와인(특히 바르베라 품종의 와인을 사용한다)과 다양한 종류의 향신료를 넣어 재웠다가 오랜 시간 푹 끓인 것을 말한다. 향신료와 와인이 섞인 향기로운 맛이 야생 토끼의 특유의 강한 풍미와 멋진 균형을 이룬다.

이 소스 레시피는 8인이 먹기에 충분한 양이기에 파파르델레 양도 그에 맞게 적었다. 너무 많은 양일지라도 이 레시피대로 만드는 것이 좋다. 왜냐하면 토끼는 필요한 양만큼 살 수 없고, 늘 이 정도 크기의 한 마리로만 구할 수 있기 때문이다. 만든 소스는 냉동 보관할 수 있으니 1인당 100g의 마른 파스타나 생 파스타 130g을 준비해 만들면 된다.

토끼를 솥 크기에 맞게 자른다. 대략 네 토막으로 자르는데 간과 콩팥을 떼지 말고 그대로 둘 것. 다듬어둔 야채와 허브, 향신료와 와인을 모두 토끼와 함께 냉장고에 넣어 2~3일 정도 냉장고 안에서 푹 절인다. 다 절인 토끼는 꺼내어 소금을 약간 뿌린 다음 2시간 반에서 3시간 동안 중불 위에서 끓이다가 불을 줄여 국물의 양이 한 컵 (250ml) 정도가 되고, 고기와 뼈가 저절로 떨어질 정도가 될 때까지 푹 익힌다.

손으로 고기를 만질 수 있을 정도로 식힌다. 뜨거운 것을 특히 못 견디는 사람들은 고무장갑을 낀다. 솥에 들은 것들을 체에 걸러 (국물을 사용할 수 있도록 그릇에 체를 걸치고 거른다), 갈빗대를 건져내어 뼈에 붙은 고기를 모두 발라낸다. 손으로 고기를 큼직하게 찢을 것. 뼈와 시나몬 스틱, 허브 줄기들을 모두 골라낸다. 솥 안의 야채와 고기를 다시 섞어 국물과 다시 합한다. 대략 1.5리터 약간 넘는 소스가 만들어질 것이다.

먹을 준비가 되었을 때, 파스타를 삶고 소스를 강한 불에서 데운다. 좀 더 진한 맛을 원한다면 버터와 파슬리를 넣고 (아주 진한 맛을 원한다면 초콜릿을 넣어도 좋지만 개인적으로는 넣지 않는다), 잘 섞이도록 저어가며 끓인다. 이때 너무 묽은 것 같으면 좀 더 끓이고, 너무 된 것 같으면 파스타 삶은 물을 조금씩 넣어가며 농도를 조절하면서 소금과 후추로 간을 맞춘다. 삶아진 파스타를 건져, 끓고 있는 소스에 넣고 잠깐 더 끓인다. 파르메산 치즈 가루를

이 소스와 잘 어울리는 파스타

pici

뿌리고, 바르베라 한 잔 또는 강한 풀 바디의 레드 와인 한 잔과 함께 낸다. 이 때 내는 와인은 요리에 사용했던 것보다 좋은 것을 낸다.

호박과 호박꽃을 넣은 파파르델레
PAPPARDELLE CON ZUCCHINE E I LORO FIORI

**전채로는 4인분,
메인코스로는 2명이 먹을 분량**

파파르델레 200g

주키니 호박 200g

호박꽃 6송이 (호박이 매달려 있지 않은 수꽃으로)

마늘 한 알 얇게 저민 것

엑스트라 버진 올리브유 2테이블스푼

바질 4잎

버터 1테이블스푼

마지막에 뿌릴 파르메산 가루 약간

이 소스와 잘 어울리는 파스타

maccheroni alla chitarra,
maltagliati, tortelloni, trenette

호박의 달콤함이 이 요리의 포인트이다. 로마노 호박이 최고로, 길고 겉면에 주름이 잡혀 있는 연한 초록색의 호박을 고른다. 그러나 어느 지역 산이든 어리고 단단한 호박을 골라 만들면 괜찮은 결과가 나온다.

호박의 2/3를 4mm 두께의 둥근 원형으로 슬라이스 한다. 그리고 나머지 1/3을 최대한 얇게 썰 것 (거의 대패로 민 것처럼 얇게). 얇게 밀어 놓은 호박에만 미리 소금을 약간 뿌려 숨이 살짝 죽도록 한다.

꽃은 송이 밑의 꽃받침과 꽃 안의 술을 떼어버리고, 잎과 줄기도 모두 떼어낸다 (꽃송이만 남긴다).

두껍게 썰어 놓은 호박을 마늘과 오일, 2테이블스푼의 물과 함께 넣은 팬에 넣고, 중불에서 수분이 거의 다 사라지고 호박이 아주 연해질 때까지 익힌다. 다른 팬에 파스타를 삶는다. 파스타가 다 삶아지기 직전에 얇게 잘라 놓은 호박과 호박꽃, 바질을 넣고 30초 정도 익힌 다음, 소금과 후추를 넣어 간을 한다. 파스타를 건져내어 호박 소스에 넣고, 버터와 파스타 삶은 물을 몇 스푼 넣는다. 30초 정도 섞으며 끓인 다음 파르메산 치즈를 약간만 뿌려 즉시 상에 낸다.

PASSATELLI
파사텔리

치수
길이: 75mm
지름: 4mm

이 파스타와 잘 어울리는 재료와 소스
맑은 육수, 로켓, 토마토와 양파

비골리(28쪽)처럼 파사텔리도 거대한 마늘 으깨는 도구 같은 국수 누름틀에 반죽을 넣은 다음 힘껏 눌러서 면이 빠져나오도록 하는 홈메이드 파스타이다. 반죽이 워낙 부드러워 힘은 비골리보다 덜 든다. 카네데를리(44쪽)처럼 빵가루를 이용해서 만드는데, 빵가루로 면을 만드는 것은 아주 드문 일이다. 집에서 남는 빵을 이용하기 위한 여러 방법 중 하나가 아니었나 싶다. 이런 이유로 이 파스타는 토르텔리니(262쪽), 탈리아텔레(248쪽)와 더불어 움브리아, 라 마르케, 에밀리아로마냐 지역을 대표하는 파스타가 되었다. 매일 나오는 먹기 싫은 남은 음식이 순식간에 영양가 높고 맛있는 파스타로 변신, 요리사가 소중하게 생각하는 레퍼토리로 자리 잡게 된 것이다.

반죽에는 달걀, 파르메산 치즈, 레몬 껍질, 그리고 가끔 골수(骨髓)와 빵가루가 들어간다. 반죽해서 누름틀에 넣고, 바로 끓고 있는 육수에 넣어 삶는다. 이 요리법은 달걀과 치즈, 빵가루가 들어가는 로마냐 지역 전통 수프 레시피인 타르두라tardura와 비슷한데, 전통적으로 원기회복과 막 출산한 산모의 기력을 살려주기 위해 만들었던 것이다.

파사텔리 만들기
PASSATELLI

**전채로는 4인분,
메인코스로는 2명이 먹을 분량**

집에서 직접 갈아 만든 빵가루 100g

파르메산 또는 그라노 파다나 치즈 갈은 것 100g

금방 갈은 넛멕 약간

레몬 1/4개 분량의 껍질 노란 부분만 긁은 것

큰 달걀 3개

파사텔리를 만들려면 파사텔리 전용 누름틀이 필요한데, 4mm 지름의, 마늘 으깨는 도구처럼 생겼다. 완전히 똑같지는 않더라도 이 정도 충분한 지름을 가진 감자 으깨는 도구가 있다면 사용해도 괜찮다. 그렇게 비싸지 않으니 언젠가 이탈리아 여행을 가면 전용 누름틀을 하나 사오는 것도 좋겠다.

모든 재료를 푸드 프로세서에 넣고 간다. 매우 끈적이는 반죽이 만들어지는데, 국수틀에 넣고 누르기 전 반드시 1시간 이상 실온에서 숙성시켜야 한다. 반죽 안에 빵가루나 치즈 가루가 두껍게 남아 있지 않도록 주의 깊게 갈아야 한다. 곱게 갈릴 때까지 푸드 프로세서를 몇 분 동안 돌리면 된다.

반죽을 누름틀에 넣고, 소금으로 간한, 끓고 있는 육수 위에서 바로 눌러 빠트린다 (육수에 넣어 끓여도 되고, 레시피에 언급한 것 말고 다른 것을 넣어 만들었을 때는 소금만 넣은 물도 괜찮다). 누른 국수를 육수에 살짝 적신 칼날을 이용해 틀로부터 끊어내어 1분 정도 삶으면 육수 표면 위로 파스타가 떠오른다. 국수를 손으로 만지지 않고, 눌러 나온 국수를 끊어서 끓는 육수에 바로 빠지도록 하는 것이 중요하다. 안 그러면 반죽이 워낙 질어서 서로 달라붙어 버린다. 제일 좋은 방법은 끓고 있는 국물 위에 가깝게, 틀을 평행으로 위치시켜 놓고 작업하는 것이다.

고기 국물과 함께 서빙하려면 삶아진 파사텔리를 건진 다음, 냄비에 끓고 있는 700ml의 맑은 육수(242쪽)에 넣어 서빙하거나, 국물이 맑지 않아도 관계없다면 파스타를 삶은 육수와 함께 그냥 내도 좋다. 파르메산 치즈 갈은 것을 수프 위에 넉넉히 뿌려 낸다.

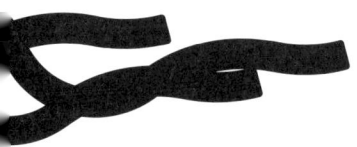

PASTA MISTA
파스타 미스타

치수
사이즈 다양함
길이: 25~27mm
너비: 1.5~11mm
지름: 1.5~5mm

동의어
나폴리 사투리로 pasta ammescata

이 파스타와 잘 어울리는 재료
병아리콩과 모시조개

파스타 미스타(〈섞은 파스타〉)는 파스타가 부서졌거나 모양이 잘 못 잡힌 것, 또는 파스타 상자 바닥에 마지막으로 남은 부스러기들을 지칭하는 것으로, 그야말로 〈아무것도 아닌 파스타〉이다. 알뜰살뜰한 주부나 빵가게 주인들이 선호하는 빵가루 같은 존재라고나 할까. 오늘날에는 상자에 포장되어 상품으로 팔리고 있는데 모양을 제대로 갖춘 다른 파스타와 비교했을 때 경제적인 이점이 전혀 없다. 전통적으로 파스타 미스타를 요리하는 방법은 소스 안에서 끓이는 것인데, 부서진 파스타와 그 파스타가 부서진 작은 조각들을 따로 삶아 체로 밭는 과정에서 떠내려가기 쉽기 때문이다.

병아리콩과 함께 버무린 파스타 미스타
PASTA E CECI

**전채로는 4인분,
메인코스로는 2명이 먹을 분량**

파스타 미스타 150g

삶은 병아리콩 300g (삶은 물을 제외하고 콩만 잰 무게)

병아리콩* 삶은 물 400ml (캔을 사용할 경우 물로 대체한다)

엑스트라 버진 올리브유 6테이블스푼 또는 5테이블스푼에 판체타 70g 길게 자른 것

곱게 다진 양파 4테이블스푼

마늘 2알 얇게 저민 것

마른 고추 부순 것 엄지와 검지로 약간 넉넉하게 잡아서

곱게 다진 로즈마리 1티스푼

잘 익은 토마토 2cm 크기로 깍둑썰기 한 것.

이 소스와 잘 어울리는 파스타
cavatelli, chifferi rigati, tortiglioni

병아리콩 양의 3/4을 삶은 물과 함께 믹서에 넣고 곱게 갈아둔다. 만약 판체타를 사용한다면 4테이블스푼의 오일에 판체타를 넣고 갈색을 띨 때까지 튀겨주고, 올리브유만 사용할 경우에는 팬에 올리브유 5테이블스푼을 넣고 중불에서 가열한다. 양파와 마늘, 고추와 로즈마리를 넣고 소금을 뿌린 다음, 전체적으로 부드러워지고 옅은 갈색이 될 때까지 튀긴다. 다듬어 놓은 토마토를 넣고 1분 정도 더 볶은 다음, 곱게 갈아 놓은 병아리콩과 모양이 그대로인 1/4분량의 병아리콩, 파스타를 넣는다. 소스가 크림처럼 약간 되직해질 때까지 잠시 보글보글 끓이면 파스타도 씹는 맛이 있는 상태로 익는다.

파스타를 접시에 담고 남은 올리브유를 뿌려낸다.

★ 중동 지역에서 많이 먹는 콩으로 동그란 모양에 뾰족하게 나온 부분이 병아리 얼굴 같다고 해서 〈chickpea〉라는 이름이 붙었다. 스튜에 넣기도 하고, 양념과 함께 갈아서 빵에 발라먹기도 한다.

홍합과 콩 소스 파스타 미스타
COZZ' E FASUI E

**전채로는 4인분,
메인코스로는 2명이 먹을 분량**

파스타 미스타 150g

신선한 홍합 너무 크지 않은 것으로 500g

셀러리 1줄기 잘게 깍둑썰기

마늘 1알 얇게 저민 것

마른 고추 부순 것 엄지와 검지로 한번 집어서

엑스트라 버진 올리브유 6테이블스푼

방울토마토 100g 반으로 잘라서

카넬리니 콩 익은 것 150g
(삶은 물은 제외)

바질 잎 10장 손으로 뜯은 것

이 소스와 잘 어울리는 파스타
chifferi rigati, tortiglioni

파스타를 삶는다. 홍합에 붙어 있는 수염을 떼어내고 깨끗하게 헹군다. 팬에 셀러리와 마늘, 고추와 5테이블스푼의 오일을 넣어 약한 불에서 볶다가 홍합과 토마토를 넣고 불을 세게 올린다. 콩 분량의 1/4에 물 100ml를 넣고 곱게 간 다음, 갈지 않은 콩과 함께 두었다가 홍합 껍질이 벌어지기 시작하면 넣는다. 입을 벌린 홍합을 대강 반 정도 건져낸 다음, 안의 살만 발라내어 다시 팬에 넣고 껍질은 버린다. 홍합이 남김없이 다 벌어지면 파스타를 건져 넣고 (늘 그렇듯 살짝 덜 익은 상태에서 건져낸다), 1분 정도 잘 섞으면서 익힌다. 손으로 자연스럽게 뜯어 놓은 바질을 넣고, 먹기 직전에 남은 올리브유를 뿌린다.

PENNE
펜네

치수
길이: 53mm
너비: 10mm
두께: 1mm

동의어
mostaccioli(〈작은 콧수염〉), mostaccioli rigati, penne a candela, penne di natale/natalini, penne di ziti/zitoni, pennoni

비슷한 모양
penne lisce, penne rigate, pennini lisci, penini rigati

이 파스타와 잘 어울리는 재료와 소스
아마트리치아나, 닭고기와 자두, 줄기 브로콜리, 마늘 소스, 그리치아, 헝가리 생선 수프, 렌틸 콩, 노르마, 카치오 에 페페, 푸타네스카, 로마네스코 브로콜리, 나폴리탄 라구 소스, 리코타와 토마토, 정어리와 펜넬, 소시지와 크림, 트레비소와 스펙 햄, 폰티나 치즈, 토마토소스, 참치 뱃살과 토마토

펜네는 튜브형 파스타 중에서 가장 잘 알려진 모양일 것이다. 길이가 대략 지름의 5배쯤 되는 좁은 원통형의 파스타가 양 끝이 깃털 펜처럼 어슷하게 잘려져 있어서 이름도 펜네라고 붙였다. 겉면이 매끈한 것도 있고(lisce), 홈이 파인 것도 있다(rigate). 아무래도 홈이 파여 있는 쪽이 소스가 더 잘 붙는다. 펜촉이 잉크를 잘 끌어당기듯 펜네의 뾰족한 부분 또한 소스를 잘 운반한다. 비스듬히 잘린 양 끝부분은 똑바로 자른 것보다 훨씬 구멍이 넓어서 스푼으로 뒤적거릴 때마다 소스가 파스타 안으로 충분히 들어갈 수 있다.

펜네는 지티(282쪽)와 전혀 다른 파스타인데도 사람들은 종종 헷갈리곤 한다. 미국 드라마 「소프라노스」에서 이탈리아계 미국인이 가장 좋아하는 오븐에 구운 파스타로 나오는데, 그 〈오븐에 구운 지티〉는 사실 펜네보다 훨씬 짧다 (원래 지티는 펜네보다 훨씬 길어서 요리하기 전에 몇 조각으로 부러뜨려 사용한다). 또한 이 〈미국판 지티〉는 튜브형 파스타이기는 하지만 펜네보다는 겉면이 매끈한 리가토니에 가깝다. 뒤에 지티를 소개할 때 함께 소개할 레시피에서는 항상 펜네를 사용하며, 라구 소스를 사용할 때도 있고(216쪽의 나폴리탄, 250쪽의 볼로네제), 대신 토마토소스에 작은 미트볼, 소시지 조각이나 튀긴 가지, 신선한 리코타 치즈를 넣어 만들기도 한다 (144쪽의 라자녜 리체 나폴리타나 참조). 이렇게 구운 파스타는 284쪽에 나오는, 지티로 만드는 팀발로timballo와 무척 비슷하다.

오븐에 구운 펜네
PENNE AL FORNO

**전채로는 4인분,
메인코스로는 2명이 먹을 분량**

펜네 리가테 200g
버팔로 모차렐라 치즈 150g
중간 맛의 토마토소스 (15쪽) 150ml
엑스트라 버진 올리브유 3테이블스푼
바질 잎 15장 손으로 뜯어서
파르메산 치즈 갈은 것 50g

이 요리법과 잘 어울리는 파스타

cavatappi, fusilli, gnocchi, gnocchi shells, paccheri, raginette, mafaldine, rigatoni, tortiglioni, ziti

모차렐라 치즈를 깍둑썰기 한 다음, 물기가 빠지도록 체에 잠시 받는다. 파스타를 알덴테보다 조금 더 딱딱한 정도로 삶는다. 물기가 어느 정도 빠진 모차렐라에 토마토소스와 올리브유, 바질을 섞는다. 소금과 후추로 간을 한 다음, 살짝 기름칠 해둔 12×20cm 정도의 오븐 용기에 넣는다. 파르메산 치즈를 위에 뿌린 다음, 예열된 오븐에 넣어 (컨벡션 오븐은 200도, 구식 가스 오븐은 220도) 윗면이 옅은 갈색이 될 때까지 15~20분 정도 구워준다.

매콤한 토마토소스 펜네
PENNE ALL'ARRABBIATA

**전채로는 4인분,
메인코스로는 2명이 먹을 분량**

펜네 200g
마늘 3알 얇게 저민 것
엑스트라 버진 올리브유 4테이블스푼
마른 고추 부순 것 1티스푼
잘 익은 토마토 1kg 곱게 갈은 것
(껍질과 씨 모두)
바질 잎 10장 뜯은 것

올리브유에 마늘을 넣고, 향은 우러나지만 색은 많이 변하지 않도록 잠시 동안만 튀긴다. 마른 고추 부순 것과 토마토 소금 1/2티스푼을 차례대로 넣는다. 소스가 살짝 걸쭉해질 때까지 끓이는데 (끓는 거품의 크기가 점점 커진다), 되직해질 때까지는 끓이지 말 것. 토마토의 신선한 맛이 살아 있지만 날 것은 아닌 상태가 되면 된다. 소금을 약간 더 넣어 간을 맞춘 다음, 불을 끄고 바질을 넣어 저어둔다.

펜네는 늘 그렇듯 알덴테로 삶는다. 건져내서 프라이팬에 300ml의 매운 토마토소스와 파스타 삶은 물을 약간 넣어 소스가 골고루 코팅이 되도록 저어주며 잠시 익힌다. 내가 생각하기에는 치즈 없이 올리브유만 살짝 뿌려내는

이 소스와 잘 어울리는 파스타

campanelle/gigli, canestri, dischi volanti, farfalle, farfalle tonde, fazzoletti, garganelli, gramigne, maltagliati, pappardelle, spaccatelle, strozzapreti, tagliatelle, torchio

것이 가장 좋지만 치즈를 반드시, 그것도 이 소스에 어울리는 페코리노 로마노가 아닌 파르메산을 뿌려내는 희한한 입맛이 소유자들도 꽤 있을 것으로 생각한다.

쇠꼬리와 함께 푹 끓인 토마토소스 펜네
PENNE AL SUGO DI CODA

메인코스 5인분

쇠꼬리 1kg, 관절 부위를 따라 둥글게 자른 것

라드 (돼지 지방) 100g 또는 4테이블스푼의 올리브유와 깍둑썰기한 프로슈토 비계 부분 80g

중간 크기 양파 잘게 다진 것

셀러리 2줄기 잘게 다진 것

마늘 1알 다진 것

월계수 잎 2장

이탈리안 파슬리 1테이블스푼

화이트와인 375ml

토마토 갈아서 체에 거른 것 (passata) 600ml

또는 600g 생토마토 껍질과 씨까지 모두 곱게 간 것

코코아 가루 아주 약간 (옵션)

마지막에 뿌릴 파르메산 가루 약간

이 소스와 잘 어울리는 파스타

bucatini, casarecce, gnocchi, pici, rigatoni, spaghetti, strozzapreti, tortiglioni

파스타 소스 리스트에 집어넣기에는 좀 특이한 소스이다. 쇠꼬리로 스튜(토마토가 더 많이 들어간 코다 알라 바키나라 coda alla vaccinara)를 만든 다음, 삶은 파스타 위에 나폴리탄 라구 소스(216쪽)에 가까운 스튜 국물을 얹어 먹고, 꼬리에 붙어 있는 고기는 메인코스로 내거나 따로 두었다가 다음에 쓴다. 거의 모든 로마의 트라토리아들이 쇠꼬리로 스튜를 만들고 거기서 나오는 국물과 파스타를 함께 낸다.

이 책의 재료 조사 담당인 키티 트래버스가 그녀 엄마의 간단하고 맛있는 쇠꼬리 소스 레시피를 가져다주었다 (쇠꼬리 1kg을 기름에 노릇하게 구운 다음 1리터의 V8 토마토 주스를 넣어 만드는 것). 여기서는 그 레시피보다 약간 복잡하긴 하지만 좀 더 전통적인 방법을 소개한다.

라드를 녹이고 쇠꼬리를 갈색으로 노릇하게 지진다. 꼬리를 잠시 건져낸 다음, 야채와 허브를 넣어 기름이 충분히 배이면서 부드러워지도록 10분 정도 볶는다. 다시 쇠꼬리를 팬에 넣은 다음, 와인과 토마토를 넣고 끓기 시작하면 불을 아주 약하게 줄여 뚜껑을 덮고 꼬리가 완전히 부드러워질 때까지 3시간 정도 익힌다.

마지막에 코코아 가루를 뿌려 진한 맛을 낼 수도 있지만 꼭 넣어야 하는 것은 아니다 (나는 개인적으로 넣지 않는다). 하지만 치즈는 반드시 뿌려야 한다.

이 소스는 마른 파스타 500g을 삶아 버무리기 알맞은 양이다. 100g의 파스타에 100ml의 소스를 사용하면 된다. 쇠꼬리를 따로 두었다가 메인코스로 쓰거나, 소스와 함께 두었다가 쓰면 된다.

PICI
피치

치수
길이: 150mm
지름: 3mm

동의어
움브리아 지역: umbrici
몬테풀치아노 지역: pinci
몬탈치노 지역: lunghetti

이 파스타와 잘 어울리는 재료와 소스
안초비, 볼로네제 소스, 오리 소스, 토코, 와인에 절인 토끼 소스, 양고기 소스, 모렐 버섯, 쇠꼬리 소스, 가난한 자의 송로버섯, 토끼 고기와 아스파라거스, 소시지와 크림, 참치 뱃살과 토마토

피치(〈들러붙다〉, 〈끈끈하다〉는 동사 appicciare에서 파생)는 투스카니, 특히 발 디 치아나와 세네세 지역에서 즐겨 만드는 불규칙한 모양의 지름이 둥근 파스타이다. 피치는 리구리아 지역의 트로피에(274쪽), 코르제티(80쪽)와 함께 세몰리나 반죽을 이용해서 만드는 이탈리아 북부 바로 밑 지역의 파스타들을 대표한다. 모양이 규칙적이라기보다는 제멋대로 생긴 피치는 소스도 맛이 강한 것들이 어울린다. 라구 소스를 비롯, 야생동물, 야생 버섯과 엄청난 양의 마늘이 들어간 소스pici con l'aglione, 오리가 들어간 소스(con la nana, 32쪽의 anatra), 베이컨과 빵가루가 들어간 소스con rigatino 등등 수없이 많다. 심지어 창꼬치 캐비아로 만든 트라시메노Trasimeno라는 소스도 있다.

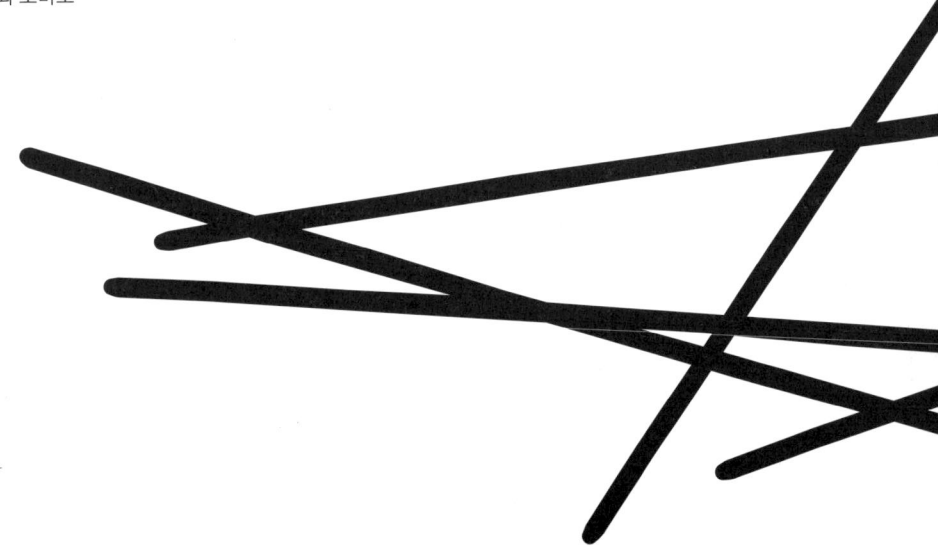

멧돼지 고기로 만든 라구 소스 피치
RAGÙ DI CINGHIALE

**전채로는 8인분,
메인코스로는 4명이 먹을 분량**

세몰리나 파스타 반죽(10쪽), 400g의
세몰리나와 200ml의 물로 만든 것.

멧돼지 라구 소스
야생 멧돼지 어깻살 500g
중간 크기 양파 1개 잘게 다진 것
셀러리 2줄기 잘게 다진 것
마늘 2일 얇게 저민 것
엑스트라 버진 올리브유 4테이블스푼
버터 50g
이탈리안 파슬리 작은 다발, 잘게
썰어서
세이지 잎 10장, 돌돌 말아 가늘게 채
썬 것.
월계수 잎 2장
시나몬 파우더 1/4티스푼
갈은 넛멕과 클로브 각각 1/8티스푼
다진 토마토 캔 500g 또는 신선한
토마토 갈은 것 같은 양
레드 와인 250ml
우유 250ml
마지막에 뿌릴 파르메산 치즈 약간

이 소스와 잘 어울리는 파스타
fettuccine, gnudi, pappardelle,
tagliatelle

이 멧돼지 라구 소스는 토스카나 지역의 클래식 중 클래식이다. 단 로즈마리와 타임을 쓰는 전통 레시피를 조금 변형해서 여러 가지 향신료를 추가해 보았다. 향신료를 추가하는 것은 북부 지역의 영향을 더 받은 것으로, 훨씬 향이 좋은 소스가 만들어진다. 멧돼지 고기를 구할 수 없다면 돼지고기 어깻살로 대체할 수 있다. 그 경우, 야생 고기 특유의 느낌을 가하기 위해 약간의 다진 프로슈토나 살라미를 넣어서 만든다.

고기*를 잘게 다진다 (3mm보다 작은 크기로 깍둑썰기 하는 것이 가장 좋지만 푸드 프로세서에 갈아도 상관없다). 팬에 기름과 버터를 두르고, 준비한 야채와 마늘을 부드러워질 때까지 볶는다. 고기와 허브, 향신료들을 더해 지글지글 소리가 나도록 볶아 고기가 살짝 갈색이 돌도록 한다. 토마토와 와인, 우유를 넣고, 소금과 후추로 간을 한 다음, 불을 아주 약하게 줄여 2시간 종안 소스가 진한 휘핑크림 농도가 되도록 졸인다.

파스타를 만든다. 반죽을 1.5cm 지름의 소시지 모양으로 둥글게 늘여 5cm 길이로 자른다. 한 번에 하나씩 양손을 이용해서 반죽을 비벼 밀면서 옆으로 늘인다. 지름이 3mm인 불규칙적이고, 길고, 살짝 구불구불한 국수가 나오면 된다. 세몰리나 가루를 뿌려둔 접시에 요리를 하기 전까지 펼쳐 놓는다. 피치는 소스가 졸여지는 동안 만들면 충분하다.

만들어둔 피치를 삶는다. 두께에 따라 다르겠지만 대략 4분 정도가 걸린다. 물에서 건진 피치를 멧돼지 라구 소스에 넣어 몇 초 정도 더 익히면서 파스타에 소스가 골고루 묻도록 한다. 마지막으로 파르메산 치즈를 뿌려 낸다.

★ 이 라구 소스는 폴렌타(polenta. 푹 끓인 옥수수 가루. 육류를 비롯한 요리에 곁들여 먹는다 — 옮긴이주)와도 아주 잘 어울린다. 폴렌타와 함께 내는 경우에는 고기를 2cm 크기로 깍둑썰기 해서 먼저 기름에 노릇하게 구운 다음, 그 기름에 야채들을 볶는다. 다시 고기를 야채가 있는 팬에 넣은 다음부터는 위의 레시피와 똑같다 — 원주.

마늘 소스 피치
PICI ALL'AGLIONE

**전채로는 4인분,
메인코스로는 2명이 먹을 분량**

세몰리나 가루 200g으로 만든 반죽

마늘 4알 얇게 저민 것

엑스트라 버진 올리브유 6테이블스푼

마른 고추 부순 것 1/2티스푼 또는
붉은 고추 1개 씨를 빼고 곱게 다진 것

신선한 토마토 300g 씨와 껍질을
함께 다진 것

이 소스와 잘 어울리는 파스타

bucatini, busiati, casarecce, fusilli, fusilli bucati, maccheroni alla chitarra, maccheroni inferrati, paccheri, penne, pennini, rigati, rigatoni, spaghetti, spaghettini

이 토스카나 버전의 알리오 에 올리오(《마늘 파스타》)는 피치와 어우러져 투박하고 거친 맛을 낸다. 이 레시피에서는 토마토를 추가했지만, 토마토를 넣지 않은 〈흰색in bianco〉 파스타를 만들기도 한다. 만드는 이의 취향에 따라 토마토를 빼고 대신 6테이블스푼의 방금 갈은 빵가루와 2테이블스푼의 다진 파슬리를 넣어 만들어보자. 이 경우에는 더 이상 열을 가해 요리를 할 필요가 없기 때문에 파스타는 이미 다 익어 있어야 한다.

양이 그리 많지 않기 때문에 너무 크지 않은 팬을 선택한다. 중간 크기면 딱 좋은데, 삶은 파스타를 넣어 버무릴 수 있을 정도면 된다. 설거지가 늘어나지 않도록 크기를 잘 살펴서 결정한다. 중불에서 기름에 마늘을 볶다가, 마늘이 옅은 갈색으로 변하면 고추를 넣어 몇 초 정도 더 마늘이 황금색으로 변할 때까지 튀긴다. 토마토를 넣고 소금과 후추로 간을 한 다음, 불을 약하게 줄여 소스가 진해질 때까지 끓인다. 파스타를 삶은 다음, 파스타 삶은 물과 함께 소스에 넣어 잘 버무려 낸다.

PIZZOCCHERI
피초케리

치수
길이: 50mm
너비: 10mm
두께: 1.5~3mm

동의어
fugascion(〈큰 사이즈 피초케리〉)
또는 pizzocher di Tei

이 파스타와 잘 어울리는 재료
트레비소, 스페크 햄, 폰티나 치즈

롬바르디 발텔리나 지역에서만 주로 먹는 파스타로, 다른 나라로 건너가 더 널리 알려진 파스타 중의 하나이기 때문에 짚고 넘어가야 할 이야기가 별로 없다. 파스타 이름은 〈뻣뻣하고 고집이 센 자〉라는 핀초케로pinzochero에서 유래했는데, 아마 이 파스타가 탄생한 지역 사람들의 개성을 함축적으로 표현한 것이 아닐까 싶다. 피초케리는 대부분 메밀로 구성된 뻣뻣한 파스타이기도 하다. 메밀은 이탈리아어로 그라노 사라체노(grano saraceno, 〈사라센의 곡물〉)라고 하는데 원래 사라센인 시리아 지역보다 더 동쪽으로 떨어진 예멘에서 거친 메밀로 만든 요리를 흔히 만들어 먹는다. 곡물이라기보다 씨앗인 메밀은 글루텐이 생성되지 않기 때문에 반죽하면 죽죽 늘어나는 성질을 이용해 파스타를 만들어온 파스타 장인들에게는 일종의 도전이다. 초기 레시피에는 밀이 전혀 들어가지 않았지만 요즘 이 파스타를 만드는 사람들은 대부분 다 세몰리나를 섞어서 만든다. 어떤 이들은 세몰리나를 섞으면 피초케리의 식감이 더 좋아진다고 하고, 어떤 이들은 그저 메밀 반죽을 잘 다루는 기술이 없어 핑계를 대는 것이라고 한다. 어떤 반죽으로 만들었든 집에서 만들어 먹는 사람들 입장에서는 골라먹을 수 있어 좋다.

감자와 양배추, 폰티나 치즈소스 피초케리
PIZZOCCHERI VALTELI INESI

**전채로는 4인분,
메인코스로는 2명이 먹을 분량**

메밀가루 150g

세몰리나 가루 40g (또는 강력분)

햇감자 125g

흰색 또는 초록 양배추 100g

버터 75g

마늘 1알 (또는 세이지 8장 혹은 두 가지 전부)

폰티나 치즈 125g, 5~10mm 크기로 깍둑썰기

마지막에 뿌려 낼 그라나 치즈 (파르메산 또는 그와 비슷한 하드 치즈) 갈은 것 50g

건강하고 풍부한 맛의 이 요리는 처음 이 레시피가 생겨난 알프스 산악지역의 겨울에 딱 알맞은 음식이다. 전통적으로 파스타와 야채를 치즈와 층층이 쌓은 다음, 그 위에 갈색으로 끓인 버터를 부어 만들지만, 나는 팬에 버터와 물을 섞어 잘 유화시킨 다음, 재료를 넣어 같이 섞는 것을 좋아한다. 그렇다고 해서 딱히 사용하는 지방의 양이 줄어드는 것은 아니지만 적어도 보기에 덜 기름져 보이기는 한다…….

메밀가루에 물 100ml를 넣고 10분 정도 치대어 부드러운 반죽을 만든다. 평평한 대리석이나 나무 작업대에 붙지 않도록 세몰리나 가루를 약간 뿌리고, 밀대로 1.5mm 정도의 두께가 되도록 민다. 다 민 파스타 위에도 세몰리나 가루를 약간 뿌리고, 8cm 너비의 리본으로 자른다. 한 장 사이마다 세몰리나 가루를 뿌려서 겹친 다음, 다시 2~2.5cm 너비의 뭉툭하고 넓은 리본으로 자른다.

감자는 껍질을 벗기고 5~10mm 크기로 깍둑썰기 하고, 양배추를 대략 2×4cm 정도의 크기가 되도록 자른다. 감자와 양배추를 끓는 소금물에 넣어 4분 정도 삶아 감자가 살짝 익었을 때, 잘라 놓은 파스타를 넣어 같이 삶는다.

야채를 익히기 시작하면서 옆에 프라이팬을 준비해 마늘(칼등으로 두들겨 살짝 부쉈지만 한 알의 모양은 그대로 남아 있도록 해서)과 버터를 넣는다. 버터가 녹아 살짝 갈색이 되면 마늘을 제거한다 (세이지를 쓸 경우에는 건지지 않고 그대로 둔다). 파스타를 삶고 있는 물을 100ml 정도 덜어내어 버터에 붓고, 팬을 잘 흔들어 잘 섞이도록 한다. 이대로 끓게 놓아두면 유화가 잘 된다. 끓기 시작하면 생크림 정도의 농도로 변하는데, 너무 되직해 보인다면 파스타 삶은 물을 아주 조금만 더해서 농도를 맞춘다.

파스타와 감자가 다 익으면 (2~3분 정도 걸린다), 물을 따라버리고 소스에 넣는다. 후추를 넉넉하게 갈아 뿌리고, 만약 싱겁다면 소금을 약간만 넣는다. 불에서 내려 폰티나 치즈와 갈아 놓은 그라나 치즈 양의 반을 넣고 치즈가 녹도록 1분 정도 살짝 놓아둔다. 남은 그라나 치즈를 위에 뿌려 서빙한다.

QUADRETTI, QUADRETTINI
콰드레티, 콰드레티니

치수
길이: 3mm
너비: 3mm
두께: 0.5mm

동의어
quadrellini, quadrotti
에밀리아로마냐 지역: quaternei
움브리아 지역: squadrucchetti
라조 지역: ciciarchiola, cicerchiole
(사이즈에 따라 호칭이 달라지지만 반드시 치체르키아cicerchia, 즉 작게 잘라 말린 야채와 같은 크기여야 한다)
대량생산된 제품:
lucciole(〈반딧불이〉)

이 파스타와 잘 어울리는 요리법
알파벳 수프, 스트라키아텔라, 아쿠아코타

작은 사각형 조각들이다. 만들기 가장 쉬운 모양이지만 과정이 꽤나 성가시기 때문에 그냥 사서 쓰는 것이 낫다. 이 섬세한 파스티나(수프용 작은 파스타)는 달걀 하나가 들어가는 반죽으로 만드는데, 집에서 만들 경우에는 넛멕을 조금 갈아 넣기도 한다. 전통적으로 콩과 함께 고기 국물에 넣어 먹는다. 특히 우르비노 지역에서는 잠두콩을 넣어 만드는데, 로마의 레스토랑 파지올리 디 아르솔리fagioli di Arsoli에서도 맛 볼 수 있다. 보통 거위나 닭을 이용한 육수를 사용해 만드는데, 구삐오Gubbio 지역에서는 봄 햇콩을 넣은 생선 육수를 사용한다. 고기 국물에 넣은 작은 파스타들은 언제나 원기회복을 위한 음식으로 여겨지는데, 왜 그런지 몰라도 이탈리아인들은 네모 모양이 회복을 돕는 기능이 있다고 확신하는 듯하다.

봄철 야채를 넣어 만든 맑은 수프
QUADRETTINI IN BRODO PRIMAVERA

**전채로는 4인분,
메인코스로는 2명이 먹을 분량**

콰드레티니 80g

잠두콩 깍지 까지 않은 것 500g

완두콩 깍지 까지 않은 것 150g

어린 아티초크 3개

맑게 거른 닭 육수 (242쪽) 또는
야채 육수 700ml

이탈리안 파슬리 2테이블스푼 또는
민트 잎 10장 (또는 두가지 다) 가늘게
채친 것

마지막에 뿌려 낼 페코리노 로마노 또는
파르메산 치즈 같은 것 약간과 엑스트라
버진 올리브유 2테이블스푼

잠두콩을 끓는 물에 1~2분간 데쳐서 찬물에 헹궈 식힌 다음, 깍지를 벗겨낸다. 완두콩도 깍지를 벗겨낸다. 아티초크의 질기고 색이 어두운 부분을 잘라낸 다음, 부드러운 잎과 잎 안쪽 부드러운 부분만 남긴다. 아티초크는 갈변하기 쉬우므로 요리하기 전까지 레몬 즙을 넣은 물에 넣어둔다.

육수를 데워 끓기 시작하면 간을 보고, 완두콩과 잠두콩, 아티초크와 파스타를 넣는다. 아티초크는 요리하기 직전 물에서 꺼내 얇게 썬다. 모든 재료들이 다 익을 때까지 불을 아주 약하게 줄여서 끓인다. 마지막에 허브를 넣어 저어주고, 치즈와 올리브유를 뿌려서 낸다.

수프 접시마다 수란을 하나씩 만들어 넣고 위에 수프를 부으면 아주 멋진 또 하나의 요리가 될 수 있다. 수란을 만들 경우, 냄비를 따로 준비해서 소금물을 끓이고, 식초를 약간 넣으면 달걀흰자가 단단하게 굳는 데 도움이 된다.

이 수프와 잘 어울리는 파스타
canestrini

RADIATORI
라디아토리

치수
길이: 26mm
너비: 17mm

이 파스타와 잘 어울리는 재료와 소스
푹 삶은 베이컨과 완두콩, 토끼와 아스파라거스, 로켓, 토마토와 양파, 소시지 소스, 소시지와 크림, 트레비소, 스페크 햄과 폰티나 치즈

라디아토리(영어로는 radiators)는 만들어진 지 얼마 되지 않은 파스타다. 제1차 세계대전과 제2차 세계대전 사이의 시기라고 하지만 1960년대에 한 무명 산업 디자이너가 만들었다는 이야기가 전해진다. 직선의 파이프에 지느러미 모양의 핀이 평행으로 둘둘 감겨 있는 구식 공업용 온열 파이프 모양에서 따왔는데, 파이프든 파스타든 표면은 언제나 기능을 고려해서 만들어진 것이다. 온열 파이프에서는 열의 순환이 원활하게 이루어지게 하고, 파스타에서는 맛을 잘 배이게 하면서 소스가 충분히 붙어 있을 수 있도록 해준다.

붉은 고추와 위스키 소스 라디아토리
RADIATORI CON PEPERONI E WHISKY

전채로는 4인분,
메인코스로는 2명이 먹을 분량

라디아토리 200g

빨간 로마노 고추 (길쭉한 것) 3개 또는
붉은 피망 2개

중간 크기 자색 양파 2개

마늘 2알 얇게 저민 것

마른 고추 부순 것 1/2티스푼

엑스트라 버진 올리브유 50ml

위스키 80ml

가벼운 맛의 토마토소스 (15쪽)
100ml 또는 토마토 파사타

이탈리안 파슬리 다진 것 2테이블스푼

마지막에 뿌려 내갈 페코리노 치즈 갈은
것 약간 (옵션)

이 소스와 잘 어울리는 파스타
chifferi rigati, dischi volanti, fusilli

이 레시피는 뭔가 좀 이상하기는 하지만 붉은 고추 소스가 주는 따뜻한 매운맛이 방을 데워주는 역할을 하는 라디에이터와 어울리는 구석이 있다.

고추를 길게 반으로 가른 다음 (로마노 고추일 경우에는 반으로, 피망일 경우에는 3등분한다), 1cm 너비의 길이로 자른다. 양파는 반으로 자른 다음, 반달 모양이 나오도록 슬라이스 한다. 넓은 팬을 중불 위에서 달군 다음, 기름과 잘라둔 고추, 양파, 마늘, 마른 고추 부순 것, 엄지와 검지를 이용해서 넉넉하게 잡은 소금과 후추를 넣고 함께 볶는다. 가끔 저어주면서 전체적으로 잼 같은 상태가 될 때까지 45분 정도 계속 익힌다. 45분의 반쯤 지났을 때 불을 조절하는데 볶는 재료들의 색이 점점 진해지면서 팬에 눌어붙으려고 할 때마다 불을 계속 약하게 줄여야 한다. 그러므로 완성될 때쯤에는 불이 가장 약한 상태가 된다. 위스키를 붓고, 소스 위에 불이 붙도록 한다. 불꽃이 다 사그라질 때까지 뒤로 물러서 있을 것. 그 다음 토마토소스와 파슬리를 넣고 몇 분 동안 더 끓인다. 알덴테로 삶은 파스타를 건져내어 소스에 넣고 버무려 먹는다. 위에 치즈를 뿌려도 좋고 안 뿌려도 상관없다.

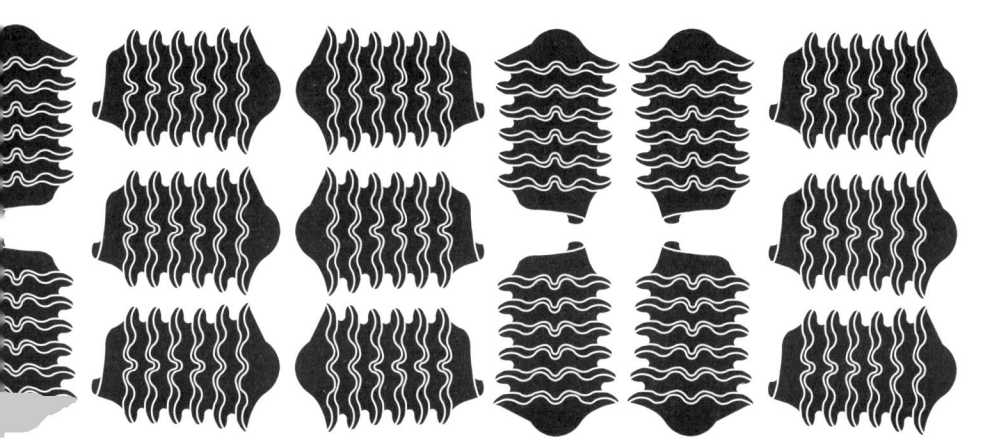

RAVIOLI
라비올리

치수
길이: 30~100mm
너비: 30~100mm

이 파스타와 잘 어울리는 소스
버터와 세이지, 마조람과 잣, 토마토소스, 호두 소스

중세시대 (특히 북부 지역) 귀족들의 궁전에서부터 서민들에 이르기까지 즐겨먹던 음식인 속을 채운 파스타는 지금도 특별한 축제나 기념일에 이탈리아인들의 식탁에 오르는 특식이다. 그중에서도 네모나게 민 파스타 반죽 위에 속을 늘어놓고, 다시 그 위에 파스타 한 장을 덮어 붙여 속을 가둔 다음 네모나게 자른 라비올리만큼 널리 알려진 것도 없을 것이다. 너무 인기 있는 파스타이다 보니 어떻게 그리고 어디서 만들어졌는지에 대한 설도 분분하다. 먼저 크레모나Cremona 원조 설. 1100년 아랍의 침략을 당한 시칠리아에서 아랍의 덤플링인 만티manti의 영향을 받아 만들어냈다는 이야기가 있다. 다음은 제노아 설. 항해 중 먹을 것이 부족했던 선원들이 남은 식재료를 모두 긁어모아 파스타에 넣어 먹었던 〈가치 있는 작은 물건〉이라는 뜻의 지역 방언인 라빌롤레rabilole에서 라비올리의 어원이 유래된 것이라며 제노아가 진짜 원조라고 주장한다. 중세의 라삐올라(rabbiola, 당근과 순무 같은 뿌리채소를 뜻하는 라틴어 rapa에서 파생) ― 리코타 치즈와 야채로 만든 반죽을 속을 파낸 순무 안에 꽉 채워 넣어 만든 요리 ― 에서 유래되었을 수도 있지만, 단순히 이탈리아어 아브볼제레(avvolgere, 〈덮어서 감싸다〉)에서 온 것이 아닌가 싶기도 하다.

워낙 어디에서나 볼 수 있는 파스타이다 보니 라비올리 속을 어떤 재료로 채웠느냐에 따라 지역을 구분한다. 다양한 속 재료와 달리 버무리는 소스는 최대한 심플하게, 세이지를 넣고 살짝 끓인 버터나 가벼운 맛의 토마토소스, 때로는 〈거의 아무것도 안한〉(아 쿨로 누도a culo nudo) 파스타 삶은 물 약간에 레드 와인 몇 방울을 떨어뜨려 내기도 한다.

시금치와 리코타 라비올리
SPINACH AND RICOTTA RAVIOLI

6인분

에그파스타 또는 진한 에그파스타 반죽
400g

시금치 250g

양젖으로 만든 리코타 치즈 150g

달걀노른자 2개

파르메산 치즈 간 것 75g

넛멕

속을 채우면 좋은 재료
프레보지온(182쪽), 송아지 고기와 돼지고기와 뇌(18쪽), 감자(64쪽)

만들어서 냉동해두고 쓸 수 있다.

시금치에서 너무 크고 질긴 줄기는 떼어내서 깨끗이 씻은 다음, 끓는 소금물에 넣어 부드러워질 때까지 데친다 (어린잎은 1분, 큰 잎은 2분 정도 걸린다).* 건져내어 차가운 물에 담가 식힌 후 꼭 짜서 물기를 없애는데, 처음에는 손으로 꼭 짜고, 그 다음에는 깨끗한 천에 싸서 다시 한 번 물기를 제거한다. 총 100~110g의 시금치가 나오면 된다. 칼로 최대한 곱게 다질 것.

다진 시금치에 남은 재료들을 모두 넣고, 소금과 후추, 넛멕으로 간을 해 섞는다. 만들기 전까지 차갑게 식힌다.

라비올리는 어떤 크기도 좋다 (나는 7cm를 추천한다). 둥글든 네모나든 (웬만하면 네모난 것이 좋겠다), 또는 가장자리를 곧게 자르든, 프릴형으로 자르든 (살짝 충고하자면 곧게 자르는 것이 어떨지……), 마음대로 만들 수 있다. 파스타 반죽을 아주 얇게 마는데 (두께 0.7mm 정도) 반죽 위에 어떤 밀가루도 묻어 있어서는 안 된다. 밀은 파스타 위에 티스푼으로 약간 수북하게 담은 속을, 일정한 간격을 두고 올린다. 이 양은 7cm 크기의 라비올리를 만들기에 적당하다. 만드는 동안 반죽이 건조해져 그냥 붙일 수 없을 것 같으면 분무기에 깨끗한 물을 담아 전체적으로 살짝 뿌려준 다음, 한 장 더 밀어 놓은 파스타를 위에 조심스럽게 얹는다. 살짝 눌러서 속을 약간 평평하게 만든 다음, 속 가장자리 4면을 눌러가며 붙인다. 그 다음 하나씩 잘라낸다. 직선으로 자르려면 칼이나 피자 커터를 이용하고, 주름 잡힌 라비올리로 만들고 싶으면 주름 모양을 내는 롤러를 사용한다. 페이스트리를 자르는 데 쓰는 원형 커터는 둥근 라비올리를 자를 때 사용한다.

시금치 양의 절반을 보리지로 대체할 수 있다. 시금치와 똑같이 준비한 다음, 잘게 다져 기름에 부드럽게 볶은 양파를 더해 만들면 깔끔한 맛이 난다. 오랜 시간 동안 졸인 스튜에서 나온 고기(예를 들어 197쪽의 코다 알라 바키나라에서 나온 고기)를 이용하면 독특한 맛이 나는 라비올리가 되고, 카라멜레(64쪽)를 만들 때 사용한 감자 속도 괜찮다.

★ 유럽의 시금치는 국내산과 달리 잎도 크고 질긴 편이다.

모렐 버섯 크림소스 라비올리
RAVIOLI CON LE SPUGNOLE

2인분 (210쪽에 나오는 라비올리 양에 맞추고 싶다면 이 레시피의 2배로 만들면 된다)

감자로 속을 채운 라비올리 (64쪽) 250g

말린 모렐 버섯 30g

작은 크기 1개 또는 중간 크기 양파 반 개 곱게 다진 것

마늘 1알 얇게 저민 것

버터 25g

생크림 150ml

마지막에 뿌려 내갈 파르메산 치즈 갈은 것 약간

이 소스와 잘 어울리는 파스타

cappelletti, caramelle, fettuccine, maltagliati, pappardelle, pici, strozzapreti, tagliatelle, tortelloni

모렐 버섯으로 아주 근사한 파스타 소스를 만들 수 있다. 신선한 모렐 버섯은 봄에만 먹을 수 있는 아주 고급 식재료로, 라비올리 소스를 만들기에는 너무 맛이 섬세하다. 여기서 사용할 말린 모렐 버섯은 맛이 아주 진하게 농축되어 있고, 일 년 내내 구하기도 쉽다.

모렐 버섯을 200ml의 끓는 물에 넣어 15분간 불린다. 물에서 건져내어 물기를 꼭 짜둔다. 버섯을 우린 물도 버리지 말고 놓아둘 것.

팬을 중간보다 조금 약한 불 위에 올리고, 버터와 양파, 마늘과 약간의 소금을 넣어 양파가 약간 노랗게 투명해질 때까지 10분 정도 볶는다. 버섯을 넣고 1분 정도 볶다가 버섯을 우린 물을 넣어 물의 양이 반이 될 때까지 졸인다. 이때 라비올리를 삶는다. 버섯에 크림을 넣고, 크림이 냉장고에 들어 있을 때의 약간 진한 농도처럼 될 때까지 졸인다. 소금과 후추로 간을 한 다음, 삶은 라비올리를 넣어 골고루 섞은 다음, 접시에 담고 위에 치즈 가루를 뿌려 낸다.

토마토소스 라비올리
RAVIOLI AL POMODORO

**전채로는 4인분,
메인코스로는 2명이 먹을 분량**

라비올리 300g

버터 50g 또는 엑스트라 버진 올리브유 3테이블스푼

가벼운 맛의 토마토소스 (15쪽) 180ml

마지막에 뿌려 낼 페코리노 로마노 치즈 갈은 것 약간 (옵션)

라비올리를 알덴테로 삶는다 (끓는 소금물에 2~3분만 삶으면 된다). 건져내어 버터 또는 오일을 넣어 섞는다. 토마토소스를 데워 접시에 깔고 라비올리를 위에 얹어 내거나, 라비올리 위에 토마토소스를 부어서 낸다. 필수적인 것은 아니지만 약간의 페코리노 치즈를 뿌려 내는 것을 많은 이들이 좋아한다. 그러나 파르메산을 뿌려 내는 사람들이 더 많다.

골수가 들어간 제노베제 미트소스
TOCCO GENOVESE

전채로는 10~15명,
메인코스로는 2명이 먹을 분량.

토코

밀가루 1테이블스푼

버터 50g

쇠고기 또는 송아지 고기 (양지, 정강이, 옆구리 살) 500g 큼직하게 썬 것

소의 골수 50g 깍둑썰기 한 것 또는 40g의 버터

셀러리 한 줄기 다진 것

당근 1개 다진 것

양파 1개 다진 것

이탈리안 파슬리 다진 것 1테이블스푼

월계수 잎 2장

말린 포르치니 버섯 10g, 100ml의 뜨거운 물에 불린 다음 건져서 다진 것

쇠고기 육수 500ml

캔에 들어 있는 토마토 400g

화이트 와인 150ml

클로브 (정향) 3알

넛멕 간 것 약간

이 소스와 잘 어울리는 파스타

bigoli, busiati, fettuccine, linguine, bavette, maccheroni alla chitarra, maccheroni inferrati, pici, spaghetti, tagliatelle, trenette

우아하면서 경제적인 레시피 중의 하나이다. 토코(또는 toccu)는 리구리안 지방의 전통적인 미트소스이다. 토마토소스 안에 고기를 넣어 맛을 우려낸다는 점이 나폴리탄 라구 소스(216쪽)와 비슷하다. 버섯으로 깊은 맛을 더하고, 밀가루와 버터를 섞은 루roux로 소스를 진하게 만드는 것은 프랑스 요리법의 영향을 받은 것임을 알려준다. 이 레시피의 또 다른 장점은 토코를 만들면서 나온 고기를 이용해서 라비올리 속을 채울 수 있다는 것이다. 아무것도 버릴게 없고, 완성해 놓은 소스의 맛은 그야말로 끝내준다.

재료들이 다 들어갈 만큼 넉넉한 솥을 준비해 버터를 녹이고 밀가루를 넣어, 거품이 잦아들고 버터 색이 옅은 갈색이 될 때까지 볶는다. 쇠고기 또는 송아지 고기를 더하고, 소금과 후추로 간을 한 다음, 중불 위에서 전체적으로 진한 갈색이 나도록 15분 정도 볶아준다. 밀가루가 타버리지 않을까 살짝 무서워지기 시작할 때까지 계속 볶을 것. 골수를 넣고 30초 정도 저어, 녹기 시작하면 야채와 파슬리, 월계수 잎을 넣는다. 15분 정도 야채가 완전히 부드러워질 때까지 더 볶는다. 남은 재료들(포르치니 버섯 불린 물도 포함)을 모두 넣고 재료들이 끓기 시작하면, 불을 아주 약하게 줄여 소스가 부드럽고 진하게 될 때까지 2시간 반 정도 졸인다. 고기를 건져내고 토마토소스를 곱게 간다 (푸드 프로세서로 하면 쉽게 되고, 힘들긴 하지만 체에 꾹꾹 눌러 걸러내는 것도 좋다). 맛을 보고 간을 한다. 완성된 소스는 대략 700ml 정도 되는데, 1.5kg의 라비올리 또는 1kg의 생 트레네테(146쪽)에 알맞은 양이다.

고기와 내장이 들어간 라비올리와 미트소스
RAVIOLI GENOVESE AL TOCCO

에그 파스타 또는 진한 맛의 에그 파스타 1kg

토코를 만들면서 나온 고기

송아지 췌장 (또는 뇌) 100g

송아지 또는 양의 뇌 (또는 췌장) 100g

보리지 잎 250g (또는 근대. 근대를 구하지 못했다면 시금치로)

달걀노른자 4개

파르메산 치즈 갈은 것 200g

마조람 작은 다발 (7g 정도) 잎만 떼어서. 없다면 오레가노로

췌장과 뇌를 소금물에 넣어 익힌 다음 (아주 약한 불에서 12분 정도), 그 끓인 물속에 넣어 그대로 식힌다. 식은 췌장과 뇌에서 질기고 회색빛 나는 부분을 모두 제거한다. 보리지 잎을 데쳐서 찬 물에 식힌 다음, 있는 힘을 다해 물기를 꼭 짠다.

토코를 만들 때 나온 고기와 데쳐 놓은 췌장과 뇌를 모두 푸드 프로세서에 넣고, 일단 약간 입자가 남아 있도록 간다. 그리고 남은 재료들을 모두 넣어 보리지와 마조람의 초록색이 점점이 보이도록 곱게 간다.

대략 1kg 정도의 속이 나오는데, 1kg의 에그 파스타로 라비올리를 만들기에 충분한 양이다. 이 반죽으로 라비올리만 만들 필요는 없다. 라비올리를 만들어서 얼려도 되고, 속만 밀폐 용기에 넣어 얼려두었다가 카넬로니 (50쪽)를 만들 때 사용해도 된다. 파스타 반죽과 속을 1:1 비율로 만들면 되는데, 이 속을 넣어 만든 라비올리는 150g이 1인분이다.

라비올리를 만든다. 파스타 반죽을 두께가 1mm 정도 되도록 민다 (파스타 머신에서 두 번째로 얇은 단계). 파스타 위에는 밀가루가 남아 있지 않아야 하며, 물 없이도 붙을 정도의 수분이 있어야 하지만, 작업대 위와 손에 들러붙을 정도로 질어서도 안 된다. 밀어 놓은 파스타를 똑같은 크기로 잘라 2개로 만든다. 한 면에 만들어 둔 속을 조금씩 (티스푼이 조금 못 되도록), 4cm 간격으로 늘어놓는다. 작업 과정에서 파스타가 조금 마르면 깨끗한 물을 분무기로 살짝 뿌려준다 (파스타 반죽이 딱 알맞은 수분을 가지고 있고, 작업을 재빠르게 할 수 있다면 이 과정은 필요 없다). 다른 한 장의 파스타 시트를 위에 덮은 다음, 속을 살짝 평평하게 눌러주면서 가장자리를 붙인다. 작업하면서 최대한 공기를 잘 뺄 것. 잘 드는 칼이나 주름 모양 커터를 이용해서 라비올리를 4각으로 하나씩 자른 다음, 세몰리나 가루를 살짝 뿌려 놓은 접시 위에 늘어놓는다. 반죽과 속을 다 사용할 때까지 이 작업을 반복한다.

라비올리를 알덴테로 삶아 150g의 라비올리에 70ml의 토코 소스의 비율로 양을 맞춘다. 하지만 이 속 재료로 만든 라비올리의 양에 비해서는 소스가 모자랄 것이다. 이 라비올리에는 가벼운 토마토소스(15쪽), 잣과 마조람, 버터 (83쪽) 또는 버터와 세이지(129쪽)도 잘 어울리고 맛있다는 것을 기억하자.

REGINETTE, MAFALDINE
레지네테, 마팔디네

치수
길이: 100~250mm
너비: 10mm
두께: 1mm

동의어
mafaldine signorine, trinette, ricciarelle, sfresatine, nastri, nastrini(〈리본〉)

이 파스타와 잘 어울리는 재료와 소스
아라비아타, 오븐에 굽기, 곱게 갈은 잠두콩, 브로콜리 안초비 크림소스, 줄기 브로콜리, 줄기 브로콜리와 소시지, 로마네스코 브로콜리, 토끼 고기와 매운 토마토소스, 소시지와 크림, 가리비와 타임

이 매력적인 파스타는 1902년 이탈리아 왕 비토리오 엠마누엘레 3세의 딸 마팔다Mafalda 공주의 탄생을 기념하기 위해 만들어졌다. 이 파스타에 두 개가 이름이 있듯, 공주를 부르는 호칭 또한 두 개였다. 레지네테reginette는 〈작은 여왕님〉이라는 뜻이고, 마팔디네mafaldine는 〈작은 마팔다〉라는 뜻이다. 세몰리나 가루로 만든 이 파스타는 남부 고유의 파스타로 (왕이 나폴리에서 태어났다), 구불구불한 가장자리가 마치 라자녜 리체lasagne ricce를 닮았는데, 아름다운 모양이 보기만 해도 무언가 축하하고 기념할 때 먹는 파스타같이 보인다.

나폴리탄 라구 소스
RAGÙ NAPOLETANO

**15인분 (이 레시피로
1.5리터의 소스가 나온다)**

쇠고기 또는 송아지 고기 (양지, 정강이,
옆구리 살) 750g

돼지고기 750g, 되도록 껍질이 붙어
있는 것으로 (삼겹살, 갈비, 정강이 또는
어깻살)

잣 70g

건포도 70g

직접 갈아 만든 빵가루 50g

이탈리안 파슬리 다진 것 2테이블스푼

돼지기름 100g 또는 엑스트라 버진
올리브유 120ml

중간 크기 양파 (400g 정도)
잘게 다진 것

마늘 1알 다진 것

레드 와인 375ml

토마토 파사타 2리터 또는 2kg 토마토
곱게 갈은 것

바질 잎 20장

이 소스와 잘 어울리는 파스타
cavatappi, fusilli bucati, fusilli fatti
a mano, paccheri, penne, pennini
rigati, rigatoni, spaccatelle,
spaghetti, tortiglioni, ziti/candele

이 소스는 다른 라구 소스와는 조금 다르다. 고기를 통째로 넣고 만들어서 소스는 파스타에 사용하고, 고기는 건져내어 두 번째 코스에 쓴다. 이 소스를 〈문지기의 소스〉(구아르다포르타 guardaporta)라고 부르기도 하는데, 이는 소스를 만드는 데 시간이 아주 오래 걸리고 그다지 신경을 쓰지 않아도 되기 때문에 문지기가 대문을 계속 지키는 동안 완성된다는 뜻에서 붙은 이름일 것이다.

보통 세 덩어리의 고기를 함께 요리한다. 돼지고기 한 덩어리와 쇠고기 두 덩어리, 또는 돼지껍질과 쇠고기를 섞는다. 이탈리아에서는 보통 어깻살을 사용하는데 나폴리에서는 고기의 속을 채워 돌돌 만 것을 쓴다. 나는 돼지껍질을 사용하지 않았지만 맛이 아주 좋으니 모험심 많은 분들은 꼭 시도해보시기를. 잘 드는 칼을 이용해서 송아지 고기 또는 쇠고기를 옆으로 저며 평평하게 만든 다음, 잣과 건포도, 빵가루와 파슬리를 넣고 돌돌 말아 실로 단단히 묶는다.

소스를 끓일 만한 공간이 충분한 솥을 준비해 돼지기름을 넣고 중불에서 뜨겁게 녹인 다음, 돌돌 말아 놓은 고기 표면을 지진다. 지진 고기는 잠시 따로 두고, 양파와 마늘을 넣고, 소금을 약간 넉넉하게 뿌린 다음, 기름이 야채에 잘 흡수되어 부드럽고 투명해질 때까지 5분 정도 볶는다.

고기를 다시 팬에 넣고 와인을 넣은 다음, 술 냄새가 나지 않을 때까지 끓인다. 토마토 파사타를 넣고 소금 후추를 넣은 다음, 뚜껑을 덮고 약한 불에서 고기가 아주 부드럽게 될 때까지 3시간 정도 끓인다. 소스가 너무 진해지려고 하면 뚜껑을 덮는다. 소스가 진하더라도 따라 부을 수 있는 정도의 농도가 제일 좋다. 마지막으로 손으로 뚝뚝 뜯은 바질 잎을 넣고 저어주면 완성이다.

소스 200ml로 200g의 레지네테를 버무릴 수 있다.

토마토와 모차렐라 소스
REGINETTE CAPRESI

**전채로는 4인분,
메인코스로는 2명이 먹을 분량**

레지네테 200g

가벼운 맛의 토마토소스 (15쪽)
200ml

엑스트라 버진 올리브유 3테이블스푼

버팔로 모차렐라 치즈 160~200g,
2cm 크기로 자른 것

방울토마토 또는 크기가 작은
(자두 크기 정도) 토마토 100g 반으로
나눈 것

바질 잎 10장

이 소스와 잘 어울리는 파스타

tortiglioni

이 심플한 소스는 세계적으로 유명한 요리인, 토마토와 모차렐라 치즈로 만든 카프레제Caprese 샐러드를 파스타용으로 뜨겁게 만들어 본 것이다. 카프레제 샐러드는 나폴리 만에서 배를 타면 금방 닿는 아름다운 카프리 섬에서 유래되었다.

레지네테를 삶는 동안 토마토소스를 2테이블스푼의 오일과 함께 데운다. 다 삶은 파스타의 물기를 빼고, 다듬어 놓은 토마토와 모차렐라, 바질과 함께 (치즈와 바질은 아주 약간씩만 남겨 놓는다) 토마토소스에 넣는다. 치즈와 생 토마토가 살짝 데워지도록 1분 정도 놓아두었다가, 위에 남은 치즈와 바질 잎을 뿌리고, 남은 올리브유를 맨 위에 뿌려 낸다.

RIGATONI
리가토니

치수
길이: 45mm
너비: 15mm
두께: 1mm

동의어
bombardoni(〈폭탄〉), cannaroni rigati, cannerozzi rigati, rigatoni romani, trivelli(〈드릴〉), tuffolini rigati

비슷한 모양
maniche, mezze maniche

이 파스타와 잘 어울리는 재료와 소스
아라비아타, 오븐에 굽기, 닭고기와 자두, 크림과 프로슈토, 마늘 소스, 노르마, 쇠꼬리 소스, 푸타네스카, 나폴리탄 라구 소스, 리코타 치즈와 토마토, 정어리와 펜넬, 소시지와 크림, 토마토소스

리가토니는 표면에 홈이 파인 튜브형 파스타로, 펜네보다 넓고, 대체로 곧지만 압축해서 추출하는 과정에서 자연스럽게 살짝 휘어진 것도 있다. 표면에 길이로 홈이 패여 있는데 리가토니의 어원이 리가레(rigare 〈법칙〉 또는 〈고랑〉)라는 설을 뒷받침해준다. 리가토니는 강하고 진한, 묵직한 미트소스가 잘 어울리는데, 콘 파자타con pajata — 엄마 젖이 소화되지 않은 채로 그대로 남아 있는 송아지 내장으로 만든 소스 — 가 유명하다. 나는 파자타의 섬세한 맛을 무척 좋아하긴 하지만 재료를 찾기도 힘들고 로마가 아니고서는 잘 팔지도 않는다. 그 외에 리가토니와 잘 어울리는 로마의 레시피 세 가지를 소개한다. 모두 풍미가 짙고 맛있지만, 재료를 구하기 힘든 것도 아니고, 먹는 데 그렇게 모험심이 필요하지도 않다.

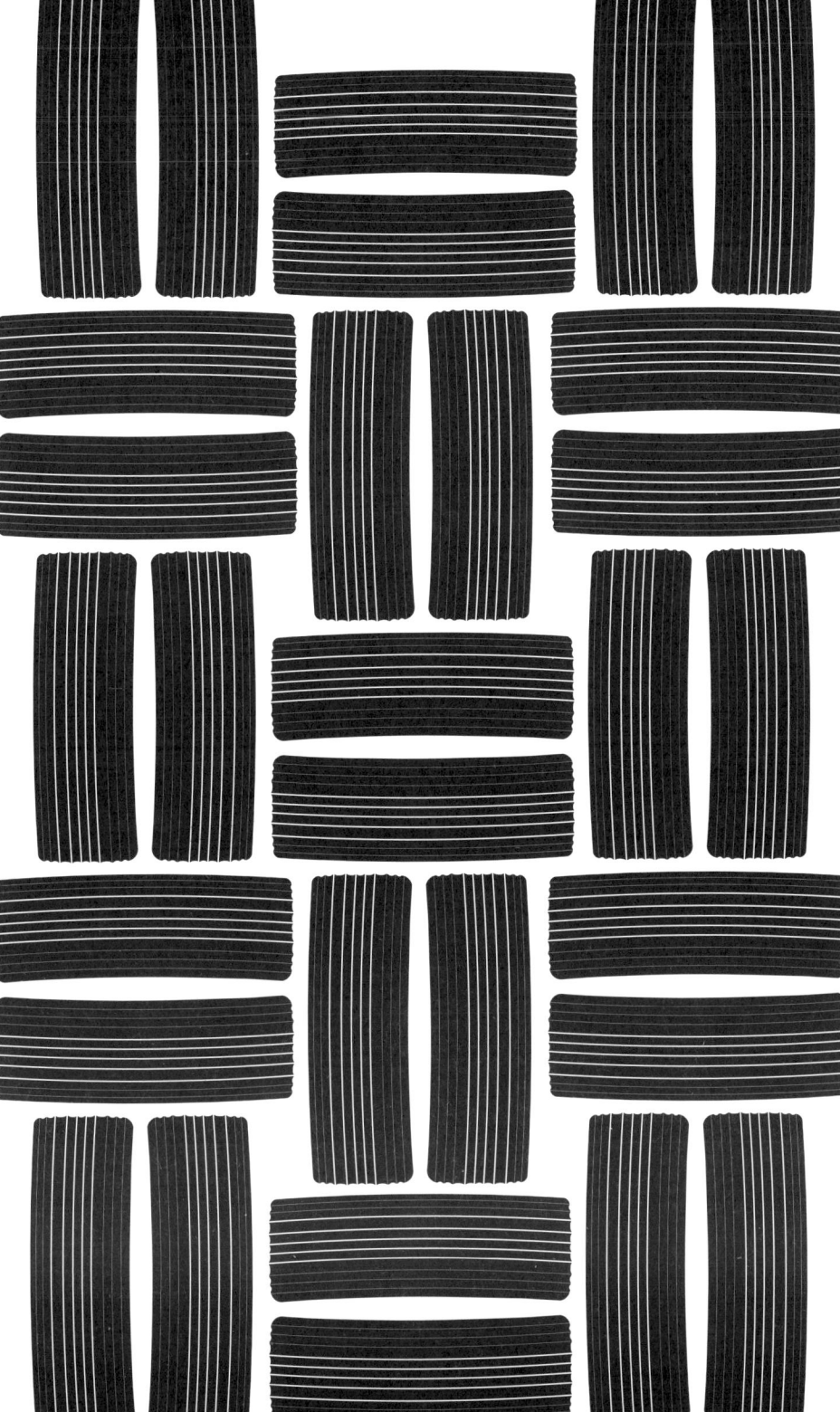

리가토니로 만드는 로마의 파스타 3가지
THREE ROMAN PASTAS

아래의 모든 레시피들은 전채로는 4인분, 메인코스로는 2명이 먹을 분량이다.

3개의 레시피는 뒤로 갈수록 조금씩 복잡해지긴 하지만 가장 복잡해 보이는 것도 다른 레시피들에 비해 말도 안 되게 간단하고, 풍미도 강하다.

2개의 레시피에는 구안치알레(guanciale, 돼지고기 볼살로 만든 베이컨)가 필요하다. 판체타로 대체할 수 있긴 하지만 맛이 상당히 달라진다.

페코리노 치즈와 후추에 버무린 리가토니
CACIO E PEPE

리가토니 200g

엑스트라 버진 올리브유 4테이블스푼

금방 간 검은 후추 2티스푼

페코리노 로마노 치즈 간 것 100g과 마지막에 뿌려 낼 것 약간 더

리가토니를 알덴테보다 약간 더 꼬들꼬들하게 삶는다. 프라이팬에 오일과 후추 양의 반을 넣고, 파스타 삶은 물도 4테이블스푼 넣는다. 삶은 리가토니를 팬에 넣고, 물과 오일이 잘 섞이고 물기가 너무 많아 보이지 않을 때까지 몇 분 더 볶는다. 파스타 위에 페코리노 로마노 치즈를 뿌리고, 남은 후추도 마저 뿌려낸다.

구안치알레와 페코리노 치즈를 넣은 리가토니
GRICIA

리가토니 200g

구안치알레 5mm 두께로 썬 다음 1cm 너비로 자른 것 120g

방금 간 검은 후추 1티스푼

페코리노 로마노 치즈 간 것 90g

리가토니를 위의 레시피에서처럼 삶는다. 리가토니가 익는 동안 구안치알레를 높은 불에 얹은 팬에 넣어, 연기가 뭉게뭉게 나고, 겉면에 색이 나도록 굽는다. 이 과정에서 고기 안에 있는 지방이 많이 빠져나오는데, 이 기름이 소스가 된다. 너무 타버리지 않도록 잠시 불에서 내려둔 뒤, 파스타를 더하기 전에 파스타 삶은 물 4테이블스푼과 후추를 넣고, 마지막에 파스타를 넣는다. 잠깐 더 볶은 다음, 페코리노 치즈를 뿌려 낸다.

구안치알레가 듬뿍 들어간 토마토소스 리가토니
AMATRICIANA

리가토니 200g

구안치알레 5mm 두께로 썬 다음
1cm 너비로 자른 것 120g

마른 고추 부순 것 검지와 엄지로 살짝
집어서 (옵션)

금방 갈은 검은 후추 1/2티스푼

중간 맛의 토마토소스 170ml

페코리노 로마노 치즈 90g

이 소스와 잘 어울리는 파스타

cacio e pepe
bucatini, maccheroni inferrati, maltagliati, malloreddus, pansotti, penne, pennini rigati, spaghetti, tortiglioni

gricia
bucatini, maccheroni inferrati, penne, pennini rigati, spaghetti, tortiglioni, ziti/candele

amatriciana
bucatini, maccheroni inferrati, penne, pennini rigati, spaghetti, tortiglioni, ziti/candele

아마트리체 지역의 파스타이다. 그곳에서는 앞에 소개한 그리시아 만드는 법과 똑같이 토마토를 넣지 않고 만들지만, 토마토가 들어간 이 버전은 이 파스타의 제2의 고향이라고 할 수 있는 로마에서 만들어 먹는 방식이다.

그리시아를 만들 때와 똑같은 방법으로 만드는데, 구안치알레에서 나온 기름에 마른 고추 부순 것을 넣고, 그 다음 토마토소스와 파스타 삶은 물 2테이블스푼을 넣고 잘 섞어준다.

마지막에 페코리노 로마노 치즈를 넉넉하게 뿌려 낸다.

RUOTE, ROTELLINE
루오테, 로텔리네

치수
길이: 6.5mm
지름: 23.5mm
두께: 1mm

동의어
rotelle, rotine

이 파스타와 잘 어울리는 재료와 소스
닭고기와 자두, 굴, 프로세코와 타라곤, 리코타 치즈와 토마토, 소시지와 크림, 트레비소, 스페크 햄과 폰티나 치즈

루오테는 바퀴 모양 파스타이다. 만들기 복잡하지만 보잘것없는 모양 때문에 늘 논쟁거리이긴 하지만 파스타를 만드는 것이 공장에서 기계화되지 않았더라면 이런 모양을 만들어 낼 수 없었을 것이다. 이 모양 자체도 기계에서 착안한 것이니까. 공업이 발전하면서 20세기 초반에 이탈리아에서 만들어진 파스타들은 부쩍 기계나 공구에서 모양을 따온 것이 많다. 어찌나 다양한 모양들이 쏟아져 나왔는지 파시스트의 활동보다 더 활발하게 느껴질 정도였다. 엘리케(eliche, 〈나사〉, 푸질리와 모양이 비슷), 프레세(frese, 〈엔드 밀〉), 푸질리(〈회전축〉, 104쪽), 고미티(〈크랭크축〉, 130쪽), 란체테(lancette, 〈시계바늘〉), 라디아토리(206쪽), 스폴레(spole, 〈릴〉, 〈얼레〉), 트리벨리(trivelli, 〈드릴〉) 등 공구나 기계 부속에서 따온 이름들이 정말 많다. 루오테는 이탈리아 북부의 자동차 공장에서 영감을 받아 만들어진 것이 분명하지만 파스타 제조 공장들은 대부분 남쪽에 몰려 있다는 것이 참 재미있다.

뷔어스텔 소시지와 폰티나 치즈 소스 루오테
RUOTE CON WÜRSTEL E FONTINA

**전채로는 4인분,
메인코스로는 2명이 먹을 분량**

루오테 또는 로텔리네 200g

뷔어스텔 소시지 4개 (140g)

중간 크기 자색 양파 1개

버터 50g

신선한 로즈마리 잎만 곱게 다진 것
1티스푼

폰티나 치즈 100g, 5mm 크기로
깍둑썰기 한 것

생크림 60ml (옵션)

이 소스와 잘 어울리는 파스타
fusilli, gomiti

자동차 바퀴처럼 생긴 루오테는 정교하게 만들어진 모양이지만 동시에 좀 조잡해보이기도 한데 이탈리아인들의 눈에는 분명 공장에서 배출된 쓰레기처럼 보일 수도 있을 것이다. 그래서 〈쓰레기〉에 걸맞은, 반론의 여지가 전혀 없는 정크푸드에 가까운 레시피를 소개한다. 격식을 갖춰야 할 디너파티에는 절대 내놓을 수 없지만 아이들은 정말 좋아할 것이다.

파스타를 삶는다.

뷔어스텔 소시지를 5cm 길이로 어슷썰기 한다. 양파 껍질을 벗기고, 결을 따라 슬라이스를 한다. 버터를 팬에 넣고 센 불에서 3~4분 정도 가열한다. 버터가 갈색이 되고, 어딘가 모르게 핫도그 판매대의 기름진 냄새가 나는 것 같으면 불을 약하게 줄이고 뷔어스텔 소시지와 로즈마리를 넣고 몇 분 더 볶는다. 다 삶아진 파스타를 건져내어 팬에 넣고, 파스타 삶은 물도 90ml 넣는다. 파스타에 소스가 전체적으로 잘 코팅이 되면 폰티나 치즈를 넣어 저어준 다음 불을 끈다. 소시지와 소스가 너무 겉도는 것 같다면 크림을 넣어 주면 전체적으로 잘 어우러지지만 필수적인 것은 아니다. 뚜껑을 덮고, 치즈가 녹을 때까지 잠시 기다린 다음 먹는다.

SEDANINI
세다니니

치수
길이: 40mm
너비: 6.5mm
두께: 0.8mm

동의어
sedani, cornetti(〈뿔〉), diavoletti, diavolini(〈작은 악마〉), folletti(〈엘프〉 또는 〈도깨비〉)

이 파스타와 잘 어울리는 재료와 소스
마카로니 치즈, 마카로니 샐러드, 노르마, 푸타네스카, 애호박 샐러드, 정어리와 펜넬, 소시지와 크림, 트레비소, 스페크 햄과 폰티나 치즈

지름이 좁고 길게 늘여진, 휘어진 표면에 홈이 파인 이 파스타는 원래 〈코끼리 상아〉(잔네 델레판테 zanne d'elefante)라는 이름이었는데, 코끼리 상아 채집이 금지되면서 이름이 바뀌었다. 지금은 〈작은 셀러리 줄기〉(sedanini)로 불리는데, 덜 이국적인 이름이긴 하지만 이 파스타의 모양을 나타내기에는 괜찮은 이름이다.

아티초크, 완두콩과 잠두콩 소스의 세다니니
SEDANINI CON CARCIOFI, FAVE E PISELLI

전채로는 4인분,
메인코스로는 2명이 먹을 분량

세다니니 150g
잠두콩 깍지 벗기지 않은 것 500g
완두콩 깍지 벗기지 않은 것 200g
어린 아티초크 3개
쪽파 10줄기 2cm 길이로 자른 것
마늘 2알 얇게 저민 것
엑스트라 버진 올리브유 4테이블스푼
닭 육수 (또는 물) 250ml
이탈리안 파슬리 다진 것 2테이블스푼
바질 또는 민트 잎 10장
(또는 두 가지 다) 가늘게 채친 것
마지막에 뿌려 낼 페코리노 로마노 치즈
약간 (옵션)

이 소스와 잘 어울리는 파스타

campanelle/gigli, canestri, dischi volanti, farfalle, farfalle tonde, fazzoletti, garganelli, gramigne, maltagliati, pappardelle, spaccatelle, strozzapreti, tagliatelle, torchio

잠두콩의 깍지를 벗겨낸다. 만약 손톱 크기보다 콩이 더 크다면 끓는 물에 1~2분간 삶은 다음 찬물에 담갔다가 깍지를 벗겨낸다. 완두콩도 깍지를 벗겨낸다. 아티초크의 억세고 어두운 색의 잎을 모두 떼어내고, 부드러운 잎과 가운데 부분만 남겨준다 (갈변을 막기 위해 레몬 즙을 떨어뜨린 물에 요리하기 직전까지 담가 둔다).

작은 팬에 오일을 두르고 마늘과 양파를 볶는다. 아티초크 가운데 부분을 1cm 크기의 쐐기 모양으로 잘라 팬에 넣고 소금을 약간 뿌린다. 2분 정도 양파와 더불어 볶은 다음, 완두콩과 잠두콩, 육수를 넣는다. 야채가 흐물흐물해지고 소스가 진해질 때까지 뚜껑을 덮지 않고 끓인다.

육수를 더하고 나서 12~15분 정도 끓이면 소스가 완성된다. 삶아서 물기를 뺀 파스타를 소스에 넣고 몇 초 정도만 같이 섞으며 끓인다. 마지막으로 허브를 넣어 저어준 다음, 접시에 담고 페코리노 치즈 갈은 것을 뿌려낸다 (치즈 대신 올리브유를 뿌려내도 좋다).

닭고기와 자두 소스 세다니니
SEDANINI CON POLLO E PRUGNE

**전채로는 4인분,
메인코스로는 2명이 먹을 분량**

세다니니 200g

껍질과 뼈를 모두 제거한 닭다리 살 260g

버터 75g

씨를 뺀 마른 자두 180g
(부드럽게 말린 것이 가장 좋다)

레드 와인 100ml

닭 육수 180ml

오레가노 또는 마조람 잎만 잘게 다진 것 1테이블스푼

마지막에 뿌릴 파르메산 치즈 가루 약간

이 소스와 잘 어울리는 파스타

casarecce, cavatappi, chifferi rigati, ditali, ditalini, garganelli, gemelli, gomiti, maccheroncini, penne, pennini rigati, rigatoni, strozzapreti, ruote, ruotellini, tortiglioni

달콤한 맛이라고도 할 수 없고, 그렇다고 완전히 짭짤한 맛이라고도 할 수 없는 두 가지 맛이 공존하는 이 레시피는 중세의 요리법에 가깝다. 완성된 요리의 맛을 보고 이게 맞는 맛인지 확신이 안 서겠지만, 파르메산 치즈 갈은 것을 약간 더하면 평소에 먹던 익숙한 맛이 나 괜찮게 느껴질 것이다.

파스타를 삶기 조금 전에 소스를 만들기 시작한다. 닭다리 살을 1.5cm 크기로 깍둑썰기 한 다음, 팬에 버터 양의 반을 녹여 고기를 노릇하게 굽는다. 닭다리 살과 비슷한 크기로 자른 자두를 더해 1분 정도 더 볶아준다. 소금과 후추를 뿌리고 레드 와인을 넣어 양이 반으로 줄어들 때까지 졸인다. 와인이 다 졸아들면 육수를 더하고 (이때 파스타를 삶기 시작할 것), 다시 졸아들어 약간 걸쭉함이 느껴질 때까지 보글보글 끓인다. 맛을 보고 간을 맞춘다. 알 덴테보다 약간 꼬들꼬들하게 삶은 세다니니를 소스에 넣고, 남은 버터도 마저 넣는다. 파스타가 알덴테가 되고, 소스와 골고루 잘 어우러질 때까지 같이 끓인다. 마지막으로 오레가노 또는 마조람을 넣고 파르메산 치즈를 뿌려 낸다.

SPACCATELLE
스파카텔레

치수
길이: 36mm
너비: 24mm
지름: 4.2mm

이 파스타와 잘 어울리는 재료와 소스
아티초크, 잠두콩과 완두콩, 양배추와 소시지, 줄기 브로콜리와 소시지, 오리고기 소스, 그린 올리브와 토마토, 노르마, 푸타네스카, 로마네스코 브로콜리, 토끼 고기와 아스파라거스, 나폴리탄 라구 소스, 로켓과 토마토와 양파, 소시지, 토마토와 사프란, 소시지와 크림

★ 시칠리아는 대통령과 수상을 따로 뽑는다.

끝부분이 원형으로 구부러진, 초승달처럼 생긴 스파카텔레는 그라미녜(134쪽)와 유사한 모양이지만 크기가 2배 정도 된다. 가운데로 말려들어간 모양 때문에 〈움푹 들어간〉을 뜻하는 단어 스페카투라speccatura에서 파스타 이름이 파생되었을 가능성이 있다. 이 파스타는 몇 개 안 되는 시칠리아 고유의 파스타 중 하나이다(그리고 보니 시칠리아의 정치판처럼 안으로 굽어 있다).★

참치와 가지 소스 스파카텔레
SPACCATELLE CON TONNO E MELANZANE

**전채로는 4인분,
메인코스로는 2명이 먹을 분량**

스파카텔레 160g

기름을 따라낸 통조림 참치 150g
(또는 신선한 참치 200g에 엑스트라 버진 올리브유 2테이블스푼)

평균 크기보다 약간 작은 가지 300g

튀김용 식물성기름

자색 양파 하나 (150g) 잘게 다진 것

마늘 1알 잘게 다진 것

마른 고추 부순 것 1/2티스푼

엑스트라 버진 올리브유 2테이블스푼

신선한 토마토 (방울토마토도 좋음) 240g 깍둑썰기 한 것

화이트 와인 75ml

다진 민트 2테이블스푼

이탈리안 파슬리 다진 것 2테이블스푼

이 소스와 잘 어울리는 파스타

maccheroncini

이 레시피는 원래 참치가 아닌 황새치로 만든다. 우리는 황새치라는 맛있는 생선을 과도하게 밝히다 못해 아주 무분별하게 남획했다. 거의 멸종 위기까지 왔기 때문에 대신 참치를 사용해서 만들어 보았다. 어획과 소비를 줄이는 것이 황새치의 개체수가 다시 많아질 수 있는 가장 좋은 방법이다.

만약 통조림 참치를 사용한다면 살을 꺼내 몇 덩어리로 나눈다. 신선한 참치를 사용한다면 2cm 크기로 깍둑썰기 해서 소금을 약간 뿌린 다음, 뜨거운 팬에 올리브유를 두르고 다 익히기보다는 표면을 지진다는 느낌으로 굽는다.

가지를 2cm 크기로 깍둑썰기 한다. 소금을 약간 뿌린 다음, 아주 뜨거운 튀김 기름에 (옥수수나 해바라기 씨 기름이 제일 좋다) 먹음직한 갈색이 되도록 튀긴다. 기름기를 뺀 다음 따로 둔다.

먹기 20분쯤 전에 팬에 올리브유를 두르고 양파와 마늘, 고추 부순 것과 소금을 약간 넣고 전체적으로 부드러워지고 색이 살짝 날 때까지 10분 정도 볶는다. 토마토를 더해 몇 분 더 볶은 다음 (5분 정도, 토마토가 으깨지기 시작할 때까지), 와인과 참치, 튀겨 놓은 가지를 넣고 소스가 약간 진해질 때까지 몇 분간 끓인다. 맛을 보고 소금과 후추로 간을 한다. 삶은 파스타를 건져 넣고 삶은 물도 아주 약간 더한 다음, 민트와 파슬리를 조금만 남겨두고 모두 넣어 섞는다. 파스타에 소스가 골고루 묻도록 1분 정도 더 익힌 다음, 남은 허브를 위에 뿌려낸다.

SPAGHETTI
스파게티

치수
길이: 260mm
지름: 2mm

동의어
vermicelli, fidi(아랍어로 〈봉헌예물〉을 뜻하는 al-fidawsh에서 파생), fidelini, spaghettini, spaghettoni

이 파스타와 잘 어울리는 재료와 소스
아마트리치아나, 안초비 소스, 아라비아타, 카르보나라, 모시조개, 시라쿠사 튀김 파스타, 알리오 에 올리오, 마늘 소스, 둥지 모양으로 만들어 튀기기, 토코, 그리시아, 렌틸 콩, 바닷가재, 홍합과 생강, 노르마, 쇠꼬리 소스, 카치오 에 페페, 제노베제 페스토, 아몬드를 넣은 페스토, 가난한 자의 송로버섯, 로마네스코 브로콜리, 토끼 고기와 매운 토마토소스, 나폴리탄 라구 소스, 리코타 치즈와 토마토, 정어리와 펜넬, 소시지 소스, 생 토마토, 참치 뱃살과 토마토

내가 보기에 이탈리아인들의 머릿속에는 딱 두 가지밖에 없는 듯……. 그중 하나가 스파게티다.

— 카트린 드뇌브

스파게티를 빼놓고 파스타를 논할 수 있을까? 심플할수록 좋은 것이라는데, 세몰리나와 물을 이용해서 만든 얇고 긴 원통형 파스타인 스파게티만큼 심플한 것은 없을 것이다. 이름의 어원도 간단하다 〈끈〉,〈노끈〉을 뜻하는 스파고spago를 변형시켜 스파게티(〈짧은 끈〉)가 나왔다. 세계에서 가장 인기 있는 파스타인 스파게티는 전 세계적으로 소비되는 파스타 양의 2/3를 차지한다. 스파게티의 역사를 되짚어보면 이 사실은 굉장히 놀라운 일이다. 스파게티가 역사에 언급된 것은 1836년 후반으로, 압축 추출이 가능한 기계가 나오기 전까지는 제작 자체가 불가능했던, 기계를 이용해서만 만들 수 있는 모양이기 때문이다.

만드는 것은 그렇다 치고 어디서나 쉽게 살 수 있는 세계적인 유통이 본격적으로 시작된 것은 19세기가 거의 끝날 무렵 미국에서 처음으로 통에 넣어 포장된 스파게티가 발명된 다음부터이고, 제2차 세계대전이 끝날 무렵이 되어서야 영국 전역에서 쉽게 구할 수 있는 품목이 되었다. 이탈리아 저널리스트인 쥬세페 프레촐리니Giuseppe Prezzolini는 스파게티에 대해 시인 단테의 작품보다 이탈리아의 천재성을 전 세계에 더 널리 알린 물건이라고 평했는데, 그의 말이 맞다. 우리들은 스파게티 웨스턴 무비를 보고, 스파게티처럼 배배 꼬여 있는 교차로spaghetti junction 위를 운전하고, 스파게티 볼로네제는 오늘날 영국인들이 가장 자주 만들어 먹는 요리가 되었다.

토마토소스 스파게티
SPAGHETTI AL POMODORO

전채로는 4인분,
메인코스로는 2명이 먹을 분량

스파게티 200g

가벼운 맛의 토마토소스 (15쪽) 300ml 또는 진한 맛의 토마토소스 150g

이 소스와 잘 어울리는 파스타

campanelle/gigli, conchiglie, gemelli, gnocchi shells, malloreddus, penne, pennini rigati, rigatoni, tortiglioni, trenette

원조 레시피 그대로 만드는 것이 가장 좋은 법. 파스타를 위한 토마토소스 레시피가 처음으로 나온 것은 부온비치노Buonvicino 공작이 쓴 『이폴리토 카발칸티의 조리법 실습Ippolito Cavalcanti's Cucina teorico pratica』(1839)이라는 책이다. 그 후 몇 년 안 되어 스파게티가 처음으로 세상에 나타났다.

스파게티를 개인의 취향에 맞춰 삶는다. 소스에 파스타 삶은 물 약간을 같이 넣어 끓인다. 가벼운 맛의 토마토소스에는 위에 올리브유를 약간 뿌려 내거나 바질 몇 잎을 손으로 뜯어 올리는 것이 좋고, 진한 맛의 소스에는 페코리노나 파르메산 같은 치즈를 곁들이는 것이 좋다.

훈제 알 또는 파르메산 치즈를 얹은 스파게티 오믈렛
FRITTATA DI SPAGHETTI

전채로는 4인분,
메인코스로는 2명이 먹을 분량

스파게티 120g

버터 50g

잉어 보타르가 (훈제한 잉어 알) 굵게 갈은 것 60g 또는 파르메산 치즈 갈은 것 120g

이탈리안 파슬리 다진 것 2테이블스푼 (보타르가를 사용할 때만)

달걀 4개

엑스트라 버진 올리브유 1과 1/2테이블스푼

파르메산 치즈를 넣어 만든 스파게티 오믈렛은 나폴리 지역이 원조이다. 조각으로 자른 오믈렛은 각종 튀김, 피자와 더불어 나폴리인들이 즐겨먹는 간식이다. 사먹는 것도 좋지만 팬에서 갓 구워낸 뜨끈뜨끈한 프리타타는 더더욱 맛있다. 파르메산 치즈만 넣어 간단히 만들 수도 있고, 보타르가를 넣어 독특한 풍미가 나도록 만들 수도 있다.

파스타를 삶는다. 파스타를 삶고 있는 솥에 맞는 크기의 볼을 얹고 버터를 넣어 녹인다. 달걀과 보타르가, 파슬리를 넣어 젓거나 아니면 파르메산 치즈만 넣고 젓는다. 소금과 넉넉한 양의 후추를 넣어 간을 맞춘다. 알덴테로 삶은 스파게티를 건져내어 달걀 안에 넣는다. 지름이 20cm 정도 되는 프라이팬을 준비해서 아주 뜨겁게 달군다. 다 달궈지면 불을 약하게 줄이고, 오일 1테이블스푼을 두르고 파스타를 붓는다. 2~3분 정도, 먹음직한 갈색이 될 때까지 굽다가 팬과 같은 크기의 접시에 담고 다시 기름을 약간 두른 다음, 다시 프리타타를 넣어 굽는다. 다시 2~3분 정도 구운 다음, 같은 과정을 1분

이 요리법과 잘 어울리는 파스타

capelli d'angelo, vermicelli, spaghettini, tagliolini, tajarin

씩 두 번 정도 더 반복한다. 가장자리는 모두 잘 구워지지만 가운데 부분은 달걀이 아주 부드럽게 되도록 한다. 샐러드와 취향에 따라 레몬 조각을 곁들여서 뜨거울 때 먹는다.

견과, 건포도, 케이퍼와 올리브를 넣은 스파게티
SECCHIO DELLA MUNNEZZA

**전채로는 4인분,
메인코스로는 2명이 먹을 분량**

스파게티 200g
호두와 헤이즐넛 각각 1테이블스푼
잣 1테이블스푼
엑스트라 버진 올리브유 3테이블스푼
건포도 2테이블스푼
방울토마토 60g 반으로 나눈 것
소금에 절인 케이퍼, 물에 담가
소금기를 뺀 것 1테이블스푼
말린 오레가노 1/2티스푼
이탈리안 파슬리 다진 것 1티스푼
블랙 올리브 5~6알 (가에타gaeta 올리브가 제일 좋다) 씨를 빼고 굵게 다진 것

이 소스와 잘 어울리는 파스타

fusilli fatti a mano

이 레시피를 〈쓰레기통〉이라고 부르는데, 찬장이나 냉장고에 있는 재료를 되는 대로 모두 긁어모아 만들기 때문이다. 나는 이 레시피를 이탈리아에서 활동 중인 유명 셰프인 페이스 윌링거Faith Willinger 여사로부터 전해 받았다. 그녀는 이 레시피를 캄파니아의 소르보 세르피코 Sorbo Serpico의 한 레스토랑인 에 쿠르티e'Curti에서 발견했다고 한다. 쿠르티는 〈난쟁이〉란 뜻으로, 유랑 서커스단의 왜소증 멤버들이 오픈한 식당이라고 한다.

호두와 헤이즐넛을 다진다. 동시에 파스타도 삶기 시작해서 모든 준비가 동시에 진행되도록 한다. 기름을 두른 팬에 견과류를 넣고 노릇하게 볶아지면 잣과 건포도, 토마토, 케이퍼와 오레가노를 넣는다. 불을 약하게 줄이고, 토마토가 흐물흐물해질 때까지 익힌다. 파슬리와 올리브를 넣고 소금으로 간을 맞춘다.

파스타를 알덴테보다 살짝 꼬들꼬들하도록 삶은 다음, 소스에 파스타 삶은 물(60ml 정도)과 함께 넣는다. 1분 정도 잘 섞이도록 볶아주는데 소스가 너무 건조해보이면 파스타 삶은 물을 약간 더한다.

올리브와 안초비가 들어간 스파게티 – 〈창녀의 파스타〉
SPAGHETTI ALLA PUTTANESCA

**전채로는 4인분,
메인코스로는 2명이 먹을 분량**

스파게티 200g

엑스트라 버진 올리브유 50ml

방울토마토 180g 반으로 나눈 것

마른 고추 부순 것 1/2티스푼

마늘 한 알 얇게 저민 것

소금에 절인 케이퍼, 물에 담가
소금기를 뺀 것 40g

블랙 올리브 (가능하다면 가에타
올리브로) 120g 씨를 빼고
굵게 다진 것

안초비 4쪽 굵게 다진 것.

가벼운 맛의 토마토소스 (15쪽) 또는
토마토 파사타 100ml

이탈리안 파슬리 다진 것 3테이블스푼

신선한 바질 잎 다진 것 1테이블스푼
또는 신선한 오레가노 잎 다진 것
1/2테이블스푼

이 소스와 잘 어울리는 파스타

bigoli, bucatini, campanelle/gigli, conchiglie, farfalle, fusilli fatti a mano, gomiti, linguine, bavette, lumache, rigatoni, sedanini, spaccatelle, spaghetti, torchio, tortiglioni

〈창녀의 파스타〉라니, 이보다 더 요란한 이름이 또 있을까? 이 나폴리 레시피는 창녀촌 포주들이 고객들에게 원기를 북돋아주기 위한 신속하고 저렴한 요리였다는 설도 있고, 일하는 아가씨들의 야한 속옷 색깔에서 영감을 얻은 것이라고도 한다. 어떤 설이 맞든 푸타네스카는 전 세계적으로 널리 알려진 레시피이며, 연령층과 무관하게 모든 이들이 좋아하는 정말 맛있는 파스타이다.

파스타가 다 삶아지기 몇 분 전, 넓은 팬을 불에 올려 아주아주 뜨겁게 달군다. 여기에 오일을 두르고, 곧바로 토마토와 고추, 마늘을 넣는다. 마늘에 색이 나기 시작하고 토마토가 부드러워질 때까지 1분 정도 볶는다. 케이퍼와 올리브, 안초비를 더한 다음, 불을 중불로 줄여 토마토소스를 더하기 전까지 1분 정도 더 볶는다.

불을 약하게 줄여 소스를 1분 정도 더 끓이다가 면이 알덴테로 익으면 건져서 토마토소스, 허브와 함께 넣는다. 30초 정도 저어주며 더 끓이다가 검은 후추를 넉넉하게 갈아 뿌리고, 만약 필요하다면 소금을 약간 더 넣어준다. 완성된 파스타는 바로 먹을 것.

훈제 생선 알과 빵가루를 넣은 스파게티
SPAGHETTI CON BOTTARGA E PANGRATTATO

**전채로는 4인분,
메인코스로는 2명이 먹을 분량**

스파게티 200g
직접 갈아 만든 빵가루 2테이블스푼
엑스트라 버진 올리브유 1테이블스푼
껍질의 노란 부분만 긁어낸 레몬 1/4개
이탈리안 파슬리 다진 것 1테이블스푼
잉어 보타르가 40g
버터 30g

이 소스와 잘 어울리는 파스타
linguine, bavette, malloreddus, spaghettini, trenette

보타르가를 넣은 스파게티는 클래식한 레시피로, 특히 사르디니아 지역에서 즐겨 먹는다. 여기에 내 마음대로 오븐에 구운 빵가루를 더해보았다. 물론 생략해도 괜찮지만 바삭바삭한 식감을 더해주므로 훨씬 맛있게 느껴진다.

빵가루에 오일을 뿌리고 잘 섞은 다음, 중간 온도의 오븐에서 전체적으로 먹음직한 갈색이 될 때까지 굽는다. 식힌 다음, 레몬 껍질과 파슬리, 보타르가 양의 절반을 넣어 골고루 섞는다. 파스타가 거의 다 삶아질 때쯤, 팬에 버터와 남은 보타르가, 몇 테이블스푼의 파스타 삶은 물을 넣고 아주 약한 불에서 소스처럼 섞이도록 한다 (절대 끓이지 말 것). 알덴테로 삶아진 파스타를 건져 소스에 넣고 버무린다. 면에 소스가 골고루 묻었으면 준비해둔 빵가루를 위에 뿌려 낸다.

빵가루와 설탕을 뿌린 스파게티
BREADCRUMBS AND SUGAR

**전채로는 4인분,
메인코스로는 2명이 먹을 분량**

스파게티 200g
직접 갈아 만든 빵가루 50g
엑스트라 버진 올리브유 1티스푼
백설탕 50g
버터 75g (또는 엑스트라 버진 올리브유 2테이블스푼)

이 소스와 잘 어울리는 파스타
fusilli

나의 할머니 아그네스는 그녀가 헝가리에서 보냈던 어린 시절, 이 요리를 얼마나 좋아했는지 종종 말씀해주시곤 했다. 할머니처럼 이 레시피를 사랑하기까지에는 좀 별난 맛이지만, 아침식사로는 참 괜찮다.

빵가루에 오일을 뿌리고 잘 섞은 다음, 중간 온도의 오븐에서 전체적으로 먹음직한 갈색이 될 때까지 구워 설탕 양의 절반과 함께 섞어 놓는다. 파스타를 삶는 동안 4테이블스푼의 물을 따로 끓여 버터와 설탕을 넣고 잘 섞어 크림과 같은 상태가 되도록 한다. 삶아진 파스타의 물기를 제거하고, 준비한 설탕 빵가루를 위에 뿌린다. 버터 대신 올리브유를 사용할 경우에는 간식도 디저트도 요리도 아닌 애매모호한 음식이 될 수 있다. 그래도 만들어보고 싶다면 파스타를 삶아서 오일과 설탕, 2테이블스푼의 파스타 삶은 물과 함께 버무린다. 어차피 유화가 되지 않을 테니 따로 팬에 끓이는 것은 무의미하다.

SPAGHETTINI
스파게티니

치수
길이: 260mm
지름: 1.5mm

**이 파스타와 잘 어울리는
재료와 소스**
아라비아타, 보타르가와 빵가루, 모시조개, 주키니와 새우, 둥지 모양으로 만들어 튀기기, 마늘 소스, 렌틸 콩, 바닷가재, 제노베제 페스토, 푸타네스카, 로마네스코 브로콜리, 가리비와 타임, 참치 뱃살과 토마토

〈끈〉을 뜻하는 스파고spago의 지소사(指小辭)가 스파게티spaghetti이듯 스파게티니는 〈가는 스파게티〉라는 뜻이다. 스파게티니의 가는 모양은 요리가 빨리 된다는 것, 면에 묻을 수 있는 소스의 양이 적다는 것, 그리고 씹는 맛이 꼬들꼬들하기보다 부드럽다는 것을 의미한다. 이탈리아인보다 다른 나라 사람들이 더 즐겨 먹는 스파게티니는 비슷한 모양 때문인지 스파게티와 혼용되어 쓰이는 경우가 많다. 대체로 스파게티니와 어울리는 소스들은 스파게티에 이용되는 것보다 가볍고 담백한 맛이다.

마늘과 올리브유 소스 스파게티니
SPAGHETTINI AGLIO E OLIO

**전채로는 4인분,
메인코스로는 2명이 먹을 분량**

스파게티니 200g
마늘 4알 곱게 다진 것
엑스트라 버진 올리브유 6테이블스푼
마른 고추 부순 것 1/2티스푼
이탈리안 파슬리 다진 것 2테이블스푼

이 소스와 잘 어울리는 파스타
gemelli, spaghetti

진한 마늘 맛으로 널리 사랑받고 있는 레시피이다. 마늘과 고추가 어우러진 강한 맛이지만 정말 맛있다.

팬에 마늘과 오일을 넣고 — 팬을 달구지 않은 상태에서 넣는다 — 중불에서 마늘이 지글지글 익는 소리가 날 때까지, 하지만 색이 변하지는 않도록 1분 정도 둔다. 이 소스는 파스타가 다 삶아지기 1~2분쯤 전에 시작하는 것이 좋다. 마늘에 부순 고추를 더하고, 물에서 건져낸 파스타와 파스타 삶은 물 4테이블스푼을 함께 넣어 몇 초 더 볶는다. 파슬리를 넣어 몇 번 뒤적거린 다음, 바로 서빙한다.

매운맛이 무서운 분들은 부순 고추의 양을 반으로 줄인다.

익히지 않은 토마토소스 스파게티니
SPAGHETTINI AL POMODORO CRUDO

**전채로는 4인분,
메인코스로는 2명이 먹을 분량**

스파게티니 200g
잘 익은 토마토 400g
엑스트라 버진 올리브유 4테이블스푼
마늘 큰 것 한 알 으깬 것
바질 15장 손으로 뜯어서

이 소스와 잘 어울리는 파스타
fusilli bucati, spaghetti

라조에서 나폴리에 이르기까지, 익히지 않은 토마토소스로는 최고로 간단하고 맛있는, 고전적인 파스타 소스이다. 할머니가 이탈리아에 살던 시절에는 이틀에 한 번씩 꼭 이 소스로 파스타를 만들었는데, 그녀는 이 레시피를 〈프리마베라(primavera, 봄철)〉라고 불렀다. 하지만 미국으로 이주한 이탈리아인들이 만들어낸 프리마베라 소스와는 큰 차이가 있다. 봄철 식재료가 아니라 여름에 나는 재료들만 들어간 미국의 프리마베라는 이름도 잘 못 붙여진 것이 틀림없는데, 그렇게 따지자면 할머니도 이름을 틀리게 붙인 것이다. 왜냐하면 초여름이나 늦봄에 나는 맛이 덜 든 토마토가 아닌, 한여름에서 늦여름까지의 가장 진하고 맛있는 토마토를 사용해야 하기 때문이다.

파스타를 만들어 먹기 전 적어도 10분 전에 토마토를 1~2cm 크기로 잘게 잘라 (미리 준비해 놓아도 좋지만 1시간을 넘기지 않는다), 오일과 마늘, 소금과 후추에 버무린 다음, 간이 잘 배도록 실온에 놓아둔다. 파스타를 삶는다. 레시피 이름에서 당연히 느끼겠지만 이 소스는 익힐 필요는 없지만 파스타가 삶고 있는 솥 위에 토마토가 들어 있는 볼을 올려놓고 살짝 데우는 것이 요령이다. 알덴테로 삶아진 파스타를 건져내어 토마토소스에 바질과 함께 넣어 버무린다. 가에타 올리브의 씨를 빼고 다져서 소스에 넣을 수도 있지만 내 생각에는 더하지 않고 그냥 먹는 것이 좋을 것 같다. 뭔가 더하고 싶다면 올리브도 좋지만 페코리노 치즈 같은 것을 위에 살짝 뿌리거나 자색 양파 다진 것을 소스에 함께 섞어보는 것도 좋을 듯. 완성된 파스타는 즉시 상에 낸다.

생강 향의 해산물 소스 스파게티니
SPAGHETTINI 'AL MERLUZZO FELICE'

전채로는 4인분, 메인코스로는 2명이 먹을 분량

스파게티니 200g

큰 새우 또는 랑구스틴 6개 또는 작은 크기의 바닷가재

모시조개 12개

홍합 12개

아주 잘게 다진 생강 1과 1/2테이블스푼

마늘 1알 잘게 다진 것

마른 고추 부순 것 1/2티스푼 조금 못되는 양

엑스트라 버진 올리브유 5테이블스푼

화이트 와인 60ml

이탈리안 파슬리 잘게 다진 것 2테이블스푼

이 소스와 잘 어울리는 파스타

linguine, bavette, spaghetti, trenette

나는 이 요리를 밀라노에 있는 이탈리아 최고의 시칠리아 레스토랑 중 하나인 알 메를루초 펠리체Al Merluzzo Felice에서 처음 먹어보았고, 본고장인 시칠리아에서 다시 먹어보았다. 내 레스토랑 보카 디 루포에서도 가끔 메뉴에 넣곤 하는데, 이 레시피와 조금 다르게 토마토를 넣어 만들고 있다.

여기서는 보통 새우와 바닷가재, 랑구스틴을 섞어 만들어야 하기 때문에 딱 2인분으로 만들기에는 어려울 수도 있다. 그럴 때는 다른 재료들의 양을 적당히 가감해서 변화를 줌과 동시에 분량을 조절하면 된다.

새우, 랑구스틴, 또는 바닷가재를 길게 반으로 가른다 (바닷가재를 사용할 경우에는 몸통을 토막 내어 자르고, 앞 집게발은 떼어 둔다). 파스타를 삶으면서 넓은 프라이팬을 센 불 위에 올린다. 팬이 달궈지면 해산물들과 생강, 마늘, 고추와 오일을 한 번에 다 넣고 새우나 바닷가재의 껍질이 빨갛게 변할 때까지 몇 분 정도 볶는다. 와인을 넣고 모시조개와 홍합의 입이 전부 벌어질 때까지 보글보글 끓인다. 알덴테로 삶아진 파스타를 건져 파슬리와 함께 팬에 넣고, 국물이 거의 면에 흡수될 때까지 끓인다. 바로 상에 낸다.

STELLINE, STELLETTE
스텔리네, 스텔레테

치수

길이: 4mm
너비: 4mm
두께: 0.5mm

동의어

alfabeto, anellini, astri, avemarie, fiori di sambuco, lentine, puntine, semini

이 파스타와 잘 어울리는 요리법

알파벳 수프, 스트라키아텔레, 아쿠아코타

이 별 모양의 파스타가 독특한 점은 한가운데에 작은 구멍이 뚫려 있다는 점이다. 스텔리네(〈작은 별〉), 스텔레테(〈큰별〉) 또는 피오리 디 삼부코(fiori di sambuco, 〈딱총나무〉)라고 불리는 이 작은 파스타는 아베마리에avemarie 라고 불리기도 하는데, 성모님 이름 한 번 부르는 눈 깜짝할 순간에 다 익을 정도로 크기가 작아서 라고 한다. 정말 놀라운 것은 기계화된 공정으로 파스타를 생산하기 한참 전인 16세기부터 이 파스타를 먹었다는 것인데, 어떻게 이렇게 작고 섬세한 파스타를 손으로 만들 수 있었는지 그저 놀라울 따름이다.

다른 파스티나들과 마찬가지로 수프나 육수를 이용한 요리에 사용되고, 노인과 아이들이 즐겨 먹는다. 크기가 작아 소화가 잘 될 뿐만 아니라 밤하늘을 연상시키는 별 모양은 낭만적이기도 하고, 옛날부터 전해 내려오는 여러 별자리와 천사에 얽혀 있는 이야기를 떠올리게 해주기 때문이다.

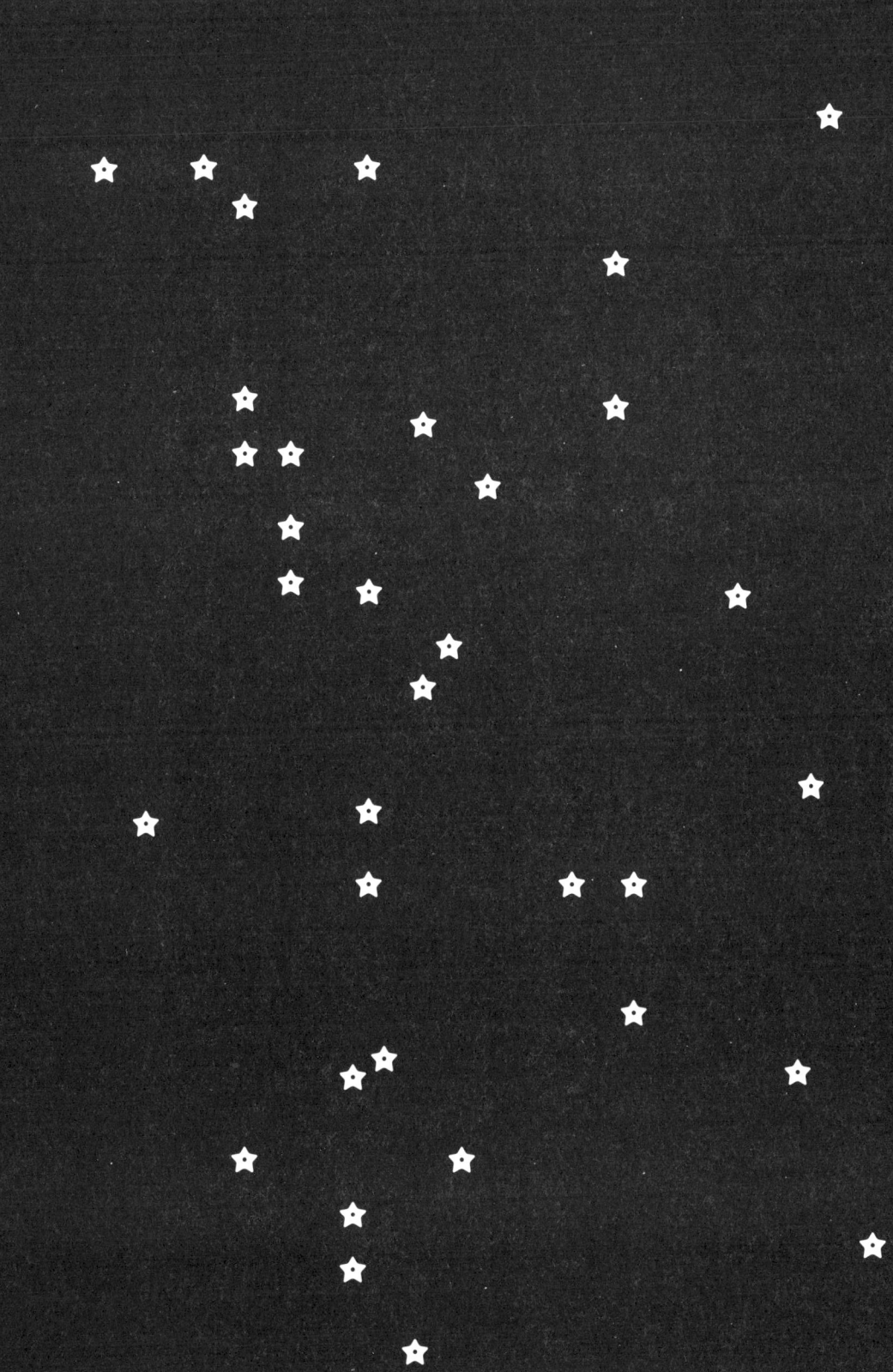

브로도 — 맑은 닭 육수 만들기
BRODO

4~5인분

중간 크기의 닭 한 마리 또는 내장을 모두 제거한 수탉 한 마리 (대략 1.8kg)

셀러리 2줄기

월계수 잎 3장

당근 1개 반으로 갈라서

양파 1개 반으로 잘라서

달걀 3개의 흰자

이 육수와 잘 어울리는 파스타

agnolotti, agnolotti dal plin, canestri/canestrini, cappelletti, capelli d'angelo, vermicelli, orzo, pappardelle, passatelli, quadretti/quadrettini, tagliatelle, vermicellini

1.5~2리터 정도의 육수를 만들 수 있는 레시피이다. 4~5인분에 해당하는 양이다.

닭 가슴살 한 쪽을 발라내어 따로 둔다. 나머지 부분은 육수를 내는 데 쓰이지만, 나중에 삶은 고기를 다양하게 먹을 수도 있다.

— 얇게 슬라이스 해서 삶은 감자, 살사 베르데,* 겨자를 곁들인다.

— 고기를 이용해 밥을 짓는다.

— 속을 채우는 파스타 재료로 쓴다 (예를 들어 카펠레티, 58쪽)

— 잘게 썰어 샐러드와 섞는다.

큰 솥에 닭과 야채를 넣은 다음 찬물을 붓는다. 약한 불에서 3시간 정도 끓이는데 닭의 갈비뼈가 물에 잠기도록 물을 보충해가며 끓인다. 체에 거르고, 위에 뜨는 것을 전부 걷어낸 다음, 소금으로 간을 맞춰 실온에서 식힌다.

한쪽에 떼어둔 닭 가슴살을 잘게 썰어 달걀흰자와 섞는다. 이를 만들어 둔 육수에 넣고 잘 저은 다음, 다시 아주 약한 불에 올린다. 거품이 올라오기 시작하면 10분 정도 끓인 다음, 불을 끄고 닭고기와 흰자가 익어서 위에 떠오르면서 밑에 맑은 국물이 남도록 실온에서 잠시 둔다. 고운 거즈 천을 이용해 걸러낸다.

---

* salsa verde(《초록 소스》). 여러 가지 허브를 잘게 다져 만든 것.

맑은 육수에 넣은 스텔리네
STELLINE IN BRODO

**전채로는 4인분,
메인코스로는 2명이 먹을 분량**

스텔리네 120g
맑게 거른 닭 육수 800ml
파르메산 치즈 갈은 것 약간

앞에서 만든 닭 육수에 소금으로 간을 하고, 스텔리네를 넣어 알덴테로 익을 때까지 끓인다. 마지막에 파르메산 치즈를 약간 뿌려낸다.

정말 맑은 국물에 스텔리네를 넣은 수프를 만들고 싶다면 천으로 걸러내지 않은 보통 육수에 소금 간을 하고, 따로 스텔리네를 삶는다. 맑은 육수도 따로 데워서 접시에 담은 다음, 삶은 스텔리네를 띄워낸다. 귀찮기는 하지만 맑고 아름다운 수프를 만들기 위해서는 해볼 만하다.

닭 육수에 넣어 푹 끓인 스텔레테
STELLETTE BRAISED IN CHICKEN STOCK

**전채로는 4인분,
메인코스로는 2명이 먹을 분량**

스텔레테 200g
닭 육수 450ml
버터 50g
파르메산 치즈 갈은 것 4테이블스푼

담백하고 소박한 맛의 이 요리는 거의 이유식 같은 느낌이다. 소금과 버터를 조금 더 더한다면 아기뿐 아니라 왕에게 바쳐도 될 만한 음식이 된다.

육수에 버터와 파스타를 넣고 수분이 파스타에 거의 다 흡수되면서 익도록 중불 위에서 끓인다. 요리하는 동안 뚜껑을 덮지 않고 끓이고, 냄비 바닥에 들러붙지 않도록 중간에 몇 번 저어준다.

부드러운 맛을 좋아하는 사람들은 완성된 요리를 담기 전에 치즈 갈은 것을 넣어 골고루 섞어주고, 치즈의 탁 쏘는 맛을 좀 더 즐기고 싶은 사람은 파스타를 담고 그 위에 치즈를 뿌려 낸다.

접시 위에 파스타를 놓고 평평하게 펼쳐서 서빙한다. 보기보다 두꺼운 질감에, 천천히 식기 때문에 조심하지 않고 먹으면 입안이 온통 데일 수도 있다.

STROZZAPRETI
스트로차프레티

치수
길이: 35mm
너비: 5mm

동의어
프리울리 지역: strangolarpreti, gnocchi di prete
마르케 지역: frigulelli, piccicasanti, strozzafrati
라조 지역: cecamariti
아브루조 지역: maccheroni alla molinara
나폴리 지역: strangulaprievete
칼라브리아 지역: strangugliaprieviti
시칠리아 지역: affogaparini

이 파스타와 잘 어울리는 재료와 소스
아라비아타, 아티초크와 잠두콩과 완두콩, 푹 삶은 베이컨과 완두콩, 곱게 잘 잠두콩, 카넬리니 콩, 닭고기와 자두, 줄기 브로콜리와 소시지, 햄과 완두콩과 크림, 렌틸콩, 모렐 버섯, 쇠꼬리 소스, 토끼고기와 아스파라거스, 가리비와 타임, 오징어와 토마토, 흰 송로버섯

요리사들이 신부(神父)들을 위해 만들어낸 파스타가 아닐까. 터키의 [대표 요리 중의 하나인] 이맘 바일디(imam bayıldı, 〈기절한 이맘〉, imam은 이슬람교 사제)는 신부님을 기절시킬 만큼 진하고 맛이 풍부한 요리인데, 이탈리아의 스트로차프레티는 〈목이 막혀 버린 신부님〉이라는 뜻이니 훨씬 치명적이다. 이 파스타에 관한 몇 가지 이야기를 소개한다.

하나는 아즈도레(azdore 〈로마냐 지역의 주부들〉)이 성직자들에게 소작료의 일부분으로 파스타를 만들어 바친 데서 유래되었다. 남편들은 자기 부인들이 힘들게 만든 파스타로 호화롭게 잔치를 벌이는 뒤룩뒤룩 살찐 성직자들을 보고 너무 화가 난 나머지 부인들이 만든 파스타가 신부들의 목을 막히게 되길 기도했다고 한다. 또 그토록 미운 신부의 목을 졸라버릴 수 있게 생긴, 돌돌 말린 수건과 비슷하게 생겼다는 설도 있다. 많은 이야기들 중에서 가장 단순한 이야기가 사실과 가깝기도 한데, 한 식탐 많은 신부가 엄청난 양의 파스타를 성급히 먹다가 가끔 목이 심하게 메기도 했는데, 결국 목이 막혀 죽었다는 것이다. 이런 이야기들은 아마 토스카나와 로마냐 지역의 반교권주의자들 사이에서 만들어진 것으로 보인다.

어쨌든 스트로차프레티는 대중적인 파스타로, 1.5cm 너비에 6cm 길이의 반죽을 손으로 돌돌 말아 카바텔리(70쪽) 또는 마케로니 인페라티(160쪽)와 같은 튜브형으로 만드는 데, 곧게 만들기도 하고, 뚜렷하게 배배꼬아 만들기도 한다.

끈끈이장구채와 모시조개를 넣은 스트로차프레티
STROZZAPRETI CON STRIDOLI E VONGOLE

전채로는 4인분,
메인코스로는 2명이 먹을 분량

마른 스트로차프레티 200g

스트리돌리 한 다발 (100g) 또는 3cm 길이로 자른 차이브 15g과 야생 로켓 50g 섞은 것

샬롯* 2개 아주 곱게 다져서

마늘 1알 곱게 다진 것

버터 40g

엑스트라 버진 올리브유 2테이블스푼

모시조개 또는 모시조개 400g

스트리돌리 또는 스트리골리는 끈끈이장구채의 일종으로, 그중에서도 어린 새순을 뜻한다. 중부 이탈리아와 영국에서 흔히 발견되는 야생초이다. 사포닌 성분이 풍부해 쓴맛이 돌지만 굉장히 맛있다. 야생에서 자라는 풀이니만큼 직접 캐러 가도 좋지만 베네토와 에밀리아로마냐 지역에서는 시장에서 팔고 있다. 맛은 좀 다르지만 대체물로 가게에서 구입할 수 있는 것으로는 바르바 데이 프라티(barba dei frati, 〈신부님 수염〉이라는 이름의 풀)나 샘파이어(samphire, 바닷가에서 자라는 미나리과의 식물)를 이용하면 된다. 차이브와 로켓을 섞어 만들어도 맛있다.

스트리돌리의 뿌리 부분을 모두 자르고 잎을 깨끗이 씻는다. 파스타를 삶으면서 소스도 동시에 만들기 시작한다. 팬에 버터와 오일, 샬롯과 마늘을 넣고 중불에서 부드러워질 때까지 6~7분 정도 볶는다. 파스타가 다 삶아지기 몇 분 전에 모시조개를 넣고, 그 위에 다듬어 놓은 스트리돌리를 고루 덮는다 (다른 풀일 경우에도 똑같이 한다). 불을 세게 올리면 모시조개가 입을 벌리면서 덮어 놓은 스트리돌리가 들썩거리는 것을 볼 수 있을 것이다. 모시조개가 얼추 다 익었다 싶으면 뒤섞어서 위의 풀들이 모두 익어 숨이 죽었는지 확인한다. 파스타를 건져내서 팬에 넣고, 마지막으로 잘 섞은 다음 즉시 상에 낸다.

★ shallot. 양파와 마늘의 중간 정도 크기로, 달고 부드러운 양파 맛이 난다. 국내에서는 양파로 대체하면 된다.

오징어와 브로콜리 소스 스트로차프레티
STROZZAPRETI, CALAMARI E BROCCOLI

**전채로는 4인분,
메인코스로는 2명이 먹을 분량**

마른 **스트로차프레티** 200g

신선한 **오징어** 500g (다듬지 않은 것. 다듬은 것을 구입한다면 300g)

브로콜리 300g (흔히 먹는 브로콜리 또는 로마네스코 브로콜리)

엑스트라 버진 올리브유 6테이블스푼

마늘 1알 얇게 저민 것

작은 안초비 필레 4조각 (큰 것은 3조각) 굵게 다진 것

마른 고추 부순 것 1/2티스푼

화이트 와인 4테이블스푼

오징어 몸통을 2~3mm 두께의 얇은 링 모양으로 자르고, 머리 부분도 비슷한 크기로 맞추어 자른다. 브로콜리는 작게 송이송이 나눠 자른다. 파스타와 브로콜리는 같은 소금물에 삶는다. 파스타가 알덴테로 익을 때쯤엔 브로콜리는 푹 익어서 거의 으깨질 만큼 되는데 바로 이 레시피에서 원하는 상태이다.

파스타가 다 삶아지기 몇 분 전에 넓은 팬을 센 불 위에 올린다. 4테이블스푼의 오일과 마늘을 넣고 살짝 색이 날 때까지 볶는다. 오징어와 안초비, 고추를 넣고 1~2분 정도, 오징어가 불투명해지면서 동그란 원형으로 모양이 잡힐 때까지 볶는다. 와인을 더하고, 몇 초 동안 끓여 알코올 냄새가 사라지면 파스타와 브로콜리를 넣는다. 물기가 잘 날아가도록 뚜껑을 덮지 말고 흔들어 섞어준다.

소스와 잘 섞인 파스타 위에 남은 올리브유를 뿌려낸다.

TAGLIATELLE
탈리아텔레

치수
길이: 250mm
너비: 10mm
두께: 0.75mm

동의어
tagliolini
트렌티노 알토 아디게 지역: tagliatelle smalzade
베네토 지역: lesagnetes
롬바르디 지역: bardele
라조 지역: fettuccine
콜론나 지역: pincinelle
시칠리아 지역: tagghiarini
사르디니아 지역: taddarini
nastri(〈리본〉), fettucce romane, fettuccelle, fresine, tagliarelli

이 파스타와 잘 어울리는 재료와 소스
아티초크, 잠두콩과 완두콩, 곱게 갈은 잠두콩, 육수, 카르보나라, 호박과 새우, 토코, 햄과 완두콩과 크림, 랑구스틴과 사프란, 레몬과 버터, 굴과 프로세코와 타라곤

★ Pellegrino Artusi(1820~1911). 이탈리아 요리의 대부이다. 문학비평가, 작가, 요리평론가였으며, 1891년 자비로 출간한 『부엌의 과학과 잘 먹는 법 La Scienza in cucina e l'arte di mangiar bene』은 이탈리아 전역의 요리를 한데 모은 최초의 책으로 이후 수십 개국에서 번역되었다.

볼로냐 사람들이 계산서와 탈리아텔레에 대해 말하길, 긴 계산서는 남자를 두렵게 만들고, 짧은 탈리아텔레도 마찬가지라네. 짧은 탈리아텔레는 별로 만들어 본 적 없는 여자의 솜씨를 보여주는데, 마치 먹다 남긴 음식 같다네.
— 펠레그리노 아르투시★

탈리아텔레의 어원은 탈리아레(tagliare, 〈자르다〉)에서 왔다. 다른 리본형 파스타가 그렇듯, 달걀 파스타를 옷감처럼 얇게 민 다음, 리본처럼 길게 자르면, 말리면서 파티에 사용하는 리본처럼 약간 구불구불하게 올라온다. 만들기 간편한 리본 파스타들 중 탈리아텔레는 중간 사이즈로, 이탈리아 전역에서 사용하고 있다. 하지마 탈리아텔레의 고향은 에밀리아로마냐, 그중에서도 볼로네제 라구 소스가 탄생한 볼로냐다. 전해 오는 이야기에 따르면 벤티볼리오의 조반니 2세의 개인 요리사이자 볼로네제 소스의 명요리사 제피라노Zefirano가 페라라 공작이었던 데스테의 알폰소 1세와 루크레차 보르자의 결혼을 기념해서 만든 파스타라고 한다. 볼로냐를 대표하는 또 하나의 파스타인 토르텔리니(262쪽)는 신부의 배꼽을 형상화한 것이라고 하는데, 탈리아텔레는 그녀의 부드러운 금발머리를 형상화한 것이라고 한다. 탈리아텔레가 너무 얇은 나머지 요리사의 부엌 창문을 통해 산 루카 교회가 보일 정도였다고 한다. 두 이야기 모두 그다지 신빙성은 없어 보이지만 어쨌든 낭만적인 이야기이다.

탈리아텔레는 볼로냐의 레스토랑에서 1.5m의 밀대를 이용해 수작업으로 만드는 예술품이다(11쪽의 파스타 반죽 밀기 참조). 볼로냐 말고도 이탈리아 전역에서 탈리아텔레를 쉽게 구할 수 있다. 지역마다 독특하게 만들어내는 탈리아텔레도 있는데, 롬바르디 지역에서 볼 수 있는 바르델레 코이 모라이bardele coi morai는 보리지borage를 넣어 만든 탈리아텔레이다. 알토

아디게와 프리울리 베네치아 기우리아에서는 돼지를 잡는 날 피를 받아두었다가 파스타 반죽을 만들 때 사용하며, 이렇게 만든 탈리아텔레를 케일과 함께 낸다. 남쪽인 아브루조와 몰리세 지역에서는 탈리아텔레를 우유에 삶는데, 이 조리법은 가톨릭 교회력에서 사순절뿐 아니라 육식을 절제해야 하는 150일을 엄격하게 지켜야 했던 옛날을 생각하게 하는 레시피이다.

탈리아텔레는 늘 아슈테(asciutte, 〈마른〉, 즉 소스와 함께)로 먹는 파스타이지만 가끔 육수(242쪽)에 넣어 수프처럼 먹기도 한다.

볼로네제 라구 소스 탈리아텔레
TAGLIATELLE AL RAGÙ

8인분

마른 탈리아텔레 800g 또는 신선한 탈리아텔레 1kg (에그 파스타 또는 진한 에그 파스타 반죽으로 만든 것, 13쪽 참조)

파르메산 치즈 갈은 것 50g

볼로네제 라구 소스
다진 돼지고기 500g
다진 송아지 고기 500g
닭 간 곱게 다진 것 100g (옵션)
당근 1개 (200g)
셀러리 2줄기 (200g)
중간 크기 양파 1개 (200g)
마늘 4알
버터 100g
엑스트라 버진 올리브유 60ml

이 볼로네제 라구 소스는 영국인들이 즐겨 먹는 멕시코의 칠리 콘 카르네chile con carne 버전의 볼로네제 소스와는 완전히 다르다. 소스가 붉은색이 아닌 오렌지 컬러로 완성되고, 훨씬 기름기가 많다. 섬세하며 풍미가 진하며, 부드러우면서도 담백하다. 이 소스는 요리를 완성시키는 데 필요한 기술적인 면보다 재료가 더욱 중요한 수많은 레시피들 가운데 하나다. 파스타 반죽을 만드는 데 사용한 달걀이나 밀가루에 돈을 많이 들이지 말고 (포장해서 팔고 있는 탈리아텔레도 충분하다), 질 좋은 판체타와 파르메산을 구입한다. 잘 만든 이 소스는 얼마나, 아, 정말 얼마나 맛있는지 표현할 수 있는 단어가 분명 있으리라 생각되지만 너무 휘황찬란해서 아마 인쇄해 놓으면 보이지 않을지도 모르겠다…….

정육점에서 고기를 8mm 정도의 크기로 굵게 다져 달라고 하면 씹는 질감이 훨씬 더 좋아진다. 당근 껍질을 벗기고, 셀러리와 양파를 같은 크기로 잘게 썰고, 마늘은 얇게 슬라이스 한다. 지름이 30cm쯤 되는 아주 넓은 프라이팬에 오일과 버터를 넣고 중불에서 녹인다. 판체타와 다듬어 놓은 야채를 넣고, 소금도 넉넉하게 집어 뿌린 다음, 부드러워질 때까지 10~15분 정도 볶는다. 불을 세게 올린 다음, 고기를 4~5회에 걸쳐 나눠 넣고, 고기가 잘 풀어지도록 주걱으로 잘 저으면서 나오는 물이 전부 증발되도록 시간을 두고 볶는다. 마지막으로 고기를 더하고, 전체적으로 픽픽 소리를 내며 익기 시작하

훈제하지 않은 판체타 100g
길게 자른 것

화이트와인 375ml

우유 600ml

홀 토마토 캔 다진 것 400g

쇠고기 또는 닭 육수 250ml (옵션 또는 우유 250ml)

이 소스와 잘 어울리는 파스타
campanelle/gigli, farfalle tonde, pici, torchio, tortellini

면, 불을 중간 세기로 올리고, 고기가 전체적으로 갈색을 띠고 겉면이 바삭하게 될 때까지 15~10분 정도 잘 저어가며 볶는다. 바짝 볶은 고기 위에 와인을 뿌리고 바닥을 잘 긁어준 다음, 큰 냄비 안에 옮겨 담고, 우유와 토마토, 육수를 넣은 다음, 후추를 넉넉하게 갈아 뿌리고 소금도 넣는다. 뚜껑을 덮지 말고 아주 약한 불 위에서 진하고 물기가 없이 기름져 보이는 소스가 완성될 때까지 4시간 정도 졸인다 (너무 빨리 물기가 졸아드는 것 같으면 중간에 육수나 물을 조금 더해준다). 완성되면 진한 휘핑크림이나 죽 같은 농도가 된다. 맛을 보고, 필요하면 소금으로 간을 맞춘다.

월계수 잎이나 마른 고추 부순 것을 고기를 볶을 때 추가하면 원래 조리법에는 어긋나지만 요리를 망쳐버리지는 않으니 더하고 싶으면 더해도 된다. 이 레시피대로 만들면 1.75리터 정도의 라구 소스가 만들어지고, 800~900g의 파스타를 버무릴 수 있는 양이다. 200g의 마른 탈리아텔레나 260g의 신선한 탈리아텔레를 삶아 400ml의 라구 소스에 버무리면 된다.

라구 소스를 파스타 삶은 물 약간과 함께 팬에 넣고 데운다. 알덴테로 삶은 파스타를 건져내어 버터와 함께 소스에 넣고, 20초 정도 소스가 골고루 묻도록 섞어준다. 파르메산 치즈 갈은 것을 위에 뿌려 낸다

트레비소와 스페크 햄, 폰티나 치즈 소스 탈리아텔레
TAGLIATELLE CON TREVISO, SPECK E FONTINA

**전채로는 4인분,
메인코스로는 2명이 먹을 분량**

신선한 탈리아텔레 260g 또는 마른
탈리아텔레 200g

버터 30g

트레비소 반 개 채 썬 것(대략 100g)

생크림 100ml

스페크 햄 50g (4장) 1cm 길이로
자른 것

폰티나 치즈 100g

이 소스와 잘 어울리는 파스타

campanelle/gigli, conchiglie, farfalle tonde, fettuccine, garganelli, gnocchi shells, gomiti, lumache, pici, radiatori, sedanini, ruote, tagiolini, tajarin, torchio, tortiglioni

쌉쌀한 트레비소 잎과 훈제 햄의 맛이 어우러진 크리미한 소스이다. 이탈리아 북부 사람들은 파스타를 비롯해 피자, 리조토, 샌드위치를 각자 나름대로의 방식으로 만들어낸다. 크림소스지만 트레비소의 쌉쌀한 맛이 느끼한 맛을 잡아준다.

소스 만드는 시간과 파스타 삶는 시간이 거의 같으므로 동시에 시작한다. 중불로 달군 팬에 버터를 녹이고, 트레비소를 볶는다. 후추와 소금을 넉넉히 뿌리고, 충분히 숨이 죽을 때까지 둔다. 크림을 더해 살짝 진해지는 느낌이 들 때까지 1분 정도 약한 불에서 보글보글 끓인다. 알덴테로 삶은 파스타를 건져내어 손으로 엉키지 않도록 잘 뜯어둔 스페크 햄과 1cm 크기로 깍둑썰기 해놓은 폰티나 치즈를 함께 크림소스에 넣는다. 소스가 진해지고 치즈가 녹아 죽죽 늘어나면 즉시 상에 낸다.

가리비와 타임 소스의 탈리아텔레
TAGLIATELLE CON CAPPESANTE E TIMO

**전채로는 4인분,
메인코스로는 2명이 먹을 분량**

신선한 에그파스타 반죽으로 만든
탈리아텔레 260g 또는 마른
탈리아텔레 200g

가리비 살 다듬은 것 300g
(같은 크기로 10개 정도)

올리브유 2테이블스푼

버터 100g

방울토마토 8개 4등분한 것

타임 잎 뜯은 것 2테이블스푼

화이트 와인 4테이블스푼

이 소스는 만드는 데 5분 정도밖에 안 걸리므로 파스타 삶는 시간을 잘 조절할 것.

가리비에 질긴 막이나 힘줄이 붙어 있다면 모두 떼어버리고, 옆으로 반을 잘라 두 개의 원형으로 만든다. 옆에 붙어 있는 산호색 옆 발은 떼어버려도 되고 놓아두어도 된다. 소금과 후추, 기름을 뿌려 골고루 손으로 문질러 준다. 넓은 팬을 센 불 위에서 달궈 연기가 나면, 기름을 발라둔 가리비를 팬 전체에 골고루 늘어놓는다. 1분 정도 구워 먹음직한 갈색이 돌기 시작하면, 가리비 사이사이에 버터를 떼어 놓는다. 가리비는 뒤집거나 옆으로 밀지 말고 그대로 둘 것. 버터가 가리비 밑으로 들어가면서 바삭하게 구워지고 먹음직한 갈색이 나온다. 가리비가 노릇해지다 못해 버터가 타면서 가리비의 감칠맛이 다 없어지지 않을까 걱정되는 순간, 토마토와 타임을 팬에 넣는다. 팬을 흔들어 가리비 사이사이에 골고루 퍼지게 한 뒤, 30초 정도 익힌다. 와인을

이 소스와 잘 어울리는 파스타

bigoli, farfalle, fettuccine, garganelli, linguine, bavette, maccheroni alla chitarra, maltagliati, pappardelle, reginette, mafaldine, spaghettini, strozzapreti

붓고, 팬의 소스와 잘 섞이면서 졸여지도록 가끔 팬을 세게 흔들어준다. 소스가 생크림 농도 정도로 졸여지면 탈리아텔레를 건져내어 소스에 넣고 뒤섞어준다. 지체하지 말고 바로 먹는다.

스튜 국물에 버무린 탈리아텔레
TAGLIATELLE AL SUGO D'ARROSTO

이 파스타와 잘 어울리는 파스타

agnolotti, agnolotti dal plin

우리는 스튜나 냄비에 찐 로스트 요리를 할 때마다 나오는 진한 국물을 얻기 위해 감자나 쌀을 선택한다. 하지만 면, 특히 진한 에그 파스타 반죽으로 만든 탈리아텔레를 스튜 국물과 함께 먹는 것은 전통적인 방법일 뿐만 아니라 가장 맛있는 방법이기도 하다.

앞에 나온 몇몇 레시피들(216쪽의 나폴리탄 라구 소스, 197쪽의 쇠꼬리 소스, 37쪽의 코닐리오 알 이스키타나, 85의 생선과 아몬드 소스의 쿠스쿠수)을 통해 이미 만들어 본 토마토 베이스의 소스들은 파스타에 아주 적합한 레시피이다. 거의 모든 종류의 스튜 국물들이 잘 어울리는데 냄비에 천천히 찌는 팟 로스트(potroast, 찜)를 할 때 나오는 농축된 고기 국물이나, 오븐에 로스트를 했을 때 얻을 수 있는, 바닥에 눌어붙은 맛있는 부분을 와인이나 육수를 붓고 끓여낸 것도 모두 잘 어울린다. 혹 이탈리아 사람처럼 고기 국물에 파스타를 비벼 고기를 먹기 전에 낼 것인가, 아니면 오스트리아 사람처럼 고기 국물에 비비더라도 고기를 먹을 때 옆에 곁들임으로 낼 것인가가 유일한 고민거리가 될 것이다.

스튜 국물을 이용해서 메인에 곁들이는 파스타를 만들 때는 1인당 75g의 에그 파스타가 적당한 양이다. 로스트를 하고 바닥에 눌어붙어 있는 맛있는 부분을 긁어 물과 함께 졸이거나, 스튜 국물을 진하게 졸인다. 1인분에 15~25g 정도의 버터를 넣어 농도를 진하게 만들어 준 다음, 파스타를 넣어 잘 섞어준 뒤 파르메산 가루를 뿌려 낸다.

만약 단품 요리로 고기와 파스타를 같이 내고 싶다면 솥에 남아 있는 국물은 긁어 보관했다가 다음번에 사용해도 된다. 언제 먹어도 좋은 별식이다. 부엌에 혼자 앉아 갈비뼈에 붙어있는 쥐꼬리만 한 고기과 바닥에 눌어붙은 농축된 부분을 즐기는 것이 얼마나 좋은지, 가장 맛있는 부분이라는 것을 아는 사람은 다 안다.

TAGLIOLINI, TAJARIN
탈리올리니, 타자린

치수

길이: 250mm
너비: 2mm
두께: 0.8mm

동의어

taglierini

**이 파스타와 잘 어울리는
재료와 소스**

둥지 모양으로 만들어 튀기기, 프리타타, 레몬과 버터, 록센 푸딩, 굴과 프로세코와 타라곤, 수플레, 트레비소와 스페크 햄과 폰티나 치즈

탈리올리는 탈리아텔레를 아주 가늘게 자른 것이다. 라자냐부터 아주 얇은 탈리올리니까지 면을 자르는 것은 15세기부터 내려온 예술이다. 역사상 최초의 스타 셰프였던 마에스트로 마르티노Maestro Martino는 1456년에 쓴 『요리의 기술Libro de arte coquinaria』에서 마카로니 알라 로마나(〈페투치네〉)는 손가락 너비 정도로 자르지만, 마카로니 알라 제노베제(〈탈리올리니〉)는 바늘 너비 정도로 잘라야 한다고 썼다. 그 섬세한 너비가 좋을 때도 있지만 부담스럽기도 한 이유는 그것이 마치 이 세상 물건이 아닌 것처럼 너무 가늘어서 삶는 시간을 단 몇 초만 초과해도 알덴테가 아닌 푹 삶은 파스타가 된다는 점, 그리고 소스의 양을 잘못 조절하면 아예 소스에 푹 잠겨버리게 된다는 점이다.

아주 진한 에그 파스타를 이용해서 만드는 피에몬테 지역의 타자린은 탈리올리니보다 약간 두껍다. 두껍기 때문에 질감과 씹는 맛이 다르다. 타자린은 전통적으로 땅에서 나는 모든 것들의 왕, 흰 송로버섯을 뿌려 낸다.

새우와 트레비소를 넣은 탈리올리니 그라탱
TAGLIOLINI GRATINATI CON GAMBERI E TREVISO

**전채로는 4인분,
메인코스로는 2명이 먹을 분량**

마른 탈리올리니 120g 또는 신선한
탈리올리니 150g

껍질 벗긴 생새우 200g 또는
향신료를 넣은 버터와 함께 담긴 병조림
새우 220g

버터 50g (병조림 새우를 쓸
경우에는 제외)

작은 자색 양파 반 개, 결 반대 방향으로
얇게 슬라이스 한 것

중간 크기 트레비소 (또는 라디키오)
1개 얇게 채친 것

화이트 와인 60ml

생크림 125ml

파르메산 치즈 갈은 것 4테이블스푼

이 레시피는 베니스의 레스토랑 다 피오리Da Fiori에서 나오는 것과 흡사하다. 새우와 쌉쌀한 라디키오, 크림과 치즈의 조합이라니 왠지 이상해 보이지만 정말 끝내주게 맛있다.

남부 유럽이 아닌 다른 지역에서 질 좋은 새우를 구한다는 것은 정말 힘든 일이다. 이 레시피에 가장 적합한 새우는 베니스에서 잡히는 것, 지중해에서 잡히는 붉은 생새우 또는 랑구스틴이다. 후자 두 개는 가끔 영국에서도 구할 수 있다 (랑구스틴은 머리를 반으로 갈라 잡은 다음, 끓는 물에 3초간 넣었다가 꺼내 얼음물에 담아 다시 차갑게 식힌 다음, 새우처럼 껍질을 벗기면 된다). 영국에서 이 책을 읽고 있는 분들에게 추천하고 싶은 가장 괜찮은 새우는 찐 아틀랜틱 새우로 (550g 정도), 사서 껍질을 직접 벗겨도 좋고, 미리 벗겨 놓은 것을 사도 된다. 만약 구할 수 없다면 옛날 방식으로 병조림된 새우를 산다. 버터에 들어 있는 카이엔 페퍼와 메이스*가 다른 재료들과도 꽤 잘 어울린다. 미국에서는 록 슈림프rock shrimp를 사용하면 된다.

팬을 중불로 달구고 버터(또는 병조림 새우)를 녹인다. 양파와 소금을 넣고 잠시 볶은 다음, 라디키오를 넣어 완전히 숨이 죽을 때까지 3~4분 정도 볶는다. 새우와 화이트 와인을 더한 다음, 물기가 거의 모두 증발할 때까지 몇 분 정도 졸인다. 라디키오와 새우에 크림을 넣음과 동시에 끓는 소금물에 탈리올리니를 삶는다. 소스와 면을 동시에 끓이다가 탈리올리니가 아주 꼬들꼬들하게 삶아지면 건져내어 소스에 넣는다. 잘 섞은 뒤, 소금과 후추로 간을 한다. 약 12 x 24cm 크기의 그라탱 용기에 파스타를 담고, 위에 파르메산 갈은 것을 뿌린다.

아주 뜨거운 온도의 오븐이나 그릴에서 치즈가 먹음직한 갈색이 될 때까지 굽는다. 완성되면 즉시 상에 낼 것.

★ mace. 넛맥 열매 주위를 감싸고 있는
오렌지색 줄기로, 역시 향신료로 사용한다.

게살 소스 탈리올리니
TAGLIOLINI CON GRANCHIO

전채로는 4인분,
메인코스로는 2명이 먹을 분량

신선한 탈리올리니 200g 또는
마른 것 160g

중간 크기 붉은 고추 2개, 씨 빼고 잘게
다진 것

마늘 1알 다진 것

엑스트라 버진 올리브유 4테이블스푼

잘 손질한 게살 갈색 부분 100g과
흰 살 200g

작은 레몬 1개 껍질 노란 부분만 긁은 것

이 소스와 잘 어울리는 파스타
bavette

빨리 만들 수 있는 소스이므로 만들기 시작하는 동시에 면도 삶으면 된다. 팬에 고추와 마늘, 기름을 넣고 불을 중간 세기로 켠다. 마늘이 지글거리기 시작하면 파스타 삶는 물 4테이블스푼과 갈색 게살을 넣고, 스푼으로 잘 부숴가며 저으면서 소스를 만든다. 흰 게살과 레몬 껍질을 넣고, 전체적으로 따듯해지도록 섞어준다. 게 껍질이 씹히지 않도록, 만약 보인다면 주의 깊게 제거한다. 알덴테로 익은 파스타를 건져내 소스와 재빨리 섞은 다음 바로 서빙한다.

파슬리 다진 것을 2테이블스푼 정도 넣는 것도 좋으나 필수적인 것은 아니다. 그리고 전통적인 방법은 아니지만, 가늘게 채친 2티스푼의 민트를 넣는 것도 좋다.

흰 송로버섯을 뿌린 타자린
TAJARIN AL TARTUFO D'ALBA

전채로는 4인분,
메인코스로는 2명이 먹을 분량

신선한 탈리올리니 또는 타자린
260g. 마른 것은 200g

버터 160g

오리 알 4개

파르메산 치즈 갈은 것 약간

신선한 흰 송로버섯 30g

이 소스와 잘 어울리는 파스타
agnolotti dal plin, fettuccine,
maltagliati, tagliatelle, tortelli,
cappellaci

이 요리를 만들려면 일단 3개의 팬이 필요하다. 하나는 면을 삶을 솥, 하나는 오리 알을 익히기 위한, 소금물이 아주 약하게 끓고 있는 냄비, 그리고 마지막으로 버터를 녹일 프라이팬이다.

재료를 모두 준비해 놓고 시작함과 동시에 재빨리 만들어야 성공할 수 있다. 끓는 물에 파스타를 넣고, 버터를 파스타 삶는 물 2테이블스푼과 함께 아주 약한 불 위에서 녹인다. 파스타가 다 삶아지면 버터에 넣고 버무린다. 오리 알을 깨어 흰자와 노른자를 분리한 다음, 노른자를 구멍 뚫린 국자 위에 올려놓고, 그 상태로 조심스럽게 끓고 있는 물에 넣는다. 20초 정도 지나면 노른자 겉면을 싸고 있는 남은 흰자들이 익으면서 흰 베일처럼 익지 않은 노른자를 감싸게 된다.

파스타를 접시에 나눠 담은 다음, 맨 위에 오리 알 노른자를 조심스럽게 올려놓는다. 파르메산 치즈가루를 뿌리고, 아주 얇게 깎은 흰 송로버섯을 그 위에 덮는다. 송로버섯 전용 대패가 있으면 당연히 좋겠지만 감자 껍질 벗기는 도구를 이용해도 충분하다.

TORCHIO
토르키오

마케로니 알 토르키오(maccheroni al torchio 〈횃불 모양의 마케로니〉)의 줄임말로, 캄파넬레(42쪽)와 비슷한 구조이긴 하지만 가장자리가 구불구불 주름이 잡히지 않은 것이 다르다. 대신 홈이 파인 표면과 구부러진 모양으로, 푹 파인 부분으로 인해 소스가 잘 묻고, 괴어 있기 쉽다.

치수
길이: 35mm
너비: 20mm
지름: 10.5mm

비슷한 모양
campanelle/gigli

이 파스타와 잘 어울리는 재료와 소스
아티초크, 잠두콩과 완두콩, 볼로네제 소스, 푹 삶은 완두콩과 완두콩, 곱게 잘은 잠두콩, 병아리콩과 대합, 줄기콩, 헝가리안 생선 수프, 양고기 소스, 렌틸콩, 고등어, 토마토와 로즈마리, 푸타네스카, 리코타 치즈와 토마토, 소시지와 크림, 트레비소와 스페크 햄과 폰티나 치즈, 참치 뱃살과 토마토

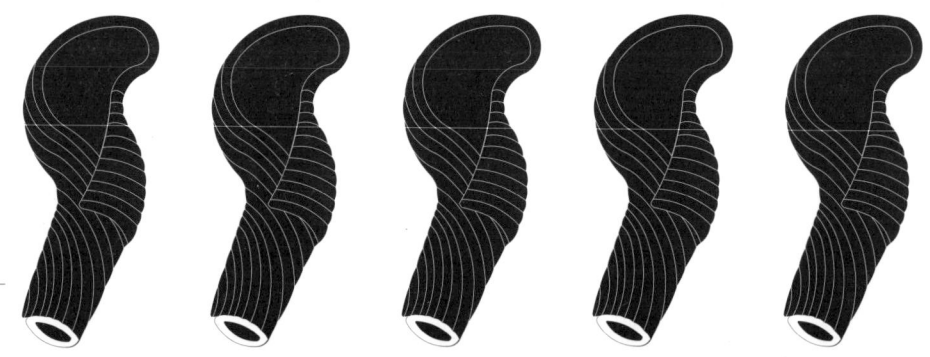

골수를 넣은 토마토소스 토르키오
TORCHIO CON MIDOLLO E POMODORO

**전채로는 4인분,
메인코스로는 2명이 먹을 분량**

토르키오 200g

뼈 골수* 140g 깍둑썰기 한 것

토마토 300g 굵게 토막 낸 것,
방울토마토는 반으로 나눠서

마늘 2알 얇게 저민 것

로즈마리 3줄기

마른 고추 부순 것 검지와 엄지를
이용해 집어서

안초비 필레 4조각 다진 것

레드 와인 100ml

마지막에 뿌릴 파르메산 치즈 약간

이 소스와 잘 어울리는 파스타
campanelle/gigli

이 레시피는 고기 맛이 넘실대는 매우 기름진 소스이니 기름진 것을 보기만 해도 심장마비가 오는, 고기 기름에 심약한 분들은 피하는 것이 좋다. 뼈에 붙은 골수를 갉아먹는 것을 즐기시는 분들이라면 과감히 도전해보시길. 어쨌든 새로운 것을 시도해보는 것도 멋져 보이니까.

팬을 뜨겁게 달군다. 팬에서 연기가 나기 시작하면 다듬어 놓은 골수를 넣고, 토마토와 마늘, 로즈마리와 고추도 함께 넣는다. 10분 동안 볶으면 토마토가 갈색이 돌면서 부드러워 진다. 불을 약하게 줄이고 안초비와 와인의 3/4분량을 넣는다. 약불에 소스를 20분 정도 졸여 아주 진하고 기름지게 보이면, 토마토를 나무주걱 뒷부분을 이용해 으깨준다. 이 작업을 하면서 파스타를 삶기 시작한다.

파스타가 알덴테보다 살짝 덜 삶아졌을 때 건져 소스에 넣는다. 소스가 골고루 묻도록 뒤적거린 다음, 불을 끄고 남은 와인을 넣는다. 이렇게 하면 소스가 부드러워질 뿐더러 와인의 신맛이 소스의 느끼함을 살짝 잡아주기도 한다. 잘 섞은 다음 위에 파르메산 치즈를 넉넉히 뿌려 낸다.

★ 골수가 들어 있는 뼈를 통째로 구입할 경우, 정육점에서 뼈를 길이로 잘라달라고 부탁해서 오이 씨처럼 긁어내면 된다. 아니면 5cm 길이로 둥글게 잘라 놓은 뼈를 구입한 다음, 손가락으로 골수를 밀어내면 잘 빠진다 — 원주.

TORTELLI/CAPPELLACCI
토르텔리/카펠라치

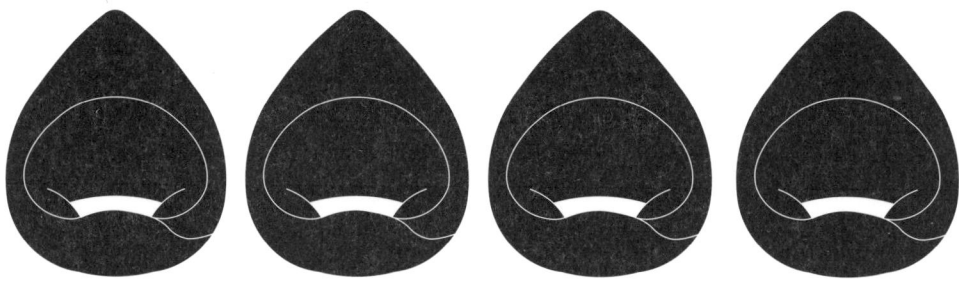

치수
길이: 35mm
너비: 30mm

동의어
에밀리아로마냐 지역: turtello
피아첸자 지역: turtej cu la cua
토스카나 지역: tordelli

이 파스타와 잘 어울리는 재료와 소스
버터와 세이지, 크림, 포르치니 버섯과 크림, 흰 송로버섯

포춘 쿠키와 닮은 토르텔리(〈작은 케이크〉)는 카펠라치(cappellacci, 〈작은 모자〉)라고 불리기도 한다. 파스타 반죽을 네모나게 잘라 속을 얹고, 대각선 방향으로 접어 삼각형을 만들고 (원 모양으로 자른 반죽을 이용하면 반원이 된다), 양 끝을 고아서 가운데로 모아 붙이면 속이 채워진 부분에 자연스러운 주름이 잡히면서 소스가 잘 묻게 된다. 이 파스타는 토르텔로니(큰 사이즈, 266쪽), 토르텔리니(아주 작은 사이즈, 260쪽)와 더불어 에밀리아로마냐 지역에서 특히 인기 있는 파스타이다. 하지만 토르텔리 속 중에서 가장 맛있는 레시피 두 가지는 롬바르디 지역에서 유래된 것이다. 토르텔리 크레마스키(tortelli Cremaschi, 크레모나 지역에서 만들어 먹는 토르텔리)에는 아마레티,* 건포도와 설탕에 절인 레몬, 넛멕과 파르메산 치즈, 가끔 약간의 민트나 코코아가 들어간다. 나머지 하나는 뒤에 실은 카펠라치 디 주카 cappellacci di zucca로, 롬바르디의 모데나 지역과 에밀리아로마냐의 페라라, 두 지역 모두에서 유명한 레시피이다. 만투아 지역에선 속 재료는 똑같지만 모양은 토르텔리가 아닌 카라멜레(62쪽)와 비슷하게 만든다. 크레모나 스타일의 레시피는 짭짤한 요리도, 달콤한 요리도 아닌 참 애매모호한 맛인데 아주 잘 만들면 정말 맛있지만 잘못 만들 경우에는 정말 속이 뒤집혀질 정도로 끔찍하다.

비슷한 요리로 기억해둘 만한 것이 브레샤Brescia와 베르가모Bergamo 지역에서 먹는 카손세이casonsei라는 것인데 (이 지역에서 반으로 접어 만드는 피자인 칼조네calzone가 나왔다), 단호박과 설탕에 절인 과일인 모스타르다mostarda나 가끔은 소시지를 넣기도 한다. 하지만 양 끝을 모아 붙이지 않고 둥글게 구부려 말발굽 모양으로 만든다.

---

* amaretti. 아몬드 맛이 나는 이탈리아 리큐르. 아몬드가 들어간 이탈리안 마카롱을 지칭하기도 한다.

달콤짭짜름한 단호박 속을 넣어 만든 카펠라치
CAPPELLACCI DI ZUCCA

4인분

단호박 속 (800g이 나올 분량)

단호박 1kg

버터 75g

아마레티 비스킷 100g

모스트라다 디 프루타* 100g (옵션. 구할 수 있다면 사과가 가장 좋다)

파르메산과 같은 그라나 치즈 120g

넛멕 (넉넉하게)

심플 또는 진한 에그 파스타 반죽 300g

위에서 만든 반죽 300g

카펠라치와 잘 어울리는 속재료

리코타 치즈(267쪽), 리코타 치즈와 시금치(210쪽)

속은 만들어서 바로 파스타를 만들어도 좋고, 냉동해 두었다가 써도 된다. 이 레시피의 분량은 10인분으로도 충분한 양이기 때문에 미리 언급해둔다. 물론 양을 줄여서 만들 수도 있지만 맛있는 단호박의 무게가 대략 1kg 이상 나가기 때문에 줄이기는 쉽지 않을 듯하다. 아래 레시피에는 속이 300g 필요하다.

단호박의 껍질을 벗기고 씨를 모두 긁어낸 다음, 웻지wedge 모양으로 자른다. 다 다듬은 단호박의 양은 적어도 700g 정도 되어야 한다. 오븐 팬에 호박과 버터를 함께 담고 쿠킹호일로 윗부분을 꼼꼼히 덮은 다음, 미리 예열된 오븐에서 (컨벡션 오븐은 180도, 구식 가스 오븐은 200도) 약간 갈색이 돌면서 완전히 부드러워질 때까지 익힌다. 완성되기 몇 분쯤 전에 들여다보아 물기가 많이 보이면 호일을 들어내고 굽는다. 식힌 다음, 나머지 재료들과 소금, 후추를 넣고 푸드 프로세서를 이용해 곱게 갈아준다. 카펠라치를 만들기 전까지 속을 완전히 식힌다.

파스타를 1mm 좀 못되는 두께로 민다 (0.7mm가 좋은데, 보통 파스타 머신에서 두 번째로 얇게 밀 수 있는 세팅이다). 사방 6cm 크기로 반죽을 자른다 (네모 또는 원형, 가장자리가 직선이거나 주름이 져 있거나 아무나 좋다). 가운데에 반죽을 티스푼으로 약간 수북하게 담은 것, 대략 8g 정도이다. 반죽을 놓고 접을 것을 생각해서 너무 크게 놓지 않도록 주의한다. 혹 만드는 동안 파스타가 그냥 눌러붙이기에 너무 건조해보이면 분무기를 이용해서 물을 살짝 뿌려준 다음 반으로 접는다 (사각형으로 만든다면 대각선으로 접어 삼각을 만들어야 한다). 집게손가락에 빙 둘러 양 끝을 모아 붙여준다. 꼭짓점 부분은 둥글거나 뾰족하거나 손가락처럼 위를 향해 있다. 토르텔리니(260쪽)나 토르텔로니(264쪽)와 같이 부분을 안쪽으로 접은 다음 모아 붙일 필요는 없다. 꼭짓점 부분의 펄럭거리는 부분과 속이 들어있는 부분을 보기 좋게 잘 다듬어야 한다.

버터와 세이지를 이용해서 만든 소스에 버무려 내는 것이 가장 맛있다 (23쪽 참조).

* mostarda di frutta. 설탕에 절인 과일을 겨자 맛 시럽에 담근 것.

TORTELLINI
토르텔리니

치수

길이: 25mm
너비: 21mm

동의어

카프리 지역: agnoli, presuner, prigionieri

이 파스타와 잘 어울리는 재료와 소스

볼로네제, 버터와 세이지, 포르치니 버섯과 크림, 호두 소스

토르텔리니(《작은 토르텔리》)는 탈리아텔레, 라자녜(136쪽)와 더불어 에밀리아로마냐 지역, 특히 볼로냐 지역의 자랑거리다. 손으로 작은 토르텔리니를 잘 만들기 위해서는 참을성과 상당히 숙련된 기술이 필요하다. 그래서인지 볼로냐의 가정부치고 토르텔리니를 만들 줄 모르는 사람은 아주 드묾에도 불구하고 대부분 토르텔리니를 구입해서 사용한다. 농가에서 직접 만들어 내다 파는 수제 토르텔리니가 인기 있다. 모두들 핸드메이드 제품을 선호하기 마련이니까.

토르텔리니가 만들어진 지역에 전해 내려오는 것으로, 서로 다양하면서도 하나로 통하는 매혹적인 유래가 있다. 루크레차 보르자 Lucrezia Borgia가 에밀리아의 카스텔로프랑코에 있는 한 여관에 묵었을 때, 이 손님의 미모에 혹한 여관 주인이 밤에 그녀의 방에 살금살금 다가가 열쇠 구멍을 통해 그녀의 모습을 훔쳐보려고 했다. 그가 볼 수 있었던 것은 그녀의 배꼽뿐이었는데, 그 배꼽이 얼마나 아름다웠는지 그는 득달같이 부엌으로 달려가 그녀의 아름다운 배꼽 모양을 그대로 닮은 파스타를 만들어 냈다고 한다. 또 다른 전설은 전쟁에 지친 비너스와 주피터가 볼로냐의 한 여관에 머물렀는데, 둘이 잠든 사이 역시 이탈리아 사람들이 잘 하는, 열쇠 구멍으로 훔쳐보기를 시도했다고 한다. 그 틈으로 보인 것은 마찬가지로 여신의 아름다운 배꼽뿐이었다고 한다.

배꼽은 참 적절한 비유다. 토르텔리니의 모양과 비슷할 뿐 아니라 움푹 파인 곳에 소스가 잘 고일 수 있으니까. 또한 배꼽은 엄마와 자식이 연결되는 신체 부위이기 때문에 이탈리아인들의 특성을 잘 설명해주기도 한다. 파스타에 배꼽이라는 이름으로 붙임으로써 모든 이탈리아인들(최소한 에밀리아 지역 사람들만이라도)이 먹기 위해 태어났다는 것을 보여주었으니까 우연

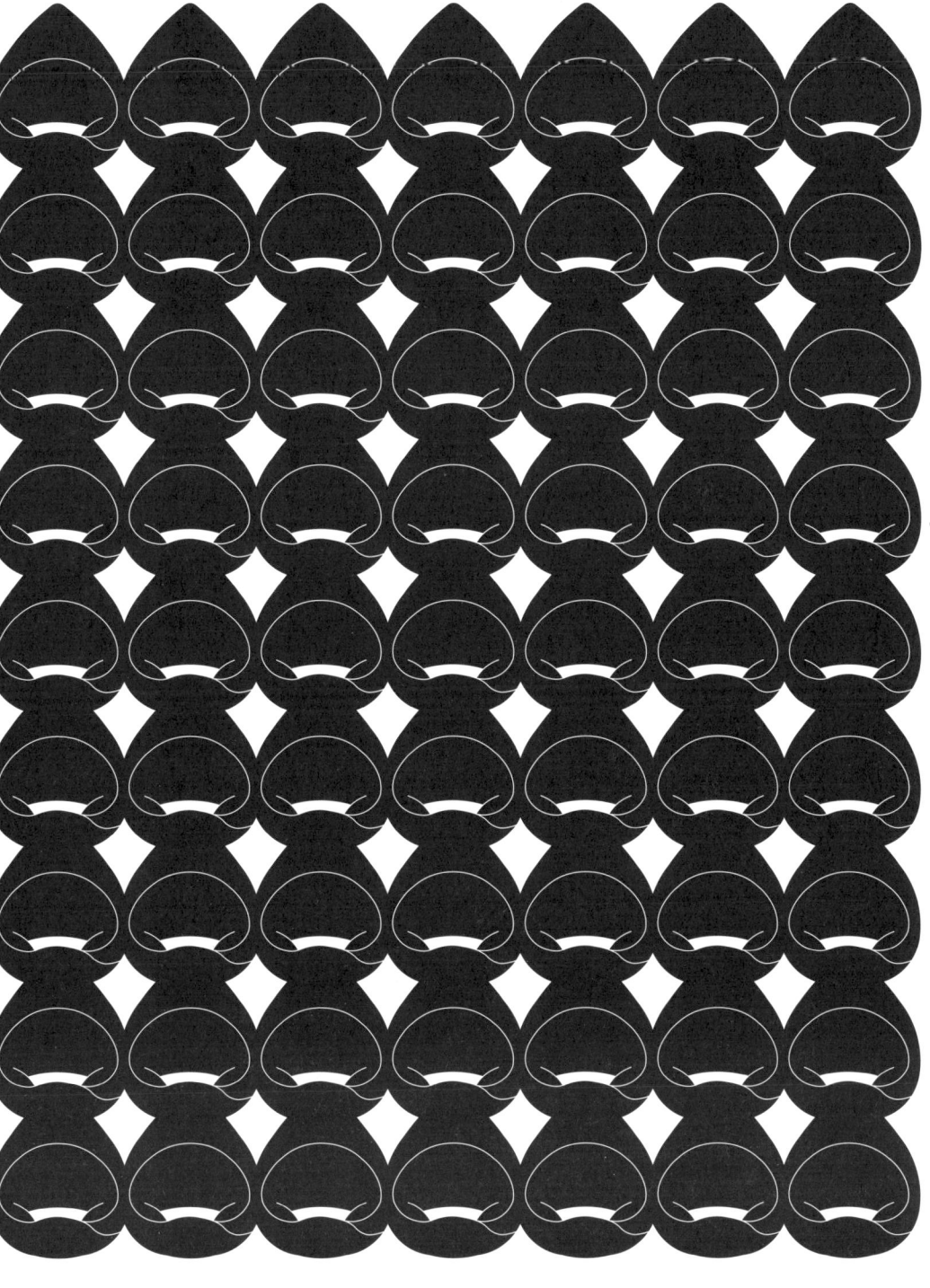

히 만들어졌다는 것보다는 훨씬 설득력이 있다.

전설과 함께 전해 내려온 토르텔리니 레시피는 다양한 이야기와 달리 딱 하나뿐이다. 모르타델라* 햄과 돼지고기, 프로슈토와 파르메산 치즈, 달걀과 넛멕으로 속을 만들어 작은 파스타 시트 위에 놓고 최대한 작게 만든다. 이렇게 만들어진 토르텔리니를 옛날에는 고기 국물에 삶아 냈다. 거세한 수탉을 삶아 만든 국물에 토르텔리니를 삶아 국물과 함께 담고, 특별한 경우에는 수프 위에 흰 송로버섯을 얇게 저며 올렸다. 오늘날엔 크림소스 또는 버터와 세이지, 라구 소스와 함께 낸다. 개인적으로 작은 토르텔리니의 맛을 가려버리지 않는 심플한 크림소스나 육수를 추천한다.

* mortadella. 같은 돼지고기와 비계. 후추, 고수와 넛멕, 피스타치오가 들어간 둥글고 큰 소시지로, 샌드위치에 주로 쓰인다.

토르텔리니 만들기
TORTELLINI

6인분

속재료
돼지 등심 2cm 크기로 깍둑썰기 한 것 100g
버터 25g
모르타델라 햄 100g
생 프로슈토 100g
파르메산 치즈 100g
달걀 1개
맛을 내기 위한 넛멕 약간

토르텔리니
심플 또는 진한 에그파스타 반죽 800g, 모양을 만들면서 모자랄 수도 있으니 약간 여유를 둔다
위에 적은 분량의 속 채움 재료

속을 만든다. 돼지 등심과 버터를 팬에 넣고, 겉이 살짝 갈색이 나면서 완전히 익도록 구운 다음 불을 끄고 식힌다. 다 식으면 돼지고기와 굽는 동안 나온 육즙을 다른 재료들과 섞은 다음, 푸드 프로세서에 넣고 아주 곱게 갈아 준다. 바로 만들지 않는다면 냉장고에 보관할 것.

파스타를 1mm 두께로 민다. 한 번에 한 장씩만 미는데, 파스타 시트 위에는 밀가루가 남아 있으면 안되고, 평평하고 깨끗한 작업대에서 밀어야 한다. 사방 4.5mm의 사각형으로 반죽을 자르고, 가운데 속을 새끼손톱 크기 정도로 올린다. 하나씩 만들지 말고 일단 잘라둔 파스타에 속을 전부 올려둔다. 따로 물을 바르지 않아도 반죽 내의 수분으로 토르텔리니를 만들 수 있는지 테스트해 보고, 물기가 많이 말랐다면 분무기를 이용한다. 속을 올려둔 파스타 위에 랩을 느슨하게 씌워, 수분이 날아가는 것을 최대한 막는다.

속을 올린 파스타를 대각선으로 접어 삼각형으로 만든 다음, 속 주변을 잘 눌러 공기를 빼고 붙인다. 꼭짓점 부분을 아래로 살짝 내려 사다리꼴 모양으로 만든다. 꼭꼭 누르지 말고 살짝 붙인 다음, 그 부분에 손가락을 대고 양 끝을 감아 붙인다. 붙인 다음, 손가락을 빼낼 것. 잘라 놓은 반죽이 다 떨어질 때까지 반복할 것. 참을성 없는 이들은 만들기 힘든 파스타다.

맑은 육수에 넣어 익힌 토르텔리니
TORTELLINI IN BRODO

전채로는 4인분,
메인코스로는 2명이 먹을 분량

토르텔리니 250g

맑게 거른 닭 육수 1 리터

마지막에 뿌려 낼 파르메산 치즈 약간

신선한 흰 송로버섯 15g, 아주 특별한 경우에만 위에 추가로 뿌릴 것을 준비한다

이 수프와 잘 어울리는 파스타
cappelletti, pansoti

토르텔리니는 끓는 육수에 넣은 다음, 불을 아주 약하게 줄여 익힌다. 넓은 볼에 토르텔리니와 육수를 담고, 파르메산 치즈를 위에 뿌려 낸다. 돈이 아주 많다면, 흰 송로버섯을 얇게 깎아 올려도 좋다.

크림에 버무린 토르텔리니
TORTELLINI CON PANNA

전채로는 4인분,
메인코스로는 2명이 먹을 분량

토르텔리니 250g

버터 70g

생크림 90ml

마지막에 뿌려 낼 파르메산 치즈

이 소스와 잘 어울리는 파스타
agnolotti dal plin, cappelletti, tortelli, cappellacci

토르텔리니가 끓는 동안 버터와 크림을 팬에 넣고 저어가며 녹인다. 넛멕과 소금, 후추를 더해 간을 맞춘다. 다 삶은 파스타를 넣어 잠깐 더 끓인 다음, 파르메신 치즈를 듬뿍 뿌려 낸다.

이 소스는 우리 할머니가 가장 좋아한 레시피이다. 아주아주 진한 소스임에도 할머니는 매우 날씬하시다. 할머니 몫으로는 아주 조금만 드시고, 다른 이들에게 왕창 퍼주셨기 때문인 듯. 가끔 바질 잎 6장이나 강판에 간 레몬 껍질 약간을 각각 또는 전부 추가해서 만들곤 하셨다. 아주 가느다랗게 자른 스페크 햄이나 프로슈토를 넣은 버전까지 포함해서 전부 다 맛있지만 심플한 것이 가장 좋고, 아무것도 따로 추가하지 않고 만드는 것을 추천하고 싶다.

TORTELLONI
토르텔로니

치수
길이: 45mm
너비: 38mm

이 파스타와 잘 어울리는 재료와 소스
버터와 세이지, 모렐 버섯, 포르치니와 크림, 토마토소스, 호두 페스토, 호두 소스

토르텔리와 같이 원형이나 사각의 파스타 피에 속을 채워 만드는 것으로, 토르텔로니가 약간 큰 사이즈라는 것을 제외하고는 다른 점이 별로 없다. 그렇기 때문에 보통 토르텔로니에는 고기로 만든 속을 사용하지 않는다. 속의 맛이 너무 진하면, 파스타의 맛을 거의 느끼지 못하게 되고, 비용도 많이 든다. 리코타 치즈, 단호박이나 시금치와 리코타 치즈와 같은 좀 더 슴슴한 맛을 가진 재료들이 아주 잘 어울린다. 물론 소스도 속 재료에 맞춰 어울리는 크림, 버터와 세이지, 가벼운 맛의 토마토소스들을 사용한다.

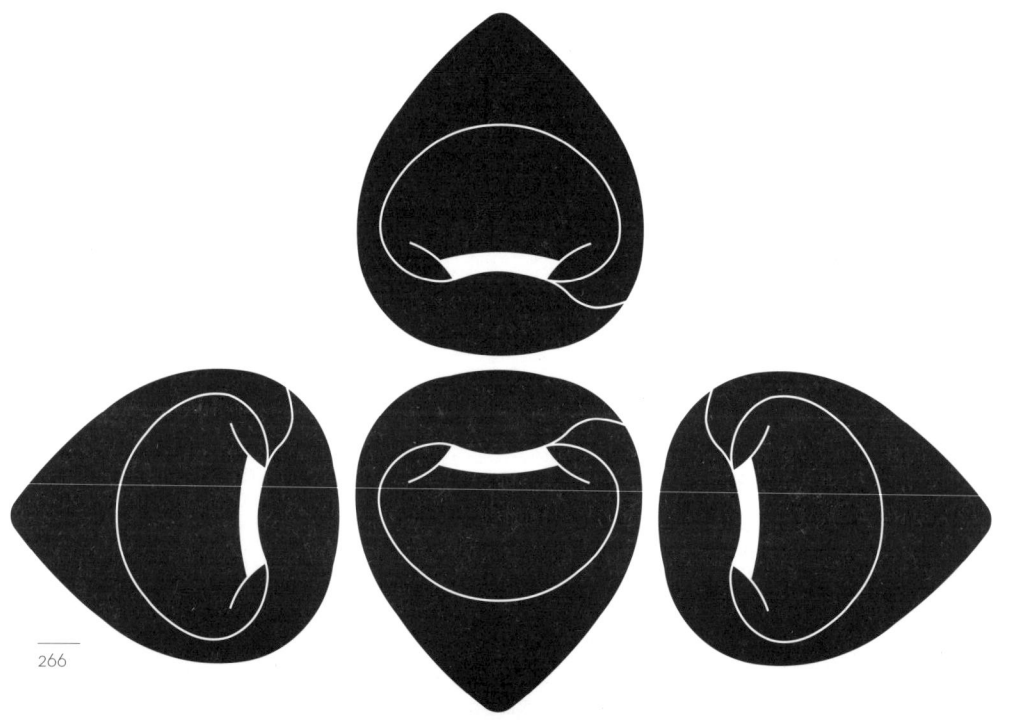

리코타 치즈를 넣어 만든 토르텔로니
TORTELLONI DI RICOTTA

4인분

심플 에그 파스타 또는 진한 에그
파스타 반죽 (13쪽) 250g

양젖으로 만든 리코타 치즈 250g
(또는 양젖과 소젖으로 만든 것을
반반씩 섞어서)

달걀노른자 2개

파르메산 치즈 50g

넛멕 약간

토르텔로니를 만들기에 좋은 속재료
리코타 치즈와 시금치 (210쪽)

리코타 치즈와 달걀노른자, 파르메산 치즈를 손으로 잘 치댄 다음, 소금과 후추, 넛멕으로 간을 맞춘다.

파스타를 민다 (파스타 머신의 두 번째로 얇은 단계, 1mm 미만). 밀은 파스타 시트 표면에 밀가루가 없는지 점검하고, 사방 7cm 크기로 자른다. 반죽이 너무 말라 있으면 분무기로 물을 뿌려준다. 티스푼에 만든 속을 수북이 담아 (10g 정도), 자른 반죽 가운데에 놓고 대각선으로 반을 접어 삼각형을 만든다. 토르텔리니를 만들 때와 마찬가지로 꼭짓점 부분을 밑면으로 내려 사다리꼴로 만든 다음, 손가락을 대고 반죽을 안으로 감아 붙여 토르텔로니를 만든다.

세몰리나 가루를 뿌려둔 접시에 만든 토르텔로니를 요리하기 전까지 늘어놓는다. 서로 붙지 않도록 간격을 두고 늘어놓는다. 속에 있는 수분이 파스타를 촉촉하게 만들어 서로 들러붙게 되기 때문이다.

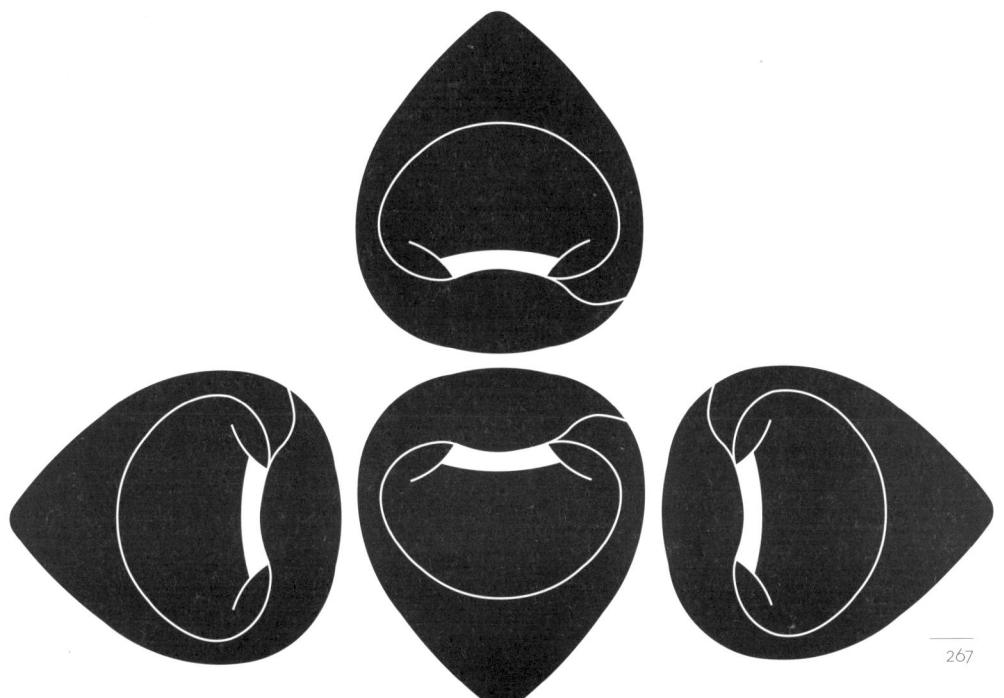

아스파라거스와 리코타 크림소스로 만든 토르텔로니
TORTELLONI DI RICOTTA CON ASPARAGI E PANNA

전채로는 4인분,
메인코스로는 2명이 먹을 분량

리코타 토르텔리니 레시피 양의 절반 또는 250g

그린 아스파라거스 350g

생크림 150ml

버터 50g

넛멕

마지막에 뿌릴 파르메산 치즈 약간

이 소스와 잘 어울리는 파스타
cappelletti

이 요리를 만들어 내놓는 레스토랑들이 꽤 있긴 하지만 집에서 직접 만들어먹는 것이 신선하고 더 맛있다.

아스파라거스의 질기고 딱딱한 밑동을 잘라내고 2cm 길이로 자른다. 끝부분은 길더라도 자르지 말고 모양을 살려둘 것. 파스타를 삶기 시작함과 동시에 크림에 버터, 넛멕, 소금, 후추를 넣고 데운다. 끓기 시작하면 불을 약하게 줄여 농도가 냉장고에서 막 나온, 뻑뻑한 휘핑크림 같은 상태가 될 때까지 졸인다.

파스타는 끓는 물에 2~3분 정도면 다 익는다. 다 삶아지기 1분 전쯤 다듬어 놓은 아스파라거스를 파스타 솥에 넣는다. 둘 다 삶아지면 건져내어 크림소스가 들어 있는 팬에 넣는다. 파스타에 괴어 있는 물기 때문에 졸여 놓은 소스가 약간 묽어지게 되는데, 전체적으로 소스가 잘 묻을 때까지 잠시 함께 끓여준 다음, 파르메산 가루를 듬뿍 뿌려 바로 먹는다.

구운 호두로 만든 페스토 소스 토르텔로니
TORTELLONI DI RICOTTA AL PESTO DI NOCI TOSTATE

**전채로는 4인분,
메인코스로는 2명이 먹을 분량**

리코타 토르텔로니 레시피 분량 전부
(500g 정도)

마늘 반쪽 아주 고르고 얇게 저민 것

튀김용 해바라기 씨 또는 옥수수기름

껍질 벗긴 호두 80g

타임 잎만 딴 것 1/2티스푼

엑스트라 버진 올리브유 125ml

천일염 약간

마지막에 뿌려 낼 파르메산 치즈 약간

리코타 치즈와 호두가 만들어내는 궁합은 거의 환상적이다. 리코타와 호두, 로켓의 심플한 조합도 좋고, 아래 소개한 레시피처럼 좀 더 어둡고 진한 맛도 좋다. 어떤 모양의 파스타와도 잘 어울리는 소스다.

불에 달구지 않은 팬에 마늘과 기름을 두른다 (레시피 분량의 오일과는 별도로, 나중에 넣을 호두에 골고루 묻히기에 충분한 양이어야 한다). 불을 중간 크기로 켜고, 마늘이 지글거리며 익다가 먹음직한 갈색이 되면 구멍 뚫린 국자로 건져 키친타월 위에 놓아 기름기를 뺀다. 마늘향이 우러나온 기름에 호두를 넣고 전체적으로 갈색이 나지만 타지는 않도록 주의하면서 볶는다. 햇볕에 아주 잘 그을린 지중해지역 사람들의 피부색 정도가 딱 좋다 (겉면이 아니라 볶은 호두를 반 잘라낸 안쪽의 색을 뜻한다).

조금 전에 튀겨 놓은 마늘과 타임을 절구에 넣고 곱게 찧는다. 구워둔 호두를 넣고 빻는데 씹는 맛이 남아 있도록 너무 곱게 빻지 않는다. 올리브유와 천일염을 더하고, 간을 맞추기 위해 후추도 약간 넣는다. 맛을 충분히 살리기 위해 소금을 넉넉하게 넣는다. 냉장고에 장기 보관이 가능하지만 사용하기 전에는 미리 덜어 실온에 두었다가 사용해야 한다.

토르텔로니를 알덴테로 삶아 물기를 뺀 다음, 접시에 담고 위에 만든 소스를 뿌려 낸다. 파르마산 치즈 약간을 깎아서 뿌리는데, 감자 깎는 칼로 하면 가장 좋다. 위에 뿌리면 보기도 좋고 맛도 좋다.

TORTIGLIONI
토르틸료니

치수
길이: 45mm
너비: 10.5mm
두께: 1.25mm

이 파스타와 잘 어울리는 재료와 소스
아마트리치아나, 아라비아타, 오븐에 굽기, 닭고기와 자두, 병아리콩, 크림과 프로슈토, 그리치아, 홍합과 콩, 노르마, 쇠꼬리 소스, 카치오 에 페페, 푸타네스카, 로마네스코 브로콜리, 나폴리탄 라구 소스, 리코타 치즈와 토마토, 소시지 소스, 토마토소스, 토마토와 모차렐라, 트레비소와 스펙 햄과 폰티나 치즈, 참치 뱃살과 토마토

내가 가장 좋아하는 튜브형 파스타로, 리가토니(218쪽)와 비슷하게 생겼지만 겉면에 홈이 나선형으로 파여 있어 마치 이발소 입구에서 돌아가는 회전 간판 같다. 토르틸료니라는 이름도 머리와 연결되어 있는데, 테스타 디 모로 testa di moro는 사르디니아 깃발에 그려진 〈무어인의 머리〉를 뜻하는 단어이다. 라틴어 torquere(〈돌리다〉)가 어원이라고 한다. 토르틸료니는 남쪽 지역, 특히 캄파니아와 라조 지역에서 즐겨 먹는 파스타이다.

소시지와 크림소스의 토르틸료니
TORTIGLIONI ALLA NORCINA

**전채로는 4인분,
메인코스로는 2명이 먹을 분량**

토르틸료니 200g

이탈리안 소시지 껍질을 제거하고 속만 발라낸 것 250g

양파 반 개, 결 반대 방향으로 슬라이스한 것

올리브유 또는 돼지기름 1테이블스푼

마른 고추 부순 것 1/4티스푼

화이트 와인 100ml

생크림 125ml

마지막에 뿌려 낼 페코리노 로마노 치즈 약간

이 소스와 잘 어울리는 파스타

campanelle/gigli, casarecce, cavatappi, gramigne, maccheroni inferrati, paccheri, penne, pennini rigati, pici, radiatori, reginette, rigatoni, sedanini, spaccatelle, ruote, ruotellini, torchio

이 레시피는 노르치아 소시지의 생산지인 움브리아 지역에서 널리 만들어 먹는 레시피이다. 노르치아 소시지는 너무 유명해진 나머지 그 이름이 소시지와 동의어가 되어버렸다.

파스타를 삶는다. 다른 팬에 라드와 소시지, 양파를 넣고 중불 위에서 주걱으로 소시지를 으깨 가며, 노릇노릇해질 때까지 5~8분 정도 볶아준다. 고추와 와인을 넣고, 양이 반이 될 때까지 졸인 다음, 크림을 넣는다. 소스가 걸쭉해지도록 끓인다. 파스타를 알덴테보다 조금 더 꼬들꼬들하도록 삶은 다음, 건져서 소스에 넣는다. 파스타에 골고루 묻도록 뒤적거린 다음, 금방 갈은 후추와 페코리노 로마노 치즈를 넉넉히 뿌려 낸다.

렌틸 콩 소스 토르틸료니
TORTIGLIONI CON LENTICCHIE

**전채로는 4인분,
메인코스로는 2명이 먹을 분량**

토르틸료니 200g

작은 양파 혹은 중간 크기 양파 반 개
곱게 다진 것 (100g 정도)

마늘 2알 얇게 저민 것

엑스트라 버진 올리브유 4테이블스푼

월계수 잎 2장

작은 갈색 렌틸 콩* 100g

이탈리안 파슬리 다진 것 2테이블스푼

이 소스와 잘 어울리는 파스타

campanelle/gigli, canestri, conchiglie, dischi volanti, ditali, ditalini, fettuccine, fusilli, linguine, bavette, orecchiette, penne, pennini rigati, spaghetti, spaghettini, strozzapreti, torchio, ziti/candele

우리 어머니가 가장 좋아하는 레시피로, 소박하면서도 정말 맛있다 (우리 엄마 말고 파스타!). 어머니는 주로 스파게티나 스파게티니 같은 길다란 파스타를 이용해서 만들었지만 나는 짧은 튜브형 파스타가 더 어울린다고 생각한다. 소스에 있는 렌틸 콩이 튜브형 파스타에 더 잘 묻어 올라오기 때문이다.

양파와 마늘을 기름을 두르고 부드러워지도록 5분 정도 볶는다. 월계수 잎과 렌틸 콩을 넣고 콩이 다 익을 정도의 물을 붓는다 (뚜껑을 덮지 않고 끓일 경우에는 대략 500ml가 필요하다). 렌틸 콩의 일부는 으깨지고, 몇몇은 모양을 그대로 유지하지만 완전히 부드러운 상태가 되도록 끓인다. 물기가 좀 남아 있을 수는 있지만 흥건하지는 않아야 한다. 소금과 후추로만 간을 한다. 콩을 다 삶는 데 30~40분 정도 걸리므로 며칠 전에 삶아서 냉장실에 보관해도 된다.

파스타를 삶는다. 물기를 빼고 뜨거운 렌틸 콩에 넣은 다음, 몇 초간 섞으면서 더 끓인 다음, 파슬리를 뿌려낸다. 다른 것은 더 필요 없지만 아주 질 좋은 올리브유를 살짝 뿌려 내가는 것은 괜찮다.

★ lentil. 콩의 일종으로 납작하고 평평한 모양이다. 오렌지, 녹색, 갈색 등 여러 종류가 있으며 인도 요리와 스튜 등에 쓰인다.

TROFIE
트로피에

치수
길이: 40mm
너비: 5.5mm

동의어
rechelline, trofiette

이 파스타와 잘 어울리는 재료와 소스
줄기 브로콜리, 줄기콩, 로마네스코 브로콜리, 로켓, 토마토와 양파, 호두 페스토

트로피에는 단단하게 꼬아진 어뢰 모양의 파스타로, 만드는 방법이 몇 가지 있지만 대체적으로 같은 효과를 낸다. 여느 세몰리나 반죽을 이용한 파스타와 달리 오레키에테(170쪽)처럼 말린 것보다 생 파스타 상태의 것을 이용하는 것이 훨씬 좋다. 내가 너무 지나치게 말 하는 것일 수도 있겠지만, 트로피에를 구할 수 없거나 (여러분이 이탈리아 밖에 있어서), 만들기가 어렵다면 (추측하건데 거의 모든 독자들이 귀찮아할 듯) 링귀네(146쪽) 또는 스파게티(230쪽) 같은 마른 파스타를 사용할 것을 권한다. 트로피에는 인체공학적이면서 효율적인 디자인의 파스타로, 손을 이용해 만들기도 쉽고, 소스도 잘 버무려진다.

트로피에는 리구리아 지역이 원조로, 이곳 사람들은 큰 바질 잎으로 만든 제노베제 페스토에 파스타를 비벼 먹기로 유명하다. 트로피에라는 이름은 그리스어로 〈영양분〉을 뜻하는 trophe에서 왔는데 〈뇨키(116쪽, 122쪽)의 배다른 형제〉로도 알려져 있다. 예전에 빵가루와 감자를 이용한 반죽으로 만들었을 때 뇨키와 비슷한 모양으로 만들어졌다고 한다. 오늘날 트로피에는 세몰리나를 물로 반죽해서 만든다. 〈트로피에의 배다른 형제〉는 비슷한 모양이기는 하지만 여기엔 밤 가루가 들어간다. 옛날 가난한 사람들이 주로 먹었던 밤 가루는 단맛은 나지만 영양분은 모자랐는데, 오늘날에도 만들어 먹는 것을 종종 발견할 수 있다.

페스토 소스, 감자와 줄기콩을 넣은 트로피에
TROFIE AL PESTO GENOVESE

2인분

세몰리나 반죽 150g (마른 트로피에 또는 링귀네 150g)

햇감자 150g

줄기콩 100g

제노베제 페스토

바질 100g

마늘 1알

파르메산 치즈 갈은 것 100g

페코리노 로마노 치즈 갈은 것 (또는 숙성된 사르도Sardo 치즈) 100g

잣 100g (되도록 이탈리아 산으로)

엑스트라 버진 올리브유 175ml

실온에 두어 부드러워진 버터 25g

이 소스와 잘 어울리는 파스타

bucatini, busiati, casarecce, corzetti, fusilli bucati, fusilli fatti a mano, gnocchi, linguine, bavette, maccheroni alla chitarra, maccheroni inferrati, spaghetti, trenette

이 페스토 소스 레시피는 10인분도 충분한 양이다. 하지만 냉동고에 오래 보관할 수 있기 때문에 굳이 양을 줄여 만들 필요가 없다. 2인분의 페스토 파스타를 만들려면 페스토 소스 120g을 사용하면 된다.

페스토 만들기

바질은 줄기에서 잎만 따낸다. 바질 잎이 깨끗하면 그냥 사용하고 지저분하면 씻어서 마른 천에 늘어놓아 물기를 제거한다. 마늘에 소금을 조금 뿌리고 곱게 으깬다. 푸드 프로세서에 치즈와 바질, 마늘을 넣고 곱게 간 다음, 잣을 넣고 다시 간다. 곱게 갈되 잣이 씹히도록 조금 성글게 간다. 올리브유와 버터, 소금과 후추를 넣는다. 제일 좋은 방법은 재료들의 맛이 서로 잘 어우러지도록 몇 분간 두었다가 마지막 간을 맞추는 것이다.

파스타 만들기

평평한 작업대나 나무 도마 위에 세몰리나 가루를 놓고 가운데를 움푹하게 판 다음, 실온에 둔 물 75ml를 붓는다. 가운데부터 가루와 물을 섞어 반죽을 뭉친 다음, 손으로 치대어 반죽한 뒤, 랩으로 싸서 적어도 15분 정도 휴지시킨다. 작업한 나무 도마에 남아 있는 밀가루가 없도록 깨끗이 닦는다. 반죽을 호두 크기로 떼어 3mm 너비의 줄로 길게 늘인 다음 3~4cm 길이로 자른다. 이제 트로피에 만드는 법 두 가지를 소개한다.

1) 잘라 놓은 반죽 하나를 작업대 위에 놓는다. 칼의 평평한 면 또는 납작한 스테인리스 스패튤러를 가지고 도마와 파스타 양쪽이 45도 각도가 되도록 위치를 잡는다. 스패튤러를 각도를 유지하면서 길이 방향으로 눌러 끌어당기면 반죽이 구불구불 말리게 된다. 가까이 살펴보면 홈이 길이 방향으로 구불거리면서 파스타 안쪽은 오레키에테(170쪽)를 밀었을 때처럼 거칠고, 표면은 매끈한 것을 알 수 있다. 반죽이 직사각형처럼 늘어나면서 돌돌 말리기 때문에 어뢰 모양이 된다.

2) 도구를 이용하지 않고 손으로만 트로피에를 만들 수도 있다. 한 번에 하나씩, 손바닥의 불룩 나온 부분을 이용해서 반죽을 길이 방향으로 적당히 힘을 주면서 민다. 손바닥의 압력이 반죽을 약간 평평하게 펴면서 불규칙한 나선

모양을 만든다. 시작할 때와 마무리할 때 압력을 살짝 더 주면 더 어뢰 모양 같이 만들어신다. 파스타와 반죽 사이의 압력 조절이 필요하기 때문에 만약 도마가 지나치게 미끄럽다면 살짝 물 묻은 행주로 물기를 주는 것이 좋다.

연습을 그다지 많이 하지 않고도 15분 정도면 트로피에를 다 만들 수 있을 것이다. 기계로 찍어낸 것같이 똑같이 만들 필요가 없다. 왜냐하면 홈 메이드 파스타니까! 트로피에의 겉면이 살짝 가죽 같은 느낌이 되도록 20분 정도 펼쳐서 말린다.

파스타 완성하기

감자는 껍질을 벗겨 1~2mm 두께로 납작하게 썬다. 줄기콩의 양 끝을 다듬고 (나는 그냥 놓아두는 것을 선호한다), 3cm 길이로 자른다. 소금을 넉넉하게 넣은 끓는 물에 콩과 감자, 파스타를 한 번에 넣어 5분 정도, 다 익을 때까지 끓인다. 물을 따라내고, 페스토 소스를 한 국자 넣어 잘 섞은 다음 바로 먹는다.

앞에 말한 대로 신선한 트로피에를 직접 만들기가 너무 귀찮다면 마른 것을 살 것이 아니라 링귀네를 사용할 것을 권한다. 링귀네를 먼저 삶고, 다 익기 5분 전에 감자와 줄기콩을 넣으면 된다.

VERMICELLINI
베르미첼리니

치수
길이: 20~100mm까지 다양
지름: 1mm

이 파스타와 잘 어울리는 요리법
육수에 넣고 수프 만들기, 수플레

베르미첼리는 길이를 짧게 자른 카펠리 단젤로(54쪽)라고 보면 된다. 이탈리아에서는 주로 수프에 넣어 먹는데, 해외에서 더 다양하게 쓰이고 있다. 인도에서는 기름에 넣어 튀긴 다음, 연유에 절여 달콤한 케이크를 만들고, 아르메니아와 이란에서는 기름에 튀겨 볶음밥인 필라프에 섞는다. 중국에서는 녹두와 함께 요리하고, 멕시코에서는 치킨 수프에 집어넣고, 스페인에서는 피데우아(281쪽)라는 해산물 국수 요리에 사용한다. 베르미쉘쉬 vermishelsh 같은 전통적인 유대인 요리도 있다. 참 희한하게도 이탈리아에서는 별 인기가 없다.

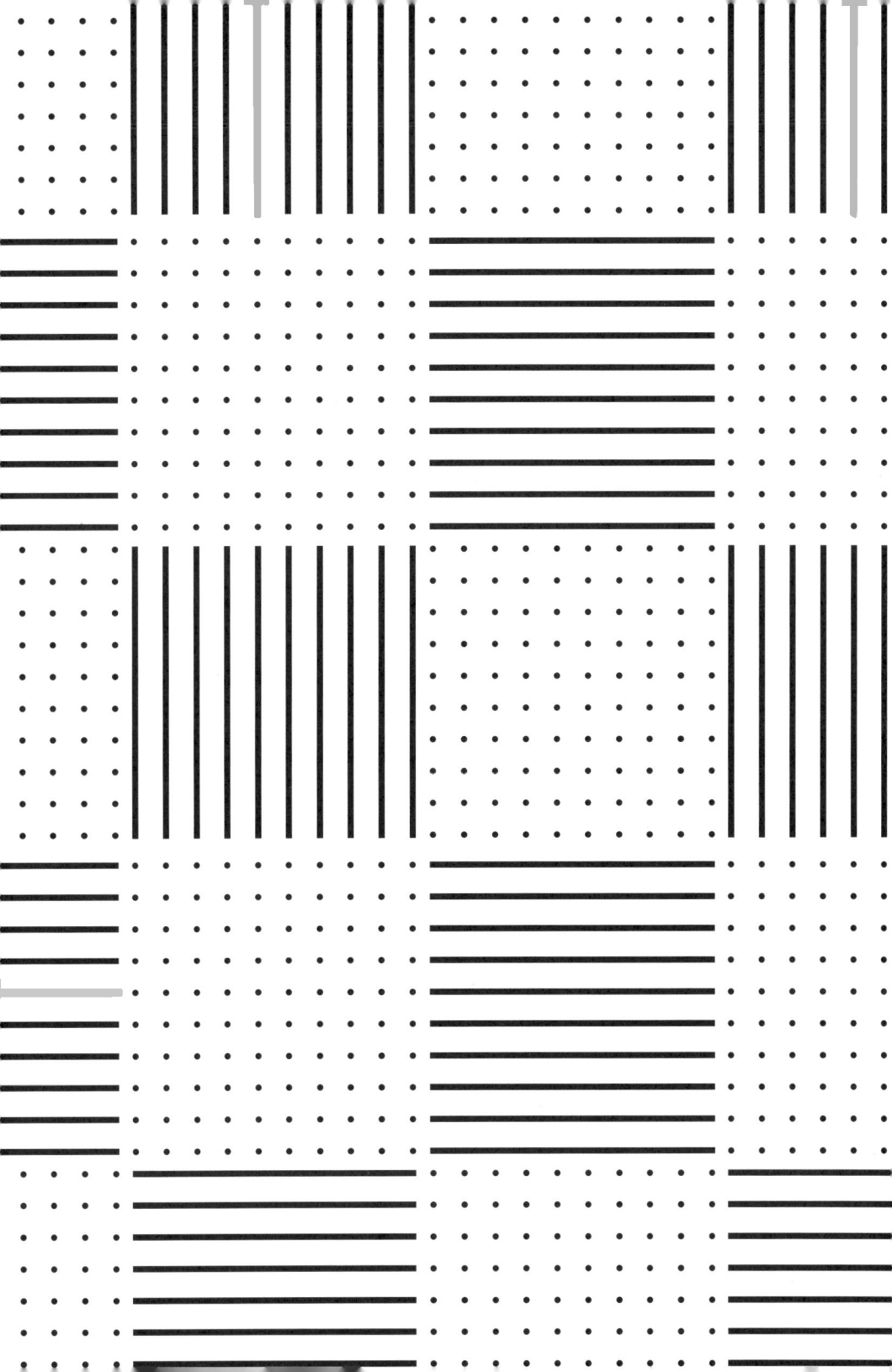

달걀을 풀어 넣은 베르미첼리니 수프
STRACCIATELLA

전채로는 4인분,
메인코스로는 2명이 먹을 분량

베르미첼리니 60g
맑게 거른 닭 육수(242쪽) 800ml
달걀 큰 것 2개
파르메산 치즈 간 것 4테이블스푼
넛멕 간 것 약간

이 수프와 잘 어울리는 파스타
canestrini, capelli d'angelo, orzo, quadretti, quadrettini, stelline, tagliolini

이 로마식 달걀 수프는 원래 파스타를 넣지 않고 만들지만 내 친할머니 아그네스는 국수를 넣어 좀 더 든든한 한 끼가 되도록 만드셨다.

육수를 끓여 소금으로 간을 한 다음, 취향에 맞춰 레몬 즙을 몇 방울 넣는다. 달걀과 치즈, 넛멕을 섞어 잘 젓는다. 파스타를 부러뜨려 육수에 넣고 끓기 시작하면 힘차게 저으면서 위로 달걀 섞은 것을 조심스럽게 붓는다 (한 줄로 일정하게 넣어도, 한 번에 다 집어넣어도 좋다). 잠시 더 저어준 다음, 불을 약하게 줄여 파스타가 다 익을 때까지 끓인다.

록셴 푸딩
LOKSHEN PUDDING

6~8인분

베르미첼리니 500g
달걀 8개
버터 200g
설탕 400g
바닐라 엑스트랙트 1티스푼
코티지치즈 1kg

이 요리와 잘 어울리는 파스타
capelli d'angelo, vermicelli, tagliatelle, tagliolini, tajarin

* Nigella Lawson. 영국의 요리 작가이자 TV 요리 프로그램 호스트.

유대인들이 만들어 먹는, 국수로 만든 디저트이다. 선조가 유대인인 나와 카즈 (이 책을 구상한 사람이자 디자인한 사람) 둘 다 이 요리를 만드는 법을 몰랐다는 것이 정말 창피했는데 나이젤라 로슨*이 우리를 구해주었다. 그녀가 너그럽게도 레시피를 제공해준 덕분에 우리의 얄팍한 지식의 빈 공간이 채워졌을 뿐 아니라 우리가 어렸을 적에 엄마가 이런 걸 만들어주셨으면 얼마나 좋았을까 라고 생각하게 된 요리를 맛볼 수 있었다.

베르미첼리를 평소보다 소금을 약간 적게 넣은 소금물에 넣고, 알덴테보다 조금 더 꼬들꼬들하게 삶는다. 끓는 물에 넣으면서 손으로 부서뜨려서 넣을 것. 다 삶은 베르미첼리는 물기를 잘 빼둔다. 버터를 녹여 미지근해질 정도로 식힌다. 달걀과 버터, 설탕과 바닐라, 코티지치즈를 한데 넣고 잘 저은 다음, 물기를 빼둔 베르미첼리와 섞는다. 3과 1/2리터 용량의 베이킹 그릇에 넣고 (23 x 32cm, 또는 사방 27cm 네모 용기), 미리 예열된 오븐에 넣어 (컨벡션 오븐은 160도, 구식 가스 오븐은 180도) 1시간에서 1시간 25분 정도, 윗부분이 노릇노릇해질 때까지 굽는다. 먹기 전에 실온에서 식힌다. 이 요리는 아주 뜨겁거나 차갑게도 아닌 미지근하게 먹어야 제맛이 난다.

스페인풍 볶음 국수
FIDEUÀ

4인분

베르미첼리니 250g

중간 크기 양파 한 개 적당히 잘게 다진 것

붉은 피망 한 개, 씨를 빼고 양파와 비슷한 크기로 다진 것

뇨라** 고추 한 개, 씨를 빼고 뜨거운 물에 불렸다 다진 것 (없으면 훈제 파프리카 가루 1티스푼 추가로 넣을 것)

마늘 4알 얇게 저민 것

엑스트라 버진 올리브유 100ml

잘 익은 토마토 2개, 2cm 크기로 썬 것

중간 크기의 붉은 도미 비늘과 내장을 모두 제거한 것 (대략 300g)

월계수 잎 1장

훈제 파프리카 가루 1티스푼과 사프란 줄기 20~30개

생선 육수 500ml

모시조개 12개

홍합 12개

껍질을 벗기지 않은 작은 새우 12마리

집에서 만든 아이올리(aïoli, 마늘 마요네즈)와 레몬 웻지wedge 모양으로 자른 것 (옵션)

이 요리와 잘 어울리는 파스타

capelli d'angelo, vermicelli

이 책의 장점 중 하나는 숨겨둔 부활절 달걀처럼, 이탈리아가 아닌 다른 나라의 레시피도 몇 개 실려 있다는 점이다. 스페인 발렌시아 지역의 이 레시피를 포함시킨 이유는 베르미첼리를 이용해서 만들 수 있는 가장 멋진 요리이기 때문일 것이다. 이 요리는 파에야*의 쌀을 베르미첼리로 대체한 것이다.

기름 두른 팬에 양파와 고추 두 가지, 마늘, 소금을 넣고 중불 위에서 볶는다. 15분 정도 볶아 거의 잼처럼 되면 토마토를 넣고 몇 분 더 볶는다. 도미의 머리를 자르고 (만약 생선 육수를 직접 만들어 사용한다면 이 작업을 먼저 해서 육수를 만든다) 뼈가 붙어 있는 채로 둥글게 6~8 토막을 낸다.

생선에 소금을 넉넉하게 뿌린 다음, 토마토를 볶아 놓은 팬에 월계수 잎, 파프리카 가루, 사프란과 함께 넣는다. 2분 정도 익혀 생선 살이 희게 변하면, 삶지 않은 베르미첼리를 넣는다. 팬에 들어 있는 재료들과 최대한 골고루 섞은 다음, 육수를 더한다. 불을 중간 불로 올리고, 주걱으로 재료들을 눌러 베르미첼리가 육수에 푹 잠기도록 한다. 맛을 보고 간을 맞춘다.

끓기 시작하면 불을 줄이고 조개들을 넣는다. 파스타가 알덴테로 익고, 조개류의 껍질이 모두 벌어질 때까지 뚜껑을 덮지 않고 익힌다. 국물이 거의 다 졸아들면 팬에 눌어붙지 않도록 팬을 가끔 흔들어준다. 베이킹용 유산지나 쿠킹호일, 또는 천을 덮어 열이 빠져나가지 않도록 하면서 10분에서 15분 정도 뜸을 들인다. 취향에 따라 내가기 전에 아이올리와 레몬 웻지wedge를 곁들인다.

---

* paella. 스페인 발렌시아 지역의 전통 요리로 해산물과 고기, 사프란을 넣은 육수를 넣어 넓은 철판에 끓여낸 쌀 요리.

** ñora. 작은 방울토마토처럼 생긴 둥근 고추. 주로 말려서 사용

ZITI/CANDELE
지티/칸델레

치수

길이: 50mm
너비: 10mm
두께: 1.25mm

비슷한 모양

candele, ziti candelati

이 파스타와 잘 어울리는 재료와 소스

아마트리치아나, 아라비아타, 오븐에 굽기, 그리치아, 렌틸 콩, 노르마, 나폴리탄 라구 소스, 리코타 치즈와 토마토

나폴리 고유의 파스타인 지티는 특히 결혼식과 떼어 놓고 생각할 수 없는 파스타이다. 단어 자체가 〈약혼한〉 또는 〈신랑〉이라는 뜻이기 때문에 항상 결혼식 점심 식사의 첫 번째 코스로 나온다. 요리하기 전에 길다란 지티를 손으로 4등분으로 부러뜨려 사용한다. 지티의 통통한 튜브 모양은 고기가 많이 들어간 소스도, 심플한 소스도 모두 잘 어울린다. 칸델레(candele, 〈양초〉) 또는 지티 칸델라티ziti cadelati는 지티를 큰 사이즈로 만든 것으로, 너비는 2배, 길이는 3배 더 크면서 면의 두께는 조금 얇아진다. 이것들도 역시 요리하기 전에 손으로 부러뜨려 사용한다. 전통적으로 내려오는 레시피이기도 하지만, 일단 솥에 들어가야 하기 때문이다. 지티는 이탈리아 남부 사람들만 주로 먹는 파스타로, 북부와 남부를 나누는 상징이기도 하다. 북부 사람들은 지티를 먹는 남부 사람들을 늘 비웃기 때문이다.

지티에도 전해 내려오는 멋진 이야기가 있다 (진짜인지 아닌지 아무도 모르지만). 교황 레오가 로마를 침공해 들어오는 훈족의 아틸라를 돌려보내기 위해 설득할 방법으로 오븐에 구운 지티를 대접하자고 아이디어를 냈다. 낯선 음식 때문에 배에 가스가 가득 차오르는 것을 느낀 훈족들은 나쁜 징조라고 생각해서 로마를 치지 않기로 결정했다고 한다. 이때가 서기 452년인데, 이 점에서 이 이야기가 거짓인 것을 알 수 있다. 내가 알기로는 그땐 파스타가 이탈리아에 전해진 시기보다 훨씬 이르기 때문이다.

가지와 함께 틀에 넣어 오븐에 구운 칸델레 팀발로
TIMBALLO DI CANDELE E MELANZANE

4~6인분

페이스트리

중력분 300g

백설탕 또는 아이싱 슈가 2테이블스푼

라드 150g

달걀 1개

달걀노른자 2개

파이 속

칸델레 300g

나폴리탄 라구 소스 (216쪽) 400ml

이탈리안 소시지 400g 또는 라자녜 리체 나폴레타노 lasagne ricce Napoletane

레시피 분량의 미트볼

가지 1개 (옵션) + 가지를 튀길 옥수수기름

메추리알 삶아서 껍질 벗긴 것 12개

파르메산 치즈 갈은 것 100g

바질 잎 12장 손으로 뜯어서

이 구운 파스타는 상당히 구식 레시피이기는 하지만 여전히 이탈리아 남부에서 특별식으로 먹고 있는 묵직한 요리이다. 유행에 뒤쳐진 모양이긴 하지만 어쨌든 인상적이다.

페이스트리를 만든다. 밀가루와 아이싱 슈가, 라드와 소금 약간을 섞어 손으로 비벼 빵가루처럼 만드는데 차가운 손으로 반죽해야 한다 (겨울철이면 잠깐 밖에 나갔다 오자). 달걀과 달걀노른자를 넣고 반죽을 뭉친다. 손으로 두들겨서 약간 평평하게 만든 다음, 랩으로 싸서 적어도 1시간 정도 냉장실에 휴지시켜 사용한다.

속을 만든다. 칸델레를 알덴테로 삶는다. 칸델레는 바보스러울 만큼 길이가 길기 때문에 모양을 그대로 유지하면서 삶으려면 생선을 찌는, 기다란 솥을 사용하는 것밖에 방법이 없다, 아니면 그냥 손으로 똑똑 부러뜨려서 여러분에 갖고 있는 솥에 들어가는 사이즈로 만들어 삶아라.

삶은 파스타를 건져 나폴리탄 라구 소스와 섞는다. 소시지를 미리 예열해 둔 오븐에 넣어 (컨벡션 오븐은 200도, 구식 가스 오븐은 220도), 겉면이 바삭해지면서 먹음직한 갈색을 띠도록 10~15분 정도 구워준 다음, 1cm 두께로 슬라이스 한다. 만약 가지를 사용한다면 2cm 크기로 깍둑썰기 한 다음, 소금을 조금 뿌려 아주 뜨거운 기름에 노릇하게 튀겨 놓는다.

페이스트리를 밀대를 이용해서 얇게 민다 (3mm 정도). 아주 바삭한 반죽이기 때문에 미는 과정 중에 금이 가기 쉽다. 하지만 파이 반죽의 좋은 점은 붙여가면서 작업할 수 있다는 것. 2.5리터 용량의 우묵한 금속 또는 도자기 푸딩 그릇에 밀어 놓은 반죽을 깐다. 속 재료를 다 담고, 위를 덮을 페이스트리를 조금 남길 것. 자르지 않고 삶은 칸델레를 돌돌 말아 바닥에 깔고 위에 소스를, 면을 충분히 덮을 수 있도록 넣는다. 면에 소스를 묻히면서 손이 지저분해지겠지만 괜찮다. 위에 소시지와 메추리알(튀긴 가지도)을 골고루 얹은 다음, 파르메산 치즈와 바질을 넣고, 칸델레를 한층 더 올린다.

파스타를 만드는 작업이 사실 좀 까다롭긴 하지만 완성된 파스타 모양은 꽤 근사하다. 칸델레를 말을 때, 안쪽에서 말아가는 것보다 바깥에서부터 시작하는 것이 조금 수월하다. 준비해둔 재료가 모두 떨어질 때까지 층 쌓기를 반복하는데, 마지막은 파스타로 끝내고 소스를 조금만 얹어야 한다. 남겨둔 페이스트리로 윗부분을 덮고, 가장자리를 눌러 붙인 다음, 예열해둔 오븐에 넣어 (컨벡션 오븐은 200도, 구식 가스 오븐은 220도), 페이스트리가 먹음직한 갈색이 되고, 좋은 냄새가 풍길 때까지 구워준다.

틀에서 빼내기 전에 10분 정도 실온에서 식혀야 한다.

돼지비계와 방울토마토 소스 지티
ZITI LARDATI

**전채로는 4인분,
메인코스로는 2명이 먹을 분량**

지티 200g 비슷한 크기의 4조각으로 자를 것

라르도 (염장 또는 훈제한 돼지비계) 80g. 1cm보다 약간 작은 크기로 깍둑썰기 한 것

방울토마토 200g 반으로 잘라서

마늘 1알 얇게 저민 것

마른 고추 부순 것 엄지와 검지를 이용해서 넉넉하게 집은 것

마지막에 뿌려 낼 페코리노 로마노 치즈 갈은 것

파스타를 삶는다. 다 삶아지기 4분쯤 전에 넓은 프라이팬을 아주 센 불에 올려놓고 달군다. 연기가 나기 시작하면 라르도를 넣어 20초 정도, 사방이 살짝 색이 변하기 시작할 때까지 굽는다 (연기가 상당히 많이 피어오르니 창문을 열고 요리하자). 토마토와 마늘, 고추를 동시에 넣고 전체적으로 따듯해질 때까지 2~3분 정도 볶는다. 소금과 후추로 간을 하고, 파스타 삶은 물을 한 국자 넣어 (60ml) 몇 초 동안 거품을 내면서 끓게 둔다. 파스타를 건져내어 소스에 넣는다. 모두 함께 섞어 30초 정도만 더 끓인 다음, 페코리노 치즈를 뿌려 아주 뜨거울 때 먹는다.

감사의 말

다음 분들에게 고맙다는 인사를 드리고 싶습니다.

빅터, 당신의 도움 없이는 나는 이 책을 쓸 수도 없었을 뿐 아니라, 설령 썼다 하더라도 아무도 돈을 내고 사보지 않을 책을 만들었을 겁니다. 나의 레스토랑 보카 디 루포에 시간과 돈과 사랑을 투자해 준 가족들에게도 감사의 마음을 전합니다. 가족들의 믿음이 우리 레스토랑에게 가장 큰 자산이랍니다.

나에게 음식을 주시고, 음식을 사랑하게 만들어 주신 부모님께 감사를 드립니다. 음식을 어떻게 만들어야 하는지, 어떻게 살아가야 하는지도 제게 보여주셨어요.

제가 알고 있는 모든 것을 알려주신 낸시 오크스, 샘, 샘 클락에게도 저를 믿어주셔서 고맙다고 말하고 싶습니다. 최고의 스승님들이세요.

레스토랑 보카 디 루포의 스태프들, 특히 직간접적으로 많은 레시피를 제공해 준 데이비드 쿡과 알베르토 코마이에게 감사드립니다. 글을 쓴다고 자주 레스토랑을 비운 제 자리를 메워준 안젤로 구이다와 시몬 레몰리, 고마워요. 고향인 이탈리아로 돌아가서도 나를 도와준 크리스티나 바냐라와 레시피 하나와 수많은 영감을 선사해준 유명 셰프 페이스 윌링거 여사, 고맙습니다.

카즈 힐드브란드는 이 책을 처음 구상하고, 내게 레시피와 글 쓰는 부분을 맡겨준 데다가 디자인을 완성해 끝내주게 멋진 책을 만들었습니다. 존 버틀러는 이 책의 가능성을 믿어주고 출판해 주었습니다. 안토니 레티에는 대중적인 눈으로 날카롭게 조언해주었고요. 무엇보다 우리가 상상할 수 있는 모든 파스타의 모양과 그에 따른 역사를 조사해낸 키티 트라버스의 도움은 정말 굉장했습니다.

마지막으로 파스타를 만들어 낸 모든 이탈리아 사람들의 손에 감사를 드립니다. 덕분에 제가 매일매일 즐겁게 먹고 있으니까요.

제이콥 케네디

제가 고맙다는 인사를 드려야 할, 이 책이 나오도록 도와주신 분들이 너무 많습니다.

먼저 열정이 가득한 지혜로운 편집자인 존 버틀러, 고맙습니다. 출판사 박스트리/맥밀란의 팀원들. 타니아 아담스, 안토니아 바이런, 재키 그레이엄, 에이미 라인스, 소피 포르타스, 마크 리치몬드. 열심히 책을 만들어주셔서 고맙습니다.

신중하게 이 책의 내용을 배치해 준 수잔 플레밍과 사라 바로우, 고맙습니다. 덕분에 책의 질이 높아졌어요.

이 책의 내용에 대해 조언과 충고, 자료들을 아낌없이 제공해 주신 분들에게 모두 감사드리고 싶습니다. 특히 앤 브람슨, 안나 델 콘테, 루이즈 헤인스, 나이젤라 로손, 릴리 리차드, 아만다 로스과 키티 트라버스. 고맙습니다.

나의 훌륭한 디자인 파트너인 케이트 말로우와 마크 페이튼, 내가 이 프로젝트를 생각해 내고 책으로 만들어 내기까지의 긴 시간 동안 자기들의 일인 것처럼 함께 해주었으니 아무리 고맙다고 말해도 모자랄 것 같아요. 그리고 마크, 당신의 탁월한 애니메이션 기술 덕에 이 책이 생명력을 얻었답니다. 우리 디자인 스튜디오에 있는 모든 분들에게도 감사를 전합니다.

제이콥, 기다리는 자에게 복이 온다는 말이 있죠? 당신이 내겐 바로 그 복덩이예요. 당신의 글과 레시피들은 내가 상상하던 것 그 이상이었답니다. 나는 당신보다 더 좋은 합작 파트너이자 광적인 파스타 애호가를 상상조차 할 수 없어요!

마지막으로 거의 백 개가 넘는 파스타를 이해하기 쉬운 모양으로 그려 주었을 뿐더러 다른 일도 완벽에 가깝게 해준 리사 반디에게 감사를 드립니다. 아무리 고맙다고 말해도 모자랄 거예요.

카즈 힐드브란드

파스타 소스 찾아보기

가리비와 타임 Cappesante e timo 252
가지 팀발로 Timballo con melanzane 284
가지로 만든 라자냐 Melansagna Napoligiana 145
가지를 넣은 토마토 (노르마) Norma 154
감자, 양배추와 폰티나 치즈 Valtellinesi 203
게살 Granchio 257
견과류, 건포도, 케이퍼와 올리브 Secchio della munnezza 233
고등어, 토마토와 로즈마리 S'gombro e rosmarino 43
고르곤졸라 치즈 Gorgonzola 119
골수와 토마토 Midollo e pomodoro 145
구운 호두로 만든 페스토 Pesto di noci tostate 269
굴과 프로세코 Ostriche e prosecco 87
그리스 샐러드 Greek salad 107
그린 올리브 Olive verdi 75
끈끈이장구채와 모시조개 Stridoli e vongole 246
나폴리탄 미트소스 Ragù Napoletano 144, 216
내장이 들어간 미트소스 Tocco 212
단호박 Zucca 261
달걀을 풀어넣은 수프 Stracciatella 280
달콤하게 만든 덤플링 Canederli dolci 47
달팽이 Lumache 151
닭고기 육수 Brodo 42
닭고기와 자두 Pollo e prugne 227
닭내장이 들어간 소스로 만든 라자냐 Vincisgrassi 140
돌돌말아 튀긴 파스타 Fritta alla Siracusana 56
돼지고기와 껍질이 들어간 미트소스 Ragù di cotica 163
돼지비계와 방울 토마토 Lardati 285
랑구스틴과 사프란 Scampi e zafferano 132
렌틸 콩 Lenticchie 273
로마네스코 브로콜리 Broccoli Romanesco 79
로켓과 양파가 들어간 Rucola e cipolla di Tropea 67
록셴 푸딩 Lokshen Pudding 280
리코타 치즈와 토마토 Ricotta e pomodoro 178

마늘 Aglione 201
마늘과 올리브오일 (알리오 에 올리오) Aglio e olio 238
마조람과 잣 Maggiorana e pinoli 83
마카로니 샐러드 Macaroni salad 69
마카로니 앤 치즈 Macaroni cheese 155
맑은 국물에 끓인 덤플링 Canederli in brodo 46
맑은 육수 In brodo 243, 265
매콤한 토끼 고기 Coniglio all'Ischitana 37
매콤한 토마토 (아라비아타) Arrabbiata 196
멧돼지고기로 만든 미트소스 Ragù di cinghiale 200
모렐 버섯 Spugnole 211
모시조개 (봉골레) Vongole 106
모차렐라 치즈와 토마토 Capresi 217
미트볼이 들어간 라자냐 Lasagne Napoletane 144
바닷가재 Astice 149
버터가 들어간 크림소스 (알프레도) Triplo burro 101
버터와 레몬 Burro e limone 56
버터와 세이지 Burro e salvia 23
베이컨과 토마토 (아마트리차아나) Amatriciana 221
베이컨과 페코리노 치즈 Gricia 220
병아리콩 Ceci 192
병아리콩과 모시조개 Ceci e vongole 91
볼로네제 미트소스 Ragù Bolognese 65, 138, 250
봄철 야채가 들어간 맑은 수프 Brodo primavera 204
봉골레 → 모시조개
붉은 고추와 위스키 Peperoni e whisky 207
뷔어스텔 소시지와 폰티나 치즈 Würstel e fontina 223
브로콜리와 안초비 Broccoli e alici 95
빵가루와 설탕 Breadcrumbs and sugar 235
사프란을 넣은 소시지와 토마토 Campidanese 164
새우 샐러드 Insalata di gamberi 175
새우 Gamberi 175
새우와 주키니호박 Gamberi e zucchine 159

새우와 트레비소를 넣은 그라탕 Gratinati ai gamberi e Treviso 256
생 프로슈토와 크림 Prosciutto crudo e panna 94
생강향의 해산물 Merluzzo Felice 239
소시지 미트소스 Ragù di salsiccia 121
소시지와 줄기 브로콜리 Salsiccia e broccoletti 73
소시지와 크림 Norcina 272
송로버섯 (가난한 자의) Tartufo dei poveri 158
송로버섯 (검은) Tartufo nero 98
송로버섯 (흰) Tartufo d'Alba 257
송아지고기와 시금치를 채운 카넬로니 Veal and spinach cannelloni 52
쇠꼬리가 들어간 토마토스튜 Sugo di coda 197
수란을 넣은 시골풍의 야채수프 Acquacotta 49
스튜국물 Sugo d'arrosto 253
스페인풍 볶음국수 Fideuà 281
시금치와 리코타 치즈 라비올리 Spinach and ricotta 210
아몬드로 만든 페스토 Pesto Trapanese 41
아몬드를 넣은 생선스튜를 얹은 쿠스쿠스 Cuscussù Trapanese 85
아스파라거스와 크림 Asparagi e panna 268
아티초크, 잠두콩과 완두콩 Carciofi, fave e piselli 226
안초비 살사 Acciughe (in salsa) 31
안초비와 올리브를 넣은 토마토 (푸타네스카) Puttanesca 234
알파벳 수프 Minestra di alfabeto 25
양고기로 만든 미트소스 Ragù d'agnello 127
양배추와 소시지 Verza e salsiccia 135
연어, 아스파라거스와 크림 Salmone, asparagi e panna 95
오리고기 Anatra 32
오믈렛 Frittata 232
오븐에 구운 마니코티 Manicotti 168
오븐에 굽기시작 Al forno 27, 196
오징어가 들어간 토마토소스 Calamari stufati in rosso 179
오징어와 브로콜리 Calamari e

broccoli 247
와인에 푹 절인 토끼 Lepre in salmì 186
으깬 잠두콩 Fave fresche 99
익히지 않은 토마토 Pomodoro crudo 20
잠두콩과 리코타 치즈 Fave e ricotta 78
정어리와 펜넬 Cu li Sardi 38
주키니 호박과 잣을 넣은 샐러드 Insalata di zucchine e pinoli 94
주키니 호박과 호박꽃 Zucchine e i loro fiori 187
줄기 브로콜리 Cime di rapa 173
줄기콩 Fagiolini 115
참치뱃살과 토마토, 리코타 살라타 치즈 Ventresca 133
참치와 가지 Tonno e melanzane 229
카넬리니 콩 Fagioli cannellini 72
카르보나라 Carbonara 36
콩을 넣은 파스타수프 Fagioli 90
크림 Panna 265
토끼 고기와 아스파라거스 Coniglio e asparagi 112
토마토 케첩 Ketchup 25
토마토 Pomodoro 15
트레비소, 스페크 햄과 폰티나 치즈 Treviso, speck e fontina 252
파스타 수플레 Soufflé 57
페스토 Pesto Genovese 276
포도즙을 농축한 식초 빈 코토 Vincotto 106
포르치니 버섯 Funghi porcini 167
포르치니 버섯과 크림 Porcini e panna 61
푹 끓인 모시조개와 토마토 Cassola 103
푹 삶은 베이컨과 완두콩 Piselli e pancetta brasata 225
프로슈토, 크림과 완두콩 Prosciutto cotto, panna e piselli 113
헝가리식 생선수프 Halászlé 120
호두 Noci 19
홍합과 콩 Cozz'e fasule 193
후추와 페코리노 치즈 Cacio e pepe 220
훈제 생선알과 빵가루 Bottarga e pangrattato 235